JN427189

팔레스타인과 한국의 대화

팔레스타인과 한국의 대화

초판 1쇄 발행 | 2007년 12월 20일

지은이 | 신경림, 오수연, 자카리아 무함마드, 키파 판니 등 26명 공저
기획· 번역 | 팔레스타인을 잇는 다리
펴낸이 | 이용두

펴낸곳 | 열린길
주소 | 경북 경산시 진량읍 내리리 15 대구대학교출판부
전화 (053) 850-5661~4 팩스 (053) 850-5669
홈페이지 주소 | http://dubookstore.daegu.ac.kr

등록 | 2007년 4월 19일 제2007-3호

ISBN 978-89-959583-2-2-04890

팔레스타인과 한국의 대화

신경림, 오수연,
자카리아 무함마드, 키파 판니 등 26명 공저
팔레스타인을 잇는 다리 기획·번역

• 대화에 초대합니다.

이 대화는 2006년 7월말부터 올해 5월말까지, 인터넷 신문 《프레시안》에 매주 연재되었습니다. 팔레스타인 문인이 한국에 글을 보내고, 한국 문인들은 답글을 팔레스타인에 보냈습니다. 양쪽 다 영문학, 불문학은 잘 알면서 정작 비슷한 처지인 서로에 대해서는 왜 이토록 모르는가, 서로에게 서울이나 라말라* 보다 차라리 파리, 뉴욕이 가깝고 친숙하게 느껴진다는 건 이상하지 않은가, 이런 생각에서 대화는 시작됐습니다. 각자 들어주지도 않는 서구를 향해 외치지 말고, 절실한 사연이 있는 사람들끼리 마주 앉아 이야기를 나눠보자고요. 둘 다에게 옆 친구를 돌아봄으로써 자신 또한 돌아보게 된, 뜻 깊은 만남이자 대화였다고 생각합니다.

요즘 우리 사회의 화두는 단연 '세계화'이며 세계화 못하면 영원히 뒤처진다는 위기감으로 터질 듯합니다. 그런데 그 세계는 어디인가요? 우리는 알래스카에 냉장고를 팔고 아프리카에 전기난로를 판다는 식으로 시장만 생각할 뿐, 분쟁이나 기아 같은 세계적인 고통을 분담하기를 냉정히 거부합니다. 우리의 머리 속 세계지도에는 신경 쓰고 눈치 봐야

* 팔레스타인 행정도시.

할 몇몇 강대국밖에 없습니다. 편파적으로 그들을 추종하면서 그걸 세계화라고 합니다. 이렇게 세계화하다가는 하면 할수록 세계로부터 고립될 지경입니다. 우리가 진정으로 세계화하려면 남의 어깨 너머로 보는 관성을 깨고, 세계와 직접 대면해야 할 것입니다. 이 대화는 하나의 작은 시도였습니다.

팔레스타인 상황은 좋지 않습니다. 1948년 이스라엘의 건국으로 팔레스타인 인구의 절반이 고향에서 쫓겨난 이래 오늘날까지, 거의 50년 동안 점점 더 악화되기만 하는 것 같습니다. 하지만 팔레스타인만 그런 것도 아닙니다. 인류의 전체적인 부는 빠르게 증대하고 기술은 비약적으로 발전한다는데, 굶는 사람들, 마실 물이 없는 사람들, 전쟁과 테러의 공포에 떠는 사람들은 오히려 늘어나고 있습니다. 선진국 대열에 진입하는 문턱에 있다는 우리나라에서도, 장래를 생각하면 막막하고 당장 내년이나 다음달이 불안한 이들이 태반입니다. "제발 나도 언젠가는 좋은 소식 좀 전하고 싶다"고 팔레스타인 친구는 편지를 보냅니다. 저도 편지를 보냅니다. "여기도 마찬가지다. 정신없이 사회는 변하는데 나 같은 소시민은 어찌해야 살아남을 수 있을지 모르겠다."

10개월 동안 팔레스타인과 한국을 오고 간 글들을 다시 한 번 읽어보면서, 저는 느낍니다. 이는 서로에게 '당신은 혼자가 아니다'라는 신호 보내기였습니다. 어깨 걸고 함께 버티기였습니다. 이 시대 지구는 촘촘한 그물로 엮였습니다. 월스트리트의 증시가 변하면 중동에서 포성이 터지고, 북반구의 에너지 소비량이 남극 오존층에 뚫린 구멍에 반영됩니다. 어느 나라, 어느 집단, 어느 개인인들 홀로 자신을 구원할 수 있겠습니까. 한반도의 분단장벽과 팔레스타인의 분리장벽은 실은 별개의 장벽이 아니며, 이스라엘 불도저에 4만 그루 올리브 나무가 밀리고 새만금에서 백합과 농발게가 사라진 것도 다른 사건이 아닙니다. 팔레스타인과 한국의 문인들은 아시아 대륙 이쪽과 저쪽에서 서로 손을 내밀어 굳게 잡고, 함께 희망을 지키고자 했습니다. 이 책을 펼친 독자께서도 손을 같이 잡아준, 희망의 동지이십니다. 대화의 자리에 같이 둘러앉은 말동무이십니다. 마음으로부터 환영하며 깊이 감사드립니다.

이 책 끝에 실린 「연꽃 먹는 사람들」은 자카리아 무함마드 시인의 한국 방문기입니다. 일부가 국내 문예지에 실린 적은 있으나 전문이 발표되기는 처음입니다. 팔레스타인 시인의 눈에는 우리 한국과 한국인들이 어떻게 보일까요? '아, 이래서 사람들이 국경을 넘어 서로 만나고 교류해야 하겠구나' 하고 실감하게 해주는, 흥미롭고도 감동적인 글입니다. 독자 여러분께 좋은 선물이 되기를 바랍니다.

팔레스타인에서 글과 작품을 보내주신 문인과 사진작가, 화가들, 귀한 글을 써주신 국내 필자들, 소중한 기회를 주신 프레시안, 정성들여 책을 만들어주신 〈열린길〉 출판사, 함께 기획하고 번역해주신 〈팔레스타인을 잇는 다리〉 회원들께도 깊은 감사를 전합니다. 이른바 시너지 효과란 이런 게 아닐는지요. 많은 분들의 성심이 모여 단순한 더하기 이상으로 특별한 결실을 맺게 되었습니다. 기쁘기 그지없습니다.

2007년 겨울

오수연 (소설가, 〈팔레스타인을 잇는 다리〉 회원)

• 차례

• 대화를 나눈 작가들

<한국> (가나다 순)

권여선

1965년 안동에서 태어났다. 1996년 장편소설 『푸르른 틈새』로 등단했고, 소설집 『처녀치마』『분홍 리본의 시절』이 있다.

김경주

2003년 대한매일신문 신춘문예에 시가 당선되어 등단했고, 연극실험실 〈혜화동 1번지〉에 작품을 올리며 극작가로도 활동 중이다. 시집으로 『나는 이 세상에 없는 계절이다』 등이 있으며 산문집 『passport』가 있다.

김남일

1957년 경기도 수원에서 태어나 1983년 《우리세대의 문학》에 단편 「배리」를 발표하며 등단했다. 장편 『청년일기』『국경』, 작품집 『일과 밥과 자유』『천하무적』『세상의 어떤 아침』『산을 내려가는 법』 등 다수의 작품을 펴냈다. 〈베트남을 이해하려는 젊은 작가들의 모임〉 창립 회원이며 〈민족문학작가회의〉 국제위원회 위원장을 역임했다.

김순천

르포문학 작가이다. 청계천 사람들 삶의 기록 『마지막공간』과 세계화 시대 비정규직 사람들의 이야기를 그린 『부서진 미래』의 책임저자이다.

김정환

1954년 서울에서 태어나 서울대 영문과를 졸업했다. 시집으로 『지울 수 없는 노래』『황색예수전』『기차에 대하여』『사랑, 피티』『김정환 시집 1980-1999』『드러남과 드러냄』 등이 있다. 소설 『파경과 광경』『사랑의 생애』를 펴냈고, 교양서 『삶의 시, 해방의 문학』『클래식 내 친구』『내 영혼의 음악』『김정환의 할 말 안할 말』 등을 썼다.

김해자

1961년 태어나 고려대 국문학과를 졸업했다. 1998년 《내일을 여는 작가》로 등단했고 전태일문학상을 수상했다. 시집 『무화과는 없다』 등이 있다.

나희덕

1966년 충남 논산에서 태어나, 연세대 국문과를 졸업하고 동 대학원 박사과정을 수료했다. 시집으로 『뿌리에게』『그말이 잎을 물 들였다』『그곳이 멀지 않다』『어두워진다는 것』『사라진 손바닥』, 산문집으로 『반통의 물』, 시론집 『보랏빛은 어디에서 오는가』가 있다. 김수영문학상, 현대문학상 등을 수상했다.

류외향

1973년 경남 합천에서 태어나 중앙대학교 문예창작학과를 졸업했다. 1996년 대구 매일신문 시 부문에 당선되었으며, 시집으로 『꿈꾸는 자는 유죄다』『푸른 손들의 꽃밭』이 있다.

박두규

1985년 《남민시 南民詩》 창립동인으로 작품 활동을 시작했다. 지금까지 삶의 그늘이 되어준 지리산 가까이에 발을 딛고 살면서 서정성이 빼어난 시를 꾸준히 발표해오고 있다. 시집으로 『사과꽃 편지』『당몰샘』 등이 있다.

박영희

전남 무안 출생이다. 1985년 문학무크 《민의》로 작품 활동을 시작하였으며, 시집으로 『팽이는 서고 싶다』 『즐거운 세탁』, 시론집 『오늘, 오래된 시집을 읽다』, 르포문집 『아파서 우는 게 아닙니다』를 펴냈다.

방현석

소설집 『내일을 여는 집』 『랍스터를 먹는 시간』, 장편소설 『십 년간』 『당신의 왼편』, 산문집 『아름다운 저항』 『하노이에 별이 뜨다』 등을 펴냈다. 신동엽 창작기금, 오영수문학상, 황순원문학상을 받았고, 현재 〈아시아문화네트워크〉 운영위원장, 《아시아》 편집주간을 맡고 있다.

신경림

충북 충주에서 태어나 동국대 문리대 영문과를 졸업하고, 1956년 《문학예술》에 「갈대」 「낮달」 「석상」 등이 추천되어 등단했다. 한때 건강이 나빠 고향으로 내려가 초등학교 교사로 근무하기도 하고, 10년간 절필하기도 했지만 1965년부터 다시 시를 창작하여 「원격지」 「산읍기행」 「시제(詩祭)」 등을 발표했다. 만해문학상, 대산문학상 등을 수상하였으며, 민족문학작가회의 이사장을 역임했다. 시집 『농무』 『새재』 『달넘세』 『남한강』 『가난한 사랑의 노래』 『길』 등이 있고, 산문집으로는 『민요기행 1·2』 『강따라 아리랑 찾아』 『시인을 찾아서』 등을 발표했다.

오수연

소설 『난쟁이 나라의 국경일』 『빈집』 『부엌』 『황금지붕』 등을 썼다. 민족문학작가회의 이라크 전쟁 파견 작가이자 〈한국 이라크 반전 평화팀〉의 일원으로 이라크와 팔레스타인에 다녀왔으며, 보고문집 『아부 알리, 죽지 마』를 출간했고, 팔레스타인 현대 산문선 『팔레스타인의 눈물』을 기획 · 번역했다.

이경자

1948년에 태어나서 서라벌예술대학에 들어가 문예창작을 배우고 1973년《서울신문》 신춘문예에 소설「확인」이 당선되어 등단했다. 여성주의 연작소설『절반의 실패』와 남존여비를 다룬『사랑과 상처』, 여성정체성의 상처에 접근한『그 매듭은 누가풀까』, 무속의 핵심 중 하나인 내림굿을 쓴『계화』와 소외된 청춘을 보여준『천개의 아침』 등, 여러 장편소설이 있다. 최근 산문집『딸아, 너는 절반의 실패도 하지 마라』를 냈다.

이영주

1974년 서울에서 태어났고, 2000년《문학동네》신인상으로 등단했다. 시집『108번째 사내』가 있다.

이인휘

1958년 서울에서 태어났다. 구로 독산 지역에서 노동운동을 하면서 소설『화산』『문 밖의 사람들』『그 아침은 다시 오지 않는다』 등을 발표했다. 진보생활 문예지《삶이 보이는 창》을 만들어 6년 동안 이끌어오다가 〈사단법인 디지털 노동문화 복지센터〉로 발전시킨 뒤 후배들에게 넘겨주고, 8년 만에 새로운 소설『내 생의 적들』을 썼다. 민족문학작가회의 자유실천위원회 위원장을 역임했다.

전성태

1994년《실천문학》신인상을 받으며 등단했다. 소설집『매향(埋香)』『국경을 넘는 일』, 장편소설『여자 이발사』, 평전『김주열』이 있고, 신동엽창작상을 받았다.

정도상

1960년 경남 함양에서 태어났다. 1987년 단편소설「십오방 이야기」로 작품 활동을 시작했고, 2003년 제 17회 단재상을 수상했다. 소설집『친구는 멀리 갔어도』『실상사』, 장편소설『누망』, 장편동화『붉은 유채꽃』『아빠의 비밀』『돌고래 파치노』『종이학』 등이 있다.

최성각

작가이며 환경운동가이다. 1955년 강릉에서 태어났으며 중앙대 문예창작과 및 동 예술대학원을 졸업했다. 1986년 동아일보 신춘문예(중편소설 부문)로 등단했고 『잠자는 불』 『택시 드라이버』 『부용산』 등의 소설집과 산문집 『달려라 냇물아』를 썼다. 환경단체 〈풀꽃세상〉을 창립했고 제2회 교보환경문화상을 수상했다. 현재 풀꽃평화연구소 소장이다.

최인석

1953년 전북 남원에서 태어났다. 1980년 희곡 「벽과 창」으로 데뷔하여 백상예술상 신인작가상, 대한민국 문학상 신인작가상을 수상했다. 1986년 장편소설 『구경꾼』을 발표했고 박영준문학상, 한무숙문학상을 수상했다. 장편소설 『새떼』 『안에서 바깥에서』 『아름다운 나의 귀신』 『이상한 나라에서 온 스파이』, 소설집 『인형 만들기』 『내 영혼의 우물』 『혼돈을 향하여 한 걸음』 『나를 사랑한 폐인』 『구렁이들의 집』 『서커스 서커스』 등을 펴냈다.

현기영

제주에서 태어났다. 작품집 『순이 삼촌』 『아스팔트』 『마지막 테우리』, 장편소설 『변방에 우짖는 새』 『바람 타는 섬』 『지상에 숟가락 하나』, 에세이집 『젊은 대지를 위하여』 『바다와 술잔』 등 다수의 작품이 있다.

황인숙

1958년 서울에서 태어나 서울예전 문예창작과 졸업했다. 시집 『새는 하늘을 자유롭게 풀어놓고』 『슬픔이 나를 깨운다』 『우리는 철새처럼 만났다』 『나의 침울한, 소중한 이여』 『자명한 산책』을 냈다.

<팔레스타인>

자카리아 무함마드 (Zakaria Mohammed)

1950년 나블루스 출생이다. 이라크 바그다드대 아랍문학과를 졸업했다. 유학 중 이스라엘이 작가의 귀향을 불허하여 25년 동안 이라크, 요르단, 레바논, 시리아, 키프로스, 튀니지 등에서 망명 생활을 했다. 《알 카멜》 등 문학잡지의 편집장을 지냈으며 현재 칼럼니스트와 편집자로 일하고 있다. 그는 투쟁을 외치는 전형적인 팔레스타인 문학과 결별한 첫 번째 세대이다. 그의 시는 고백적이고 내밀하면서도 팔레스타인 민중의 심장 박동과 실제 생활 리듬을 담아냈다는 평가를 받는다. 시집으로 『마지막 시들』 『손으로 만든 물건』 『아스카다르를 지나가는 말』 『일사병』 등이 있으며, 장편소설 『검은 눈동자』 『자전거 타는 사람』, 비평집 『팔레스타인 문화론』 등과 여러 동화를 펴냈다.

키파 판니 (Kifah El-Fanni)

1969년 요르단의 팔레스타인 난민촌에서 출생했고, 가족보다 먼저 팔레스타인으로 돌아가 비르젯 대학교 영문학과를 졸업했다. 치열하게 고민하고 삶의 매 순간을 가슴으로 받아들이는 타고난 시인이다. “내게 있어 삶이야말로 진정한 시이고 시로 씌어진 것은 살아있음의 한 단편에 불과하다”고 말한다. 현재 라말라에 있는 카탄 문화재단 멀티미디어 팀 코디네이터이다. 시집 『진공에 대한 처치법』 『다섯 번째 믿음의 네 창문들』, 극본 『달의 아들들』 등이 있다. 여러 신문, 잡지에 다양한 칼럼도 쓰고 있다.

아다니아 쉬블리 (Adania Shibli)

1974년 갈릴리 출생이다. 예루살렘 헤브루 대학과 대학원에서 언론학을 전공했다. 영국 이스트런던대 언론문화학과 박사 과정을 마치고 팔레스타인의 카탄 문화재단에서 코디네이터로 근무했다. 1999년에는 다큐드라마 「나사렛 2000」(네덜란드 VPRO 텔레비전 제작)과 「아랍 2001」(네덜란드 이코니아 방송 제작)의 시나리오 작업에 참여했다. 그의 두 장편소설 『접촉』과 『우리 모두 공평하게 사랑과는 거리가 멀다』는 대단한 주목을 받았다. 2001년과 2003년 젊은 팔레스타인 작가 중 그 해의 최고 작가에게 주는 ‘알 카탄’ 상을 수상했다. 희곡 『실수』는 런던 뉴컴퍼니 극단에 의해 2005년에 상연되기도 했다.

바쉬르 샬라쉬 (Bashir Shalash)

1978년 하이파에서 태어났다. 저널리스트이자 시인이다. 예루살렘 헤브루 대학에서 아랍어와 철학 전공하고, 베를린 자유대학에서 독일어-아랍어 번역과정을 수료했다. 동 예루살렘 자치단체 교육문화부 문화활동 디렉터, 하이파의 일간지 《엘 아티하드》 문화교육부 에디터 등으로 일했다.

◦ 작품집·문집 등 단행본은 『 』로, 단편소설·시·에세이·영화·노래·드라마·다큐멘터리·사진·그림·시나리오는 「 」로, 신문·잡지는 《 》로, 단체는 〈 〉로, 행사·이벤트는 ' '로 구분했다.
◦ 팔레스타인 인명이나 지명은 되도록 아랍어 발음에 가깝게 표기하였고, 분명히 표시할 필요가 있을 때만 ' '를 붙였다.
◦ 글쓴이 주와 옮긴이 주는 본문 아래쪽에 각주로 처리했으며, 옮긴이 주에는 별도로 '_옮긴이 주'라고 덧붙였다.

우산에 대한 다른 생각
내가 맞은 비

우산에 대한 다른 생각

팔레스타인의 삶과 죽음

키파 판니(시인)

나는 나의 지인들, 특히 시인들로부터 주변의 모든 일을 너무 시적으로 대하지 말라는 충고를 항상 듣는다. 그러나 나는 크게 신경 쓰지 않는다. 내게 있어 삶이야말로 진정한 시이고 시로 씌어진 것은 살아있음의 한 단편에 불과하다. 장미 자체가 시고 장미에 대한 시는 그 반영일 뿐이라고 할까. 글을 쓴다는 것은 내게 삶의 의식이다. 글을 쓰면서 나는 나 자신만의 의식을 창조하려고 애쓴다. 별다른 준비도 없이 한국에 손님으로 오게 되었지만*, 여기서도 나는 이 의식을 확장하고 더 많은 층과 차원을 부여하려고 노력하고 있다. 그 의식 중 하나가 빗속을 우산 없이 걷는 것이다.

* 글쓴이는 이 글을 쓴 2006년 하반기, 광주 '아시아 작가 레지던스 프로그램'에 참가하고 있었다. _옮긴이 주

팔레스타인에서도 나는 이렇게 걷곤 했다. 비는 내게 우울함을 쫓는 자연적 처방이었다. 그러나 한 친구는 폭풍우가 몰아치는 날 동네 어귀를 걷고 있는 나를 보고는 걱정되어 차를 세우고, 그런 날씨에 무슨 짓이냐고, 갈 데가 있으면 태워주겠다고 내게 말했다. 나는 어디로 가려고 걷고 있는 게 아니라 34년 전 내가 어머니의 자궁에서 떠나온 것을 자신에게 상기시키고 있을 뿐이라고 대답했다. 그때 나는 이별의 아픔을 겪고 있었다. 그것은 자궁을 떠난 것의 또 다른 모습이었다.

팔레스타인에서는 자연으로부터 자신을 보호해야 한다는 생각 따위는 내게 떠오르지 않았다. 나는 우산을 쓸까 말까 고민해본 적이 한 번도 없다. 한국에 와서 며칠 동안 나는 나도 모르게 거듭 중얼거리는 자신을 발견했다. "나는 우산을 쓰지 않아."

물론 그거야 사실이지만, 팔레스타인에서는 그런 말을 할 필요가 없었다. 분위기―기후와 문화 등등― 덕분에 팔레스타인에서는 우산 없이도 아무런 문제가 없다. 그곳 날씨는 온화하며 변화가 심하지 않다. 비는 겨울에나 오고 아주 가끔씩만 초봄이나 늦가을에도 내린다. 그리고 비가 내려도 충분한 간격이 있어서 사람들은 젖지 않고도 일상생활을 할 수가 있으며, 젖는다면 그것 역시 아주 가끔 벌어지는 일이다. 나처럼 걷기를 좋아하는 사람은 젖는 일이 보다 많지만, 그러면 문화적 분위기가 그 일을 별 거 아닌 걸로 만들어 준다.

허다하고 정기적인 죽음 속에서는 살아있다는 사실만으로도 각별히 축하할 일이요, 비에 젖는 것쯤이야 도리어 살아있음의 징표가 된다. 사랑하는 사람들이 다음날에도 여전히 살아있다는 것만으로도 삶에 감사드려야 한다. 그 사람들이 젖었는지 아닌지, 우산을 썼는지 안 썼는지는 상관이 없는 것이다. 특히 그 사람들이 열정이 충만하여 '기느니 차라리 죽겠다'* 는 식이라면 더욱 그렇다. 얼마 만에 만나건 우리는 만날 때마다 껴안고 뺨에 입을 맞춘다. 누군가 옆에서 보고 있다가 우리더러 오랜만에 만난 모양이라고 말하면, 우리는 웃으면서 지난 밤 늦게까지 같이 술을 마셨다고 답할 뿐 더 이상 설명할 말을 찾지 못한다.

팔레스타인에 사는 우리에게는 턱없이 진지해지는 습관이 있다. 나는 가까운 친구하고 술을 마실 때 가장 진지해져서 정치, 삶과 죽음, 연인에게 듣는 잔소리 따위에 대해 '언어의 칼날을 겨루고', 영혼의 갈증이 해소되는 만족감을 느끼며 서로 작별 인사를 한다. 그리고 놀랍게도 다음날 아침 모든 벽에 도배된 바로 그 친구의 사진을 보게 되기도 한다. 그렇게 우리 팔레스타인인들은 하루아침에 유명인사가 되는 것이다! 내가 헛것을 보고 있는 것은 아닌지 확인하기 위해, 그리고 그 친구가 이승에서 저승으로 주거지를 옮겨간 변화에 대해 좀더 자세히 알기 위해, 나는 포스터 중 하나에 다가가 읽는다. "이스라엘 특수부대* 가 자행한 암살로 인해, 모모 씨는 순교자의 지위에 오르게 되었다."

만약에 이런 일이 평생 한 번 일어난다면 몹시 비정상적인 사건이 될

* 나이젤 패리의 「그림자의 땅」이라는 노래에 "죽어서는 안 되는 자들에게 기기를 가르친다"는 구절이 있다.

* 이 죽음의 부대는 1987-1993년 첫 번째 인티파다 당시 이스라엘 국무총리 이츠하크 라빈이 팔레스타인 활동가들을 암살할 목적으로 설립했다. 부대원들은 '무스타리빈(Musta'rebeen)'이라고 불렀는데, '아랍인처럼 보이는 자'라는 뜻이다. 아랍인처럼 생긴 사람들 중에서 부대원을 뽑았기 때문이다. 이스라엘인들은 자기 나라에는 사형제도가 없다고 자랑하지만, 정확히는 이렇게 말해야 할 것이다. 이스라엘에는 재판을 거치는 사형 제도는 없다고.

ⓒ 마흐무드 아부 하쉬하쉬(Mahmoud Abu Hashhash)

2004년 12월 21일
이스라엘 특수부대에 의해 암살당한
살람 야쿱 힐란(당시 33세)의 순교 포스터.

것이다. 그러나 가까운 친구들 중에 두 명, 아는 사람이나 동료들 중에는 여러 명이 이렇게 죽어간다면*, 그건 그저 일상생활의 일환이 되고 만다. 그리고 동시에 누군가와 "그래, 또 봐!"하고 헤어져 놓고는 과연 그럴 수 있을지 확신하지 못하는 악몽이 된다.

단언하건대 그런 환경에서 살다보면 개인적 습관이나 생각뿐 아니라 사회 언어적 행동 양식까지도 바뀐다. 잘 지냈느냐는 인사 대신에 "아직 살아있었구나!"라고 말하게 되는 것이다. 팔레스타인인들은 자연스럽게 "어, 죽음이 날 깜빡하고 비껴갔거든"이라고 대답한다. 심지어는 자기가 아직 살아있다는 사실 때문에 죄책감마저 느낀다.

* 내 친구 이사 아베드는 1999년에 이스라엘 저격수에게 암살당했고, 살람 야쿱 힐란은 다른 두 친구와 함께 이스라엘 특수부대한테 2004년에 암살당했다.

한번은 문인 몇 명과 함께 국가 행사에 참석할 일이 있었다. 가던 길에 한 명이 말을 꺼냈다. "이스라엘 공군이 거기를 급습할지도 모른다는 소문이 있던데." 시인 마흐무드 아부 하쉬하쉬가 답했다. "우리가 이제껏 산 것만으로도 남들보다는 오래 살았잖아." 나 또한 그 말에 완전히 동의했으며 "우리 세대 중에 아직도 살아남은 사람은 몇 명 안 되니 아마도 우리 역시 갈 때가 되었나 보지"라고 말했다. 시인이자 사상가였던 우리 스승 후세인 바르구티의 시 한 구절이 생각난다.

> 이 길가 벽에 씌어진 글들은 한밤중에 은밀히 나가 자신들의 감정을 피로써 적어놓았던 장미의 세대의 것이다.

만약에 한국에서 누군가 내게 왜 우산을 쓰지 않느냐고 묻는다면 나는 이 글에 쓴 것처럼 대답하고 싶고, 이 대답 또한 너무나 짧고 불충분

힐란과 함께 살해된
다른 2명의 모습이 담긴 포스터.
오른쪽은 당시 22세의
무함마드 사이에드 이프타위,
왼쪽은 30세인 나세르 사이에드 자와브레.

ⓒ 마흐무드 아부 하쉬하쉬

하다. 그러나 나는 그런 평범한 질문에 이토록 유별나게 답해서는 안 된다는 걸 안다. 그래서 나는 대신 할 말을 생각해내야 한다. "비를 맞으면 영혼과 감각이 깨어나거든요"라든가, "자연을 더 이상 겪지 않는다면, 우리도 더 이상 자연스럽지 않게 되기 때문이지요" 따위, 현학자와 자연주의자 중간 즈음의 대답 말이다.

마지막으로 빗속에서 우산도 쓰지 않고 중얼거리며 목적 없이 걷고 있는 나를 보고 이상하게 생각할지도 모를 사람들을 위해 밝혀두자면, 나는 살아남지 못했던 팔레스타인인들의 얼굴을 잊지 않도록 자신을 교육시키는 중이다. 한국의 정상적인 삶의 리듬에 넘어가지 않도록, 그래서 팔레스타인에 돌아갔을 때 거기서는 죽음이 정상적이라는 사실에 놀라지 않도록 말이다.

내가 맞은 비

김정환(시인)

계단을 오를수록
아니 내려갈수록 나는 노인이지만
비움과 채움의
불균형을 아는 것은 걸음을 덜
후둘거리게 한다. 처음 만난 팔레스타인 시인
샬라쉬, 판니와, 그들 일행과, 익명의 딸들과
집에서 새벽까지 대취하면서
이슬람문명의 노회가 애당초 운명에 대한
전략일지도 모른다고 생각했다
젊은 날
맥락이 생략되었다는 것을
훗날에 발견하는
그리고 하릴없는
운명을 우리는 벗을 수 없지만
생략의 결과는 엄혹하고 치명적이지만
다행히도 나는 그들을 배웅하며

후둘거리는 발걸음으로 숙취를 씻고 있다
노년이 불구를 넘쳐나는 그 무엇임을
더 늙기 전에 깨닫고 있다
세계사는 물론 우리들 청춘의 학습에서도
이슬람은 태생적으로 노회하다

가시와 꽃
선인장과 은행나무

가시와 꽃

자카리아 무함마드(시인)

그는 서른이 되기 전에 죽었다.

절망적인 암과 싸우면서 그는 자신의 상징을 만들어냈다. 화분에 담긴 선인장. 그는 이 가시 많은 야생 식물을 자기 손으로 캐서 다듬어 화분에 심었다.

이 상징을 캐내려고, 그는 마지막 2년 동안 오로지 화분에 담긴 작은 선인장만 그렸다. 그리고 죽기 직전에 이 상징을 완성했고, 팔레스타인 인들에게 선인장이라는 그들의 상징을 남겨 주었다.

아심 아부 샤크라*는 움 알파힘에서 1961년에 태어나 1990년에 죽었다. 움 알파힘은 이스라엘에 합병된 팔레스타인 마을이다. 이스라엘

* 천재적인 팔레스타인 화가로 요절했다. 가난해서 유화를 캔버스가 아닌 종이에 그려야 했다. _옮긴이 주

아심 아부 샤크라

출처_아심 아부 샤크라 특별전 자료집, 텔 아비브 박물관, 텔 아비브, 1994.

은 팔레스타인의 잔해 위에 세워졌다. 이스라엘인들은 팔레스타인 인구의 절반을 고향에서 차 내버렸으나, 소수의 팔레스타인인들은 남았다. 이스라엘은 1948년부터 67년까지 이들을 군법 아래 두었다. 이들은 군대가 발행한 허가증이 없으면 자기 마을을 한 발자국도 벗어날 수 없었다.

마침내 이들이 마을 바깥으로 나갈 수 있게 되었을 때, 일찍이 다른 팔레스타인인들이 쫓겨나가 버려진 마을들을 길잡이 삼았다. 수백 개의 마을들이 버려져 있었다.

어린 아심 아부 샤크라도 이런 마을들을 지나다녔다. 마을이 있었던 자리를 찾지 못하면 선인장이 그를 안내했다. 팔레스타인인들은 선인장을 집과 경작지를 두르는 울타리로 심었다. 그들이 강제로 쫓겨난 후에도 선인장은 남아서, 쫓겨난 집주인 대신 집을 지키고 있는 듯했다.

"당신의 마을과 집을 찾으려면 선인장을 따라가세요." 오랜 세월이 흐른 후에 미국이나 유럽의 여권을 갖고 선조의 집을 찾아보려고 이스라엘에 온 팔레스타인인들에게, 거기 남아 있던 팔레스타인인들은 말하곤 했다.

선인장은 봄에 꽃을 피웠다. 그 꽃은 노랗고 붉어서 마치 촛불처럼 보였다. 언젠가 돌아올 농부가 길을 잃지 않도록 집에 불을 밝혀두려는 듯이, 선인장은 촛불을 밝혔다. 아심 아부 샤크라는 이것을 보았다. 그

출처_아심 아부 샤크라 특별전 자료집, 텔 아비브 박물관, 텔 아비브, 1994.

아심 아부 샤크라가 그린 자그마한 화분에서, 팔레스타인의 새로운 예술운동이 솟구쳤다.
그에게는 선인장의 가시가 아니라 촛불처럼 피어나는 꽃이 중요했다.
이 그림들에서도 선인장은 스스로 무장해제하고,
가시를 전등의 불빛이나 석양의 햇살에 빌려주었다.

리고 그는 섬세한 눈으로 땅 위에 피어난 상징 또한 보았다. 그는 그 상징을 캐서 화분에 심어 창가에 두었다.

그는 암 투병 중이었으나 자기가 할 일을 마치기 전에는 떠나려 하지 않았다. 창가 화분에서 꽃을 피우는 선인장을 그리고 또 그렸다. 수십, 수백 개의 작은 선인장 - 촛불이 그의 손으로 밝혀졌다. 그리고 그는 눈을 감았다. 등대와 미나렛*에 불을 밝혀놓았으니 비로소 그는 떠날 수 있었다.

팔레스타인인들이 보기에는, 선인장 꽃은 이스라엘의 비유에 반대하기 위해 그 불빛을 퍼뜨리고 있다. 20세기 초, 영국의 도움을 받아 이스라엘을 세우려고 러시아와 폴란드에서 온 이스라엘 이주자들은, 팔레스타인인들이 맨 손으로 가시 많은 선인장에서 열매를 따는 모습을 보고 놀랐다. 그들은 팔레스타인인들이 팔레스타인의 자연과 맺은 돈독한 관계에 질투심을 느꼈으며, 자기들도 그렇게 해보려고 애썼다. 그래서 그들은 팔레스타인에서 자란 자기들의 첫 세대를 '사브라'라고 불렀다. 사브라는 아랍어 '사비르'에서 온 말로, 선인장과 인내를 뜻한다. 그들에게 사브라란 거친 환경에서 강인하게 버티는 것이었다. 처음에 그것은 문학적 비유였으나, 가시를 바깥으로 뻗치고 익은 열매를 단 선인장이라는 시각적 이미지로 전이되었다. 이 이미지는 가시투성이의 잔인한 외면과 달고 부드러운 내면의 대비에 초점을 맞춘 것이었다.

가시가 핵심인 이 비유는 유럽에 있었던 유대인 게토와 현재 팔레스

* 이슬람 사원에서 불을 밝혀두는 높은 탑. _옮긴이 주

타인에 들어선 이스라엘 정착촌, 양자를 반영한다. 이 문화에서는 때로는 다디단 선인장 열매가, 또 때로는 그것과 상반된 적대적이고 경계심 많은 가시가 드러난다. 게토란 자기들끼리는 똘똘 뭉치지만 바깥으로는 가시를 곤두세우기 마련이다. 팔레스타인에 들어선 첫 번째 정착촌 또한 일종의 게토였다. 그들은 바깥으로는 가시를 뻗치고 안에서만 달콤함을 누렸다.

반면에 팔레스타인의 상징에서는 꽃 - 촛불이 핵심이다. 그렇기 때문에 아부 샤크라의 그림에서 선인장의 가시는 부드럽고, 다른 것으로 대체되기도 한다. 몇 개의 선인장 그림들은 가시 대신에 전깃불의 빛살을 달고 있다. 땅, 자연, 역사에 대한 투쟁은 가시와 꽃의 투쟁이 되었다.

이제 아부 샤크라 그림의 선인장 꽃은 고향으로 돌아올 날만 기다리는 이들을 위해 창가에서 촛불을 밝히고 있다. 언젠가는 팔레스타인 해안에 닿으리라는 희망의 배를 타고 세상을 정처 없이 항해하는 모든 팔레스타인인들을 위해*, 등대에서 타오르고 있다.

총을 맨 요괴가 맨 발의 남자에게 선인장 가시 위로 걸어가라고 명령하는 아심의 드로잉. 이 그림의 인물들이 누구를 대표하는지는 분명하다. 이스라엘 군인과 팔레스타인 농부.

출처_아심 아부 샤크라 특별전 자료집, 사카키니 문화센터, 라말라, 1999.

* 이른바 이스라엘-팔레스타인 평화 협정에서 가장 중요한 의제 중의 하나는, 국외로 쫓겨난 팔레스타인 난민들의 귀환 문제이다. _옮긴이 주

선인장과 은행나무

전성태(소설가)

여름 동안 팔레스타인 산문집* 출간 준비를 하면서 그곳 작가들의 산문을 여러 편 읽었습니다. 이 원고들을 찾아 엮은이는 〈팔레스타인을 잇는 다리〉의 오수연 선생과 자카리아 무함마드 선생입니다. 그 원고 속에 「집을 지키는 선인장을 남겨두고」(주하이르 아부 샤이브 作)라는 빼어난 산문이 있는데, 이번 자카리아 선생의 「가시와 꽃」을 읽고 그 글을 한층 더 깊이 이해하게 되었습니다.

> 선인장은 우리가 여기에 존재함을 나타내는 기호이다. 이 땅에서 우리가 영원히 떠나는 게 아님을 스스로 확신하기 위해, 우리는 우리의 소중하고 믿음직한 것들을 남겨두었다. 나무들, 민속의상, 우리 집들의 영혼, 우리의 그림자, 발자국, 적들은 도무지 알아챌 수 없는 것들. 적들은 그런 줄도 모르고 무작정 우리의 땅과 소유물을 훔치려고만 한다.

주하이르는 또한 선인장에 대해 자신의 할머니가 들려준 이야기도 전합니다. 선인장이 있는 장소가 바로 선인장이라는 것. 저는 그 말을

* 수아드 아미리 외 지음(오수연 옮김), 『팔레스타인의 눈물』, 도서출판 아시아, 2006.

대지에 발을 디딘 모든 생명은 대지 그 자체라는 뜻으로 이해했습니다. 아메리카 인디언들은 집을 짓기 전에 집터에 선인장을 심었다고 합니다. 집도 생명이라 반드시 뿌리가 있어야 한다고, 선인장 몇 뿌리를 심고 나서 집을 지었습니다.

인디언들의 선인장은 전설이 되었지만 팔레스타인의 선인장은 지금도 당신들 세계의 일부입니다. 그래서 주하이르가 화가 아심 아부 샤크라처럼 파괴된 아랍마을을 지날 때 받은 인상적인 체험은 의미심장했습니다. 선인장이 마치 그를 알고 있는 듯이 가시로 붙잡았고, 돌아설 때는 작별을 고하는 것 같았다고 했지요. 저는 그걸 보고 당신들의 고난이 대지와 더불어 생명들의 고난이기도 하다는 걸 느꼈습니다.

제가 문인단체에서 일할 때 가끔 광주의 노老작가 한 분이 상경 길에 사무실을 방문하곤 했습니다. 젊어 한동안은 소설을 썼지만 언제부턴가 펜을 거두어서 젊은이들은 그 분이 작가라는 사실도 잘 모를 만큼 존재감이 없는 어른이셨지요. 저 역시 명색이 소설가라지만 그 분의 작품을 한 줄 찾아 읽지 못했으니까요. 말수도 적은 분이 사무실 한편에 묵묵히 앉아계시다가 일어나곤 했습니다. 용건이 따로 있어서 오신 적은 없었습니다. 마치 객지의 자녀들을 방문하는 노인 같았습니다.

그러다가 어느 날, 문득 20년 전 이야기를 꺼내셨습니다. 그러니까 계엄군이 광주 사람들을 도륙하던 시절 이야기였지요. 당신의 집 앞 도로가에 아주 어린 은행나무 한 그루가 있었다고 합니다. 탱크 소리와 총탄이 그 거리에 난무한 밤이 지나자 그는 거리로 슬그머니 나갔습니다. 너무나 두렵고 또한 힘없는 자신이 더없이 혐오스런 발걸음이었답니다. 그는 어린 은행나무 둥치가 총탄으로 구멍이 난 것을 보았습니다. 저게 살까 싶어서 다음날 다시 찾아와 보고, 구멍 자리에 새살이 돋는 걸 보고 또 찾게 되고, 그러구러 29년의 세월을 보냈답니다. 한동안 나무는 성장이 더디었지만 지금은 여느 나무처럼 우람하게 자랐다고 합니다. 그분이 이야기 끝에 한마디를 중얼거리듯 덧붙였습니다. "이제 그 나무를 두고 소설 한 편을 써도 괜찮을까?"

죽음의 문턱에서 생존한 자들이 갖는 공통점은 자신의 정체성을 증언자로 지켜낸 사람들이라고 합니다. 팔레스타인 작가들이 자신을 위해서, 혹은 당신들의 긴박한 사정을 알리기 위해 타전하듯이 써낸 글들을 읽으면서 오히려 나는 내 영혼이 위무 받는 느낌이었습니다. 팔레스타인 작가들은 지금 모두가 증언자입니다. 당신들은 팔레스타인이 조국이라서 증언자를 자임한 건 아닙니다. 그들은 개별자로서 때에 따라 조국과도 맞서려는 영혼을 가진 사람들입니다. 스스로가 대지처럼 성스러운 존재이기 때문이지 조국이 성스럽기 때문이 아니지요.

펜이 칼보다 강하다는 말을 확신하기가 참 어려운 세상입니다. 더구나 팔레스타인처럼 수십 년 동안 점령된 땅에서는 말이지요. 팔레스타인에 관한 한 증언하는 자나 듣는 자나 모두 무력합니다. 그러나 나는 당신들이 무력감을 딛고 써내는 글에 귀를 기울이고 있습니다. 지구의 반대편에서 누군가 귀 기울여준다면 당신들은 증언자로서 끝까지 생존해주리라 믿기 때문입니다. 선인장과 은행나무가 그러하였듯.

우리더러 날아보라고!
팔레스타인의 분리 장벽과
한반도의 분단 장벽

우리더러 날아보라고!

지상의 장벽과 상상의 경계들

바쉬르 샬라쉬 (시인)

한국을 생각하면 나로서는 이산가족들이 50년 만에 상봉하는 장면이 처음 떠오른다. 그리고 국외로 추방된 팔레스타인인들이 국경에서 울타리를 가운데 두고 가족을 만나는 모습을 보았을 때처럼 감정이 격해진다. 얼굴 생김새가 다르다는 것만 빼면 두 장면은 너무나 똑같아서 서로 뒤바뀔 수도 있을 지경이다.

현대 정치사에서 한국과 팔레스타인은 보통 사람들의 의사하고는 상관없이 전쟁의 무대가 되었다는 공통점이 있다. 이득을 놓고 다투는 지역적, 국제적 도박사들이 지도를 갈라 친구와 적을 만들어 놓았으며, 보통 사람들이 자신의 목숨과 소망을 희생하여 그 대가를 치러야만 했다.

한국과 팔레스타인 양쪽에 이제껏 똑같이 남은 결과는 전선, 장벽, 경계들인 것 같다. 이 벽들은 지리적으로 국토를 분리시킬 뿐 아니라

ⓒ 스웨덴 사진작가 세실리아 파스버그(Cecilia Parsberg)　출처_www.eurozine.com

분리장벽의 팔레스타인 쪽 벽에
세계적인 예술가 뱅크시(Banksy)가 그린 그래피티.

사람들을 자연스러운 존재 규범으로부터 갈라놓는다. 나는 팔레스타인 인들과 비슷한 고생을 해온 한국인들에게 형제애를 느낀다.

4년 전, 이스라엘이 인종분리장벽*을 짓기 시작했다는 얘기를 들었을 때 나는 베를린에 있었다. 당시 나는 철학 대학원 졸업을 앞두고 있어서 팔레스타인으로 돌아갈 수가 없었다. 독일의 춥고 외로운 밤마다 팔레스타인은 내 안에 있는 고향이었고 터널 끝에 보이는 단 하나의 빛이었다.

* 이스라엘은 폭발물을 갖고 이스라엘과 이스라엘 정착촌에 들어오는 팔레스타인인들을 막는다는 명목으로 2002년부터 분리장벽을 쌓았다. 요르단 강 서안지구를 완전히 둘러싸는 이 거대한 콘크리트 장벽은 두께 1미터, 높이 5-8미터, 길이 700킬로미터에 이르며, 팔레스타인인들은 이 장벽 때문에 자유를 빼앗겼을 뿐만 아니라 일상생활을 차단당해 생계를 유지하기마저 힘들어졌다. 2004년 7월 국제사법재판소는 '장벽이 팔레스타인인들의 인권을 심각하게 침해하였으므로 이스라엘은 장벽 건설로 피해를 입은 팔레스타인인들에게 보상하고 토지를 반환하라'고 판결 내렸으나 이스라엘은 아랑곳하지 않고 아직까지도 장벽을 짓고 있다. _옮긴이 주

ⓒ 필립 한니스(Philip Hannis) 출처_www.travelpod.com

팔레스타인 무명 화가들이 분리장벽에 그린 그래피티.
가운데 등을 보이고 서 있는 아이가 시사만화작가 나지 알 알리가 창조한
팔레스타인인의 상징, 고향에 돌아갈 때까지 나이를 먹지 않는 맨발의 소년 '한달라'이다.

독일에 머무르는 6년 동안 나는 하루도 빼놓지 않고 아침마다 신문에서 조국에 관한 기사들을 훑어보았다. 독일 신문들과 유럽에서 발행되는 아랍어 신문을 비교해서 읽으면서 나는 상반된 두 영역 사이에 끼어 고문당하는 듯한 아픔을 느끼곤 했다. 하나는 그 '망명 생활' 동안 내 마음과 영혼을 온통 차지하고 있던 팔레스타인이고, 다른 하나는 중립지대로 남아 6년이나 되는 세월이 지나도 나의 내면을 조금도 건드리지 않았던 독일이었다. 때로 나는 뉴스 보도를 장벽으로 인해 팔레스타인으로부터 분리된 땅들을 구경하는 용도로 이용하기도 했다. 그러다가 국제 뉴스의 렌즈가 장벽에 반대하는 시위대 속에 있는 내 친구들의 얼굴을 비추기라도 하면, 나는 마치 먼 곳의 유령에게 사로잡힌 듯 넋

이 나갔다.

마침내 내가 팔레스타인으로 돌아왔을 때, 분리장벽은 거의 마무리 단계였다. 거대한 인종차별의 기념물 앞에서 나는 내 동포들이 이미 겪었을 엄청난 상실감을 비로소 느꼈다. 적나라한 현실과 비교하면 그동안 내가 봐왔던 모든 보도들은 거의 아무 말도 하지 않은 거나 마찬가지라는 사실을 깨달았다.

장벽은 팔레스타인 집들의 작은 마당을 가로질렀다. 집주인들은 자기 마당에 있는 나무에 열린 열매를 따러가기 위해서 이스라엘 군대로부터 특별 허가증을 받아야 했다. 이런 일이 21세기 '멋진 신세계'라는 악몽 속에서 벌어지고 있다.

장벽은 또한 서안 지구의 많은 마을들을 고립시켰다. 마을 주민들은 학교, 직장, 경작지, 묘지에 갈 수가 없다. 안보라는 명분으로 최종의 목표를 달성하려는 식민주의자들의 이기심을 만족시키기 위해, 다시 한 번 보통 사람들이 자신들의 삶과 죽음을 대가로 치르고 있다. 식민주의자들의 최종 목표는 이것이다. '땅은 최대화하고 사람들은 최소화한다.'

머잖아 장벽은 팔레스타인 사회를 도시별로 해체해 각 도시를 세상에서 가장 큰 감옥으로 만들어버릴 것이다. 지역적, 인구적 단일체를 자생력이 부족한 땅 조각들로 낱낱이 쪼개버릴 것이다. 식민주의자들은 팔레스타인인들로 하여금 장벽을 새로 주어진 현실로 받아들여 우리의 상상력과 존재가 나아갈 수 있는 한계가 거기까지라고 체념하게 만들려는 것이다.

거의 100년을 끊임없이 싸워온 우리 팔레스타인인들은 좌절하지 않았으나, 국제적 지원이나 무기에 있어서 우리가 열세임을 확실히 인식하고 있다. 우리는 우리가 인간으로서 존엄하게 살 자격이 있다는 믿음으로부터 힘을 끌어낸다. 전략적 허점을 메우기 위해 우리가 사용하는 가장 중요한 수단은 풍자이다. 어둡고 쓰디쓴 풍자는 점령자들만이 아니라 우리 자신을 상처 입히기도 한다. 툭 내던지는 풍자가 현실을 실제로 바꾸지는 못한다는 것도 사실이다. 그러나 이지러진 현실에 맞서 인간성을 견지함으로써 승리는 얻어진다.

지난 4년 동안 분리장벽에 관한 수많은 예술작품들과 다큐멘터리가 만들어졌는데, 대개 풍자적이다. 풍자를 통해 작가들은 현실은 물론 현실에 대항하고 그를 넘어서는 방법 또한 그리려고 한다. 그들은 막힌 수평선 너머 상상력을 넓히고, 허가된 한도보다 멀리 존재를 확장하기를 꿈꾼다.

분리장벽에 관한 농담 두 가지가 기억난다. 하나는 친구로부터 들은 것이다. "옛 시인에 따르면 고대 사람들은 물가에 도시를 지었다네. 하지만 현대 이스라엘 점령군에 따르면, 팔레스타인인들은 검문소 근방에 도시를 세운다고 하지."* 다른 하나는 장벽에 그려진 벽화와 낙서에 관한 다큐멘터리에서 들은 것이다. 한 장면에서 인터뷰 하는 사람이 물어본다. "이스라엘이 이 장벽을 세우는 진짜 이유가 뭐라고 생각합니까?" 응답자는 웃으며 답한다. "우리더러 날아보라고!"

* 이스라엘 점령군의 검문소를 통과하기 위해 팔레스타인인들이 하도 오래 줄을 서야 하므로, 실제로 검문소 주변에 장이 벌어진다. _옮긴이 주

팔레스타인의 분리 장벽과 한반도의 분단 장벽

정도상(소설가)

가싼 카나파니*의 소설 「불볕 속의 사람들」과 「하이파에 돌아와서」를 단숨에 읽어 내려간 것이 벌써 20년 전이다. 20년 전, 대학에서 우리는 혁명과 문학을 꿈꾸고 있었으며 온 존재를 바쳐 그것들을 성취하고자 몸부림쳤다. 낮에는 돌과 화염병을 던졌고, 밤에는 노여움 가득한 대자보를 썼었다. 깊은 새벽 자취방에 돌아와 홀로 누우면 저절로 눈물이 뺨을 적시던, 그 시절에 만났던 「하이파에 돌아와서」는 내 소설의 교과서가 되었다.

이스라엘에 남겨진 아들을 20년 만에 만나는 부모의 마음을 담담하게 그려낸 「하이파에 돌아와서」를 읽으면서, 나는 인간과 인간 사이의 벽을 생각했다. 팔레스타인의 피를 받았으나 이스라엘에서 성장한 아들의 모습을 보면서, 팔레스타인을 철저히 대상화對象化의 장벽 안에 가둔 이스라엘의 정책에 대해 노여워했었다. 아니다. 노여움은 짧았고, 연민이 아주 길었던 것을 기억한다. 자취방의 아주 작은 창문을 통해

* 팔레스타인 인민해방전선의 대변인 겸 그 단체의 기관지 《알 하다프》의 편집인이었으며 점령지 밖에서 팔레스타인 저항 문학을 이끈 대표적인 작가. 1972년 베이루트에서 이스라엘 정보부가 차에 설치한 것으로 추정되는 폭탄이 터져 죽었다.

대숲에 부는 바람 소리를 바라보며 언제 들이닥칠지 모를 형사들의 발걸음 소리에 귀를 기울이며 하이파에 갔다가 돌아오는 두 사람의 삶에 대해 오래오래 생각했었다. 그러다 황석영의 「한씨 연대기」, 김원일의 『미망』을 읽으며 인간의 내면마저도 불구로 만들어버린 한반도 분단의 드높은 장벽에 대한 질감을 피부로 느껴야만 했다. 그때 나는 가싼 카나파니에게 인종의 차이와 시공간을 넘어선 뜨거운 형제애를 실감했었다.

1999년 가을, 물의 도시 베니스에 배낭여행을 갔었다. 배낭여행의 자유로움을 즐기고 있는데 마침 비엔날레가 열리고 있었다. 닷새 동안 베니스에 머물면서 날마다 민박집에서 비엔날레 전시장으로 출퇴근하다시피 했었다. 현대 미술이 회화에서 너무 과도하게 벗어나 설치로 중심을 옮겨가고 있는 점이 무척 아쉬웠다. 그런 심정으로 어느 전시관에 들어서는데, 모골이 송연한 신음소리가 끊임없이 울려나오고 있었다. 안내문을 읽어보니 이스라엘관이었다. 역시 설치작품이었는데, 철조망과 벽으로 둘러싸인 아우슈비츠 수용소였다.

첫 느낌은 역겨움이었다. 스티븐 스필버그 감독의 「쉰들러 리스트」, 로베르토 베니니의 「인생은 아름다워」를 보고 느꼈던 감동이 '이제 그만 좀 하지!'라는 비아냥으로 바뀌었다. 나치 파시즘에 당한 유대인의 고난을 지속적으로 부각시키려는 기획된 동어반복에 짜증이 났다. 나치 파시즘에 당한 그 모든 비인간의 고통을 고스란히 팔레스타인인들에게 되돌려주고 있는 지금의 현실에 대해서는 어떠한 성찰도 없으면서 또 아우슈비츠 수용소를 소재로 만든 설치작품이라니!

소름이 끼쳤다. 유대인들은 아우슈비츠 수용소에서 나치에게 당하면서 나치를 닮아버린 것은 아닐까? 이런 생각도 들었다. 그렇지 않고서야 이스라엘 사람들이 팔레스타인인들에 대해 나치 파시즘의 태도를 그토록 완강하게 가지고 있는 이유를 찾을 수 없었다. 그러다가 문득 그 해답을 한 책에서 찾았다.

> 오랜 세월 동안 인간과 그밖의 다른 대부분의 동물 종을 구별짓는 점은 바로 '인간들은 서로를 같은 인간으로 인정하지 않는다'는 것이었다. 한 고양이에게 다른 한 고양이는 언제나 또 하나의 고양이였다. 이와 반대로 인간은 인간사회에서 추방당하지 않기 위해 일정한 조건들을 반드시 충족시켜야 했다. 원래 인간은 자신이 속해 있는 공동체에만 조심스럽게 인간의 자격을 부여하는 것을 고유의 특성으로 타고났다.(알랭 핀킬크라우트 지음(이자경 옮김), 『잃어버린 인간성-20세기에 관한 에세이』, 19쪽, 당대출판사, 1997년)

나치가 유대인들을 같은 인간으로 인정하지 않은 것처럼 이스라엘 사람들은 팔레스타인인들을 같은 인간으로 인정하지 않았다. 비극은 바로 여기에서 출발했고, 바로 그 감정상태 위에서 장벽은 만들어졌다. 똑같은 이유로 2000년 6월 15일 이전까지 한반도의 남쪽과 북쪽은 서로를 같은 인간으로 인정하지 않았다. 그것을 우리는 분단체제라고 부르고 있다.

서울에서 자동차를 타고 적게는 1시간, 많게는 5시간만 달려가면 더 이상 자동차를 전진시킬 수 없는 길의 끝에 다다른다. 길의 중간에 철조망이 설치되어 있기 때문이다. 그 철조망은 바다와 육지, 산맥과 산맥, 들판과 들판, 길과 길을 삼엄하게 분리하고 있다. 철조망 이쪽과 저쪽의 초소에는 같은 피를 나눈 형제이면서 군복의 색이 서로 다른 병사들이 형제의 가슴을 향해 총구를 겨누고 있다. 이것이 분단체제를 상징하는 한국의 휴전선이다. 외국 군함이 하이파에 들어오고 팔레스타인인들이 자기들의 도시에서 참담하게 내몰렸던 것처럼, 내가 사는 이 땅 한반도 역시 외세에 의해 분단되었고 민중들은 자기들의 대지에서 학살당했고 모멸당했다. 팔레스타인의 장벽과 한반도의 분단은 그들 스스로 선택한 운명이 아니라 제국주의에 의해 기획되고 강제된 비극이었다. 그러나 한국 민중은 스스로의 힘으로 투쟁했고 끝내는 민주주의를 쟁취할 수 있었다. 그 과정에서 제 몸에 석유를 뿌리고 불을 질러 스스로 불꽃이 된 사람들이 얼마나 많았던가? 그 불꽃 없이 민주주의는 가능하지 않았다.

이스라엘이 팔레스타인에 세워놓은 장벽의 가장 끔찍한 결과는 그 장벽이 팔레스타인인들의 내면에도 고스란히 옮겨진다는 점이다. 마찬가지로 한국의 휴전선은 한국인들 개개인의 내면에도 고스란히 옮겨와 있다는 점을 이야기하고 싶다. 땅 위에 설치된 장벽이 인간의 내면을 불구로 만들었다는 점에 대해 구체적으로 겪지 않은 사람은 결코 실감할 수 없을 것이다. 장벽이나 경계가 내면 속에 설치된 인간의 하루하루가 얼마나 참담했는지에 대해 제국주의자들은 관심을 기울이지 않았다. 그 사이에 장벽과 경계는 스스로 뇌관을 작동시켜 전쟁과 학살, 고문과 투옥, 암살과 사형을 공공연하게 폭발시켰다. 흉탄에 목숨을 잃어버린 어린 아기의 축 늘어진 몸뚱어리를 가슴에 안고 피눈물을 흘리는 어머니들의 모습은 흔하디 흔한 풍경에 속했다. 심지어 작가들조차 내면에 설치된 분단의 장벽 때문에 스스로 검열을 하면서 글을 쓰곤 했었다. 그것이 살아남는 길이었다.

베이루트가 이스라엘에 의해 폭격 당하고 있을 때, 하루 종일 슬픔에 잠겨 있었다. 내 슬픔은 작가로서, 인류의 일원으로서 이토록 무기력하게 앉아 폭삭 무너지는 집들과 피 흘리며 죽어간 소년의 감기지 않은 맑은 눈을 속수무책으로 바라보고 있어야만 한다는 엄연한 사실에서 시작되었다. 하지만 적어도 이것만은 기억해주기를 바란다, 그대들의 간절한 소망과 달리 인간의 존엄이 마구잡이로 파괴되고 있는 그 모습을 누군가는 참으로 슬퍼하며 함께 아파하고 있다는 것을.

그러나 그 어떤 장벽도 영원하진 않는 법이었다. 한국의 민중들과 일부 작가들은 분단의 장벽에 온몸을 부닥치며 투쟁해왔다. 그 과정에서 고문과 투옥과 대규모 학살을 견뎌내야만 했었다. 그래도 투쟁은 멈추지 않았고 콘크리트처럼 완강했던 분단의 장벽이 서서히 흔들리기 시작했다. 마침내 2000년에 발표된 6.15공동선언으로 분단체제는 급격하게 흔들리고 말았다. 우리 한국인들은 이 새로운 시간대를 6.15시대라고 부르고 있다.

완강해 보이던 휴전선에 남북이 오가는 도로와 철도가 건설되었고 하루에도 몇 천 명씩 휴전선을 통과해 남으로 북으로 오가고 있다. 하지만 여전히 자유롭게 통행할 수 있는 것은 아니다. 남쪽 사람이 북쪽으로 가기 위해서는 유엔군사령부의 허가를 일일이 받아야만 하는 것이다. 그렇다고 하더라도 장벽의 일부가 허물어졌다는 것은 매우 중요한 역사적 전진이라고 할 수 있다.

그러나 아직도 갈 길은 아주 멀고 험난하기 짝이 없다. 미국이 한반도 운명의 목줄을 쥐고 있는 이상 분단 장벽의 붕괴까지에는 더 많은 시간과 인내와 투쟁이 필요하다. 팔레스타인의 대지와 팔레스타인인들의 내면에 설치된 장벽을 허물기 위해서는 역시 미국과 이스라엘의 야만적 욕망에 맞서 인간의 존엄을 지켜내는 투쟁이 필요하다는 점에 전면적으로 동감한다. 하지만 양민의 생명까지 불가항력적으로 희생되는 테러를 볼 때마다 깊은 생각에 빠지게 된다. 테러에 의한 무고한 희생과 복수의 악순환이 너무 길게 이어지고 있기 때문이다.

우리는 지금 야만의 시대에 살고 있다. 이 야만의 시대에 평화는 언어가 아니고 현실이다. 평화란 일상에 존재하는 모든 사회적 정치적 경제적 문화적 폭력에서 해방되는 상태를 의미한다. 야만이란 폭력의 효율성을 굳게 신뢰하는 것에 뿌리내리고 있다. 폭력의 효율성에 의문을 제기하고, 어떤 폭력도 인정하지 않으며, 모든 폭력에 대해 비폭력으로 저항하는 것이 진정한 평화를 획득하는 길이 된다고 나는 믿고 있다. 아울러 인간의 내면에 잠재하는 폭력성은 물론이고 국가의 폭력성까지 부정하여 우리의 삶에서 야만을 영원히 제거하는 것이야말로 평화로 가는 첫걸음인 것이다. 형제들이여 그 길을 향해 걸어가자!

장벽 속의 삶

멀리서 다가오는 저 높다란 장벽은
이 노인의 집 대문 10미터 앞을
지나갈 예정이다.
2003년, 동예루살렘 '사야' 마을.

장벽이 지어지면
노인의 집은 이렇게 된다.
이미 장벽에 틀어 막힌 다른 집들처럼.
2002년, 칼키리야.

장벽 때문에 시가지로부터
완전히 단절된 마을의 어린이들이
장벽 틈으로 '등교'하고 있다.
이 틈은 이후 철조망으로 막혔다.
아직 철조망이 쳐지지 않은 다른 두 틈이
남아있어 주민들은 그리로 학교, 직장, 시장,
병원에 다니는데, 3미터 높이의 벽돌더미를
기어 올라가서 뛰어내려야 한다.
2003년, 예루살렘 근처 '아부 디스' 마을.

출처_http://stopthewall.org/news/photos.shtml

라마의 고집
당신을 알기 전에는

라마의 고집

누가 이 동물을 전쟁터로 데려왔나?

자카리아 무함마드(시인)

나는 이 동물이 좋다. 늘 내게 농장이 있어 이 한 쌍을 기를 수 있기를 바랐다. 이들은 낙타인데, 압도적인 느낌이 없는 낙타다. 낙타보다 작고 등에 혹이 없다. 내 생각에는 신이 낙타의 생김새를 다시 고려해보고는 보다 온화한 사본을 만들어냈지 싶다. 이 새로운 창조물이 바로 라마다. 나는 낙타도 좋아하지만 라마만큼은 아니다. 고대 아랍 문헌은 이르되, 낙타는 태양의 숭배자라고 했다. 새벽녘에 낙타는 고개를 동쪽으로 돌리고 태양의 금빛 원판이 떠오르기를 기다린다. 나는 라마가 안데스 산맥의 눈을 더 좋아할 거라고 생각한다. 라마의 머리털은 눈처럼 희다. 그리고 놀란 듯한 얼굴은 정겹다. 마치 새로운 것에 경탄하는 어린 아이 같다. 반면에 수천 년 동안 사막을 여행한 낙타는 모든 걸 다 아는 것처럼 보인다.

레바논 전쟁이 벌어지는 동안 우리는 텔레비전에 내내 붙어 앉아 폭격, 파괴, 학살의 무시무시한 장면들을 지켜보았다. 어느 하루 헤즈불라의 로켓이 이스라엘 북쪽 라마 목장에 떨어지는 짧은 장면이 텔레비전에 나왔다. 로켓이 떨어지기 직전에 한 사나이가 우유병으로 어린 라마한테 우유를 먹이고 있었다. 우리는 로켓은 보지 못했고 소리만 들었다. 그리고 엎질러진 우유병과 놀란 라마의 입에서 흘러내리는 우유를 보았다.

나는 중얼거렸다. 맙소사! 누가 이 가엾은 동물을 안데스 산맥에서 데려다 레바논과 이스라엘 양쪽에서 포화가 쏟아지는 격전지 한가운데 갖다놓았단 말인가? 그날 밤 잠자리에 누워 나는 놀란 라마의 입에서 흘러내리던 우유를 떠올렸다. 레바논 전쟁에 대해서 떠올릴 만한 피투성이 장면들은 많고도 많건만, 내 마음은 오직 라마의 엎질러진 우유를 되새겼다.

며칠 뒤 이스라엘이 답변을 주었다. 내가 텔레비전에서 본 라마들은 레바논 전쟁을 수행하기 위한 부대였다! 남 레바논의 거친 산악 지대에 마주친 이스라엘군은 안데스의 라마를 데려다 대 레바논 전쟁에 쓰기로 결정했다. 그들은 이 동물이 30킬로그램까지 짐을 질 수 있으며 겸손하고 순종적이라는 사실을 알아냈다. 더구나 이들은 하루에 두 번만 먹이를 먹으면 된다니, 산악지대를 이동하는 병력에 무기를 보급하는 수송 수단이 될 법했다.

내가 텔레비전에서 본 라마들이 있는 곳은 목장이 아니라 군부대였다. 나로서는 참을 수가 없었다. 그들은 이 추악한 전쟁에서 죽으라고 이 동물을 남아메리카에서 데려온 것이다!

그러나 소식을 듣자니 작지만 아름다운 이 동물은 이 작전에 매우 화가 난 모양이다.

> 라마에 대한 엄청난 기대—레바논에 침투하는 병사들의 무거운 장비를 나를 것이다?
>
> 라마, 낙타과에 속하는 반추 동물로 등에 혹이 없고 낙타보다 작으며, 안데스 지역에서 무거운 짐을 나르는 데 이용된다. 이 짐 지기 동물은 레바논의 험악한 산악 지대에서 고된 일을 하기에 안성맞춤인 것 같았다. 하지만 이스라엘 국방군은 라마의 지능과 직관을 간과했다. 놀랄 일도 아니지만, 이 동물은 국경을 넘기를 거부했다. 이들을 앞으로 나가게 하려는 모든 노력, 달래기와 작고 큰 막대기로 찌르기 등등은 수포로 돌아갔다.
>
> _일간《하아레츠》*, 2006년 8월 19일.

나는 평화적인 동물이라구. 농사일이라면 얼마든지 도울 수 있지만, 전쟁에는 나가지 않을 거야. 아무리 큰 막대기로 나를 강요해봤자 소용없단 말이야.

이 평화적인 동물의 고집을 꺾지 못해, 이스라엘군은 할 수 없이 이들을 놔주어 고향으로 돌려보내든지 목장에 보내야 한다.

* 다소 진보적인 이스라엘 신문. _옮긴이 주

이런 아랍 일화가 있다. 사람들이 낙타더러 날라고 했다. "날아라 낙타, 날아." 낙타가 답했다. "나는 낙타지 새가 아니야." 이제 이스라엘군은 라마더러 전쟁에 나가라고 했다. "싸워라 라마, 싸워." 라마가 답했다. "싫어, 나는 농부지 군인이 아니야."

나는 라마의 고집스러움이 무척 마음에 든다. 우리 모두 이 동물처럼 해야 한다.

당신을 알기 전에는

자카리아 무함마드 씨에게

나희덕(시인)

자카리아 무함마드 씨!

당신을 알기 전에는 팔레스타인, 레바논, 이라크라는 지역이 나와는 아무런 상관없는 아주 먼 곳이라 여겨왔습니다. 그곳을 오래도록 괴롭혀온 분쟁과 폭력 또한 내가 잠들거나 수저를 드는 일에 대해 머뭇거리게 하지는 않았습니다. 그러나 당신이 한국에 와서, 그리고 제가 근무하는 대학에 강연을 와서 만나게 된 이후로 팔레스타인은 더 이상 저와 무관할 수 없는 공간이 되었습니다. 이제 신문을 보다가 그곳에 관한 기사를 읽으면 마치 제 피붙이의 일처럼 안타깝고 마음이 아파옵니다. 두어 번 만난 작가와의 인연이 그 공간적 거리를 한순간에 무화시킬 수 있다는 사실에 저도 놀랐습니다.

당신이 들려준 강연은 지금도 생생하게 제 기억에 남아서 폐허로 변해버린 그곳과 당신의 삶을 자주 그려보게 합니다. 당신은 자신의 삶을 이렇게 설명했지요. 인생의 3분의 1은 팔레스타인인들이 아직 존재하고 있다는 것을 증명하기 위해 데모하는 일에 바치고, 인생의 3분의 1은 이스라엘 군인들이 지키는 수많은 초소를 통과하기 위해 기약 없이 길 위에서 기다리는 데 바치고, 나머지 인생의 3분의 1만이 작가로서 자신에게 허락된 시간이라고 말이지요. 그 말을 들으면서 한국의 시인으로서 제가 얼마나 큰 자유와 여유를 누리고 있었는지 깨달았습니다. 그런 조건 속에서도 당신의 글만큼 사람을 움직이는 힘을 발휘하는 글을 쓰지 못했다는 자책이 일었습니다. 신호등 앞에 서서 불과 몇 분을 기다리지 못하는 제 자신을 보며 인생의 3분의 2를 길 위에서 보내고 있을 당신을 떠올립니다.

자카리아 무함마드 씨!

당신을 알기 전에는 제가 기독교인이라는 사실을 부끄러워해 본 적이 없습니다. 그런데 당신의 말과 행동에서 자연스럽게 묻어나는 깊은 종교성이 저의 종교와 종교성을 다시 생각하게 만들었고, 이슬람교에 대해 제가 가지고 있던 편견을 버리도록 도와주었습니다. 강연을 마치고 당신과 함께 우리 일행은 전라도에 있는 작은 산사를 향했지요. 대도시의 쾌적한 숙소를 마다하고 당신이 한국의 사원을 보고 싶어 했기 때문이었지요. 섬진강을 따라 달리며 당신은 한국에서의 며칠이 마치 꿈과 같은 시간이라고 말했던 걸 기억합니다. 남도의 소박하고 고즈넉한 풍경을 바라보면서도 어쩌면 당신은 당신이 돌아갈, 피로 얼룩진 산천을 떠올리고 있었는지도 모릅니다.

그날 우리는 섬진강변의 어느 식당에서 서로의 종교에 대해 잘 통하지 않는 언어로나마 대화를 나누었고, 저는 기독교인으로서 이슬람교도인 당신께 진심어린 사과를 했었지요. 그리고 미국과 이스라엘이 기독교를 내세워 벌이는 살육이 진정한 기독교의 정신에 어긋난다는 해

앞을 향하여 달리면서 뒤를 바라보는 모습의 '필리스틴 새'.
팔레스타인 남쪽 지방 가자, 아슈켈론, 에크론 등지에서
이 신화적인 새가 그려진 도자기가 발견된다.

명도 했습니다. 그런 저를 당신이 팔을 활짝 벌려 안아주며 등을 토닥여줄 때, 그런 관용이야말로 당신의 종교성에서 나온다는 느낌이 들었습니다. 당신 안의 신이 제 안의 신에게 인사를 건네는 것 같았습니다.

자카리아 무함마드 씨!

당신을 알기 전에는 '평화'라는 말이 막연한 추상명사처럼 들릴 때가 많았습니다. 그리고 작가로서 평화를 위해 발언하고 실천하는 일을 구체적으로 어떻게 해나가야 할지 잘 몰랐습니다. 그런 저에게 당신의 시와 산문은 평화를 말하는 문학적 방식과 그 가능성을 가르쳐 주었습니다. 선인장의 꽃이 팔레스타인인에게 인내와 기다림의 상징이라는 것도, 라마가 전쟁터에서 끝까지 자신의 평화적 본성을 지키는 동물이라는 것도, 앞을 향해 달리면서도 뒤를 돌아보는 '필리스틴 새'가 전통

과 현대를 아우르는 지혜를 상징한다는 것도 당신의 글을 통해 알게 되었습니다. 우리가 서로 다른 언어로 글을 쓰면서도 그 상징들을 문학이라는 울타리 안에서 공유할 수 있다는 것이 얼마나 다행인지요. 언젠가 당신이 저의 글에서도 그러한 평화의 상징을 발견하고 공감하게 되기를 바랍니다.

자카리아 무함마드 씨!

이스라엘의 레바논 침공 직후 접하게 된 당신의 글에서 자신이 인간으로 태어난 것을 저주한다는 구절을 읽은 적이 있습니다. 살육의 현장에서 느끼는 분노와 참담함의 표현이었겠지만, 부디 저 무자비한 폭력이 당신의 온화한 미소와 인간에 대한 신뢰까지 빼앗아가지 않기를 바랍니다. 당신이야말로 그 척박한 고난의 땅에 피어난 선인장의 꽃이요, 순한 눈빛을 지닌 라마요, 앞과 뒤를 함께 돌아보며 달리는 필리스틴 새이기 때문입니다.

날아가다
가장 지루한 것에 관한
가장 멋진 농담

날아가다

맡겨둔 오렌지와 절름발이 비둘기

아다니아 쉬블리 (소설가)

비행기가 하강하여 땅을 훑으며 내려앉는다. 잠잠해진다. 통로에 깔린 카펫을 따라 발들이 움직이고, 몇몇 발들은 다른 발들을 앞질러 가기도 한다. 그러나 그들은 입국 심사대 앞에 다시 모인다.

질문 : 방문 목적은?

대답 : …….

질문 : …….

대답 : …….

질문 : 가족 방문?

대답 : 네.

질문 : …….

한 쌍의 발이 심사대를 통과한다.

세관 구역은 면세점에서 끝난다. 엑스레이 기계 뒤에 서는 여행자는 아무도 없고, 지키는 이도 없는 설비 앞에서 신고할 것도 없다. 하얀 자동문이 발들의 접근을 감지하고는 날렵하게 열린다. 붐비는 대기실 벽에는 '환영합니다'라는 글귀가 11개 언어로 적혀 있으나, 방금 도착한 여행자들을 맞으러 다가오는 사람은 없다. 냉방기에서 나오는 바람이 작은 소녀가 들고 있는 풍선을 거칠게 흔든다. 춥다. 구석구석에 보안요원들이 서 있다. 눈들이 마주치고 누군가의 두 눈은 두려움을 숨기려고 애쓴다. 죄 지은 자만이 두려워하는 법이다. 요람에서 무덤까지 따라다니는 죄의식. 아무도 이름을 기억하지 못할 멀고 먼 도시의 빨간 버스 안에 남겨진 여행 가방처럼.

죄인이 겁에 질린 눈을 하고 사람들 사이로 지나간다. 아주 지루한 생각을 하면 보안요원들을 속일 수 있을 거야. 1층 화장실에 두루마리 휴지가 다섯 개 남았지. 보통은 아홉 개가 세 줄로 걸려 있는데, 첫 줄은 휴지를 다 써서 비어 있고 두 번째 줄 첫 번째 화장지는 풀려 늘어져 있잖아. 그러니까 다섯 개 남은 거야. 오렌지 색. 마지막 자동문이 저절로 열리고, 위험 지역이 끝난다. 택시가 길게 줄 서 있다. 마치 도착 순간에 지은 첫 미소가 여전히 남아 있는 입 속에 가지런히 늘어선 이빨들 같다. 손 하나가 가방을 들어 트렁크에 던져 넣는다. 가방 속의 작은 향수병들이 깨졌을지도 모른다. 차 안에 손님의 퀴퀴한 땀 냄새가 진동했으나 냉방기 바람에 간신히 잦아든다. 차가 엄청난 속도로 달린다.

차창으로 땅이 차 안을 들여다본다. 산들, 집들, 새로 난 길들, 그리고 검문소들. 다른 차로 바꿔 타고, 구멍이 숭숭 난 도로를 다시 달린다. 운

전사는 느낌으로 구멍을 알아채고 능숙하게 피해간다. 집들, 쓰레기더미들, 그리고 길을 좌우로 나누는 시멘트 벽. 예전에 이 자리에 있던 것들을 찾으려고 두 눈이 뒤룩거린다. 정확히는 한쪽 눈만 그렇다. 오른쪽 눈알이 훨씬 열심히 노력하고 있으니까. 게으르게 돌아가는 왼쪽 눈알이 볼 수 있는 것은 시멘트 벽의 회색 빛깔뿐이다.

또 다른 검문소. 몹시 붐벼서 발은 한 번 땅을 떠나면 다음 디딜 곳을 찾으리라는 보장이 없다. 발들이 탐색하고, 춤추고, 속이고, 1분도 서 있지 못할 발 디딜 자리를 놓고 싸운다. 멀리 새장에 갇힌 새들이 사람들을 구경하고 있다. 또 다른 택시 잡아타기. 얼마 달려가지 못할 목적지로 향한다.

주먹으로 문을 두드린다. 거친 나무문이라 손이 아프다. 문이 열리고 발은 문지방을 넘어 들어간다. 발들이 마주서고 떠들썩한 포옹이 벌어진다. 한 다리가 다른 다리를 지나 의자에 자리 잡고, 다른 다리는 또 다른 다리 근처에 머물고, 외따로 자리 잡은 다리도 있다. 엄마, 아빠, 그리고 그들의 아이들. 음식은 맛있지만 그럴 수 없이 짜다. 입이 음식에 듬뿍 들어간 올리브기름을 반긴다. 치실이 이빨을 청소한다. 이빨이 깨끗해진다. 이빨을 닦지 않아도 상관없지만 어쨌든 닦았고, 기분이 아주 좋다. 전등 스위치를 찾는 탐색이 벌어진다. 잔다.

아니, 몸은 자려고 하지 않는다. 안달복달한다. 그것은 이 한밤중에 크고 작은 검문소를 지나면서 받은 소외감을 다 뱉어내야만 하겠단다. 마침내 몸이 잠에 잠시 굴복했으나, 입과 영혼에 가득한 당혹감 때문에 이내 깨어난다.

아침 식사가 준비된다. 식어버린다. 통후추로 향을 내어 센 불에 지져낸 토마토 요리 한 접시가 입맛을 돋운다. 바깥에서는 바람이 나뭇가지를 함부로 잡아 흔든다. 나무 밑에는 아네모네가 피어있고 작은 벌레들이 기어 다닌다. 벌레는 꽃잎에 달라붙어 생기를 빨아먹을 테고, 꽃은 메말라 회색으로 변해버릴 것이다. 따뜻한 봄날에 꽃, 풀, 들판, 집들, 살아있는 모든 것이 메말라 부서지고 있다. 그러나 고통을 돌아보지 말고, 앞에 잔뜩 쌓인 음식을 봐야지. 맛있는 음식. 이제, 오렌지를 마지막으로 접시를 깨끗이 비운다.

오렌지 껍질은 시들고 마른다. 그것의 눈물까지 말라버린다. 오렌지는 더 이상 개의치 않는다. 농부는 말한다. "어머니에게 오렌지를 맡겨두었지."* 그런데 그 어머니, 오렌지 나무가 강둑에 서 있어서 오렌지는 허가증이 필요하다. 오렌지색 허가증.* 그러나 오렌지는 개의치 않다가, 엄마 품에서 죽어버릴 것이다. 하늘에 나는 비둘기가 가까이 내려와서 보면, 오렌지는 온통 점이 찍혀 초록색으로 변해 썩어가고 있을 것이다. 그러면 비둘기는 가지 하나에 내려앉았다가, 땅으로 뛰어내릴 것이다.

그 비둘기는 절름발이다. 오른쪽 발가락이 잘려나갔다. 영혼이 절단난 비둘기가 단절된 장소들을 날아다닌다. 비둘기가 철조망에 내려앉

* 1948년 오렌지 수확 철을 앞두고 이스라엘한테 쫓겨날 때, 팔레스타인 농부들은 말했다. 다 익은 오렌지를 그 어머니인 나무한테 맡겨두었다고. _옮긴이 주

* 팔레스타인 서안 지구에 사는 팔레스타인인들은 이스라엘 정부로부터 오렌지색 신분증을 발급받아야 한다. _옮긴이 주

ⓒ 팔레스타인 사진 작가 에밀리 자키르(Emily Jacir)

그 비둘기는 절름발이다.
오른쪽 발가락이 잘려나갔다.
영혼이 절단 난 비둘기가 단절된 장소들을 날아다닌다.
비둘기가 철조망에 내려앉는데, 철조망에는 비닐봉지들이 걸려 있다.
바람에 비닐봉지들이 찢겨나간다.

는데, 철조망에는 비닐봉지들이 걸려 있다. 바람에 비닐봉지들이 찢겨 나간다. 비둘기가 철조망을 떠나, 맨 눈으로 좇을 수 없을 만큼 높이 날아오른다. 더 이상 날 수 없을 때까지 비둘기는 난다. 어설픈 곡선을 그리며 빙빙 돌고 돈다. 멈췄다, 움직였다, 살짝 내려앉는 시늉도 하다가, 다시 또 돈다. 폐허가 된 거리에 조용히 서 있는 자동차 위로 햇살이 내려 쬐고, 차창에는 도시의 일그러진 영상이 비친다. 절름발이 비둘기가 하늘을 오락가락하고, 그 그림자는 아스팔트에 몰래 드리운다.

그리고 몰래, 봉쇄된 도시에 희망이 스며든다. 그 도시는 거주자를 비롯하여 그 안에 든 모든 것이 썩어버릴 때까지 봉쇄되도록 명령받았다. 그러나 봉쇄된 도시의 하늘은 열려 있고, 거주자들은 숨을 쉬고 있다. 모든 것이 다 썩어버리면, 그때에야, 보안요원은 더 이상 걱정할 필요 없고 1층 화장실에 남아있는 두루마리 휴지의 개수를 세는 여행자를 검사할 필요도 없을 것이다. 표범이 염소 옆에 누울 것이다.

목숨을 보전하고 싶으시다면, 오후에 이륙할 비행기의 38D 좌석으로 돌아가 주시죠. 당신, 절름발이 비둘기.

가장 지루한 것에 관한 가장 멋진 농담

권여선(소설가)

당신의 글은 어렵고 촘촘하고 막막합니다. 당신은 나를 아주 좁은 길로 안내합니다. 마치 검은 장막 위에 탁구공만한 환등을 쏘아 그 작은 원형으로만 세상을 비춰주는 것 같습니다. 이런 글을 쓸 수 있는 작가는 어떤 작가일까 궁금했습니다. 그래서 나는 당신을 따라, 정확히 말하면 당신의 동그란 발뒤꿈치를 따라 걷기 시작합니다.

당신의 발은 비행기 통로를 지나 입국 심사대 앞에 멈춥니다. 방문 목적을 묻는 질문에 당신은 잠시 침묵합니다. "가족 방문?"이라는 물음에 "네"라고 대답한 후에야 당신의 발은 심사대를 통과합니다. 추운 대기실을 통과하면서 당신은 이렇게 생각합니다. '아주 지루한 생각을 하면 보안요원들을 속일 수 있을 거야.' 아주 지루한 생각은 어떤 생각일까요? 세상에서 가장 지루한 생각은 어떤 생각일까요? 당신은 1층 화장실에 있는 두루마리 휴지에 대해 생각합니다. '보통은 아홉 개가 세 줄로 걸려 있는데, 첫 줄은 휴지를 다 써서 비어 있고, 두 번째 줄 첫 번째 화장지는 풀려서 늘어져 있다'고.

마지막 자동문이 열리고 당신의 발은 위험 지역을 벗어납니다. 당신의 가방을 실은 택시가 달립니다. 산들, 집들, 길들. 그리고 길을 좌우로 나누는 시멘트벽들. 나는 당신이 내 귀에 이렇게 속삭이는 소리를 듣는 듯합니다.

"저걸 봐요. 세상에서 가장 지루한 게 저기 있어요. 1층 화장실 두루마리 휴지와는 비교도 안 되죠."

정말이지 회색 벽들은 끔찍하게 길고 지루합니다. 벽들은 스스로가 그렇다는 것을 알고 있는 것 같습니다. 벽들은 때로는 짧게, 때로는 길게, 거리를 변덕스럽게 절단합니다. 누구나 목적지는 다르지만 발이 멈추는 곳은 같습니다. 회색 벽들 사이에 썩은 이빨처럼 박힌 크고 작은 검문소들.

당신의 발이 택시에서 내려 다른 택시로 바꿔 타고 다시 내리는 동안 나는 생각합니다. 백두산에서 한라산까지 도로를 만들고 그 위에 정류장을 세우는 일은 얼마나 쉬운가. 한반도의 길이보다도 더 긴 시멘트벽을 쌓고 그 사이에 촘촘한 검문소를 박는 일에 비하면.

드디어 당신의 발이 목적지에 도착한 모양입니다. 당신의 주먹이 딱딱한 나무문을 두드리는 소리가 들립니다. 문이 열리고 당신의 발이 문지방을 넘어갑니다. 발들의 만남, 발들의 반가운 춤. 당신의 얼굴을 보지 않아도 나는 당신이 미소 짓고 있다는 걸 알 수 있습니다. 올리브기름이 듬뿍 든 음식 냄새가 풍기고 아이들의 웃음소리가 들립니다. 나도 덩달아 기뻐집니다.

밤이 왔지만 당신은 쉽사리 잠들지 못합니다. 오렌지는 온통 점이 찍혀 초록빛으로 썩어가고, 발가락이 절단된 절름발이 비둘기들이 철조망에 내려앉습니다. 누가 악몽 없이 잠들 수 있을까요? 살아 있는 모든 것들이 메마르고 썩어버릴 때까지 봉쇄되도록 명령받은 그 폐허에서.

당신의 발뒤꿈치를 따라 여러 번 여행한 후에야 나는 알았습니다. 이런 글을 쓸 수밖에 없는 작가가 있다는 것을. 이런 식의 낯선 초대장이 필요한 세계가 있다는 것을. 내가 당신의 장소로 가기 위해서는 당신의 시선이 되어야 한다는 것을. 그 시선은 다리를 다친 절름발이 비둘기의 시선이며, 어머니 나무에 매달려 썩어가는 오렌지 열매의 시선입니다. 차가운 다락방에 버려진 어린 소녀의 시선이며, 자신이 어떤 죄를 지었는지 알지 못하는 소년 죄수의 시선입니다. 따뜻한 보호 대신 차가운 장벽을, 자유와 순환 대신 감금과 유폐를, 강물 같은 마음 대신 녹슨 쇠못을 심장에 박도록 강요당한 시선입니다.

당신은 글의 말미에서 희망이란 단어를 말합니다. 아니, 당신은 '날아가다'라는 제목에서부터 희망을 말하고 있었습니다. 다만 내가 이해하지 못했을 뿐. 아직도 나는 탁구공보다 작은 당신의 희망을 제대로 이해하지 못하지만, 당신 친구들과 가족들, 팔레스타인인들의 멋진 농담만은 믿습니다. 바쉬르 샬라쉬가 알려주었지요. '그들'이 높고 튼튼한 잿빛 장벽으로 팔레스타인을 둘러친 진짜 이유는 "우리더러 날아보라고!" 그런 거였다고.

나는 꿈꿉니다. 검문소 앞에서 하염없이 기다리는 당신의 동그란 발뒤꿈치가 알이 깨지듯 찬찬히 금이 가고 마침내 그곳에서 어린 새처럼 작고 힘찬 날갯죽지가 돋아나기를. 내가 고개를 들면 미처 그들이 지붕까지 만들어 덮지 못해 환히 열린 하늘 위로 당신이 힘차게 날아가고 있기를. 세상에서 가장 지루하고 쓸모없고 재활용조차 하기 싫은 회색 시멘트 장벽 위를 날며 당신이 내게 별처럼 멋진 농담을 뿌려주기를.

"아무래도 재활용을 하는 게 좋겠어요. 암벽 등반 연습용 벽은 어떨까요? 검문소는 매점으로 바꾸고요. 아마 세상에게 가장 긴 연습용 등반 벽이 되겠죠. 전 세계 암벽 등반 동호인들이 몰려와 이 장벽을 오르는 모습을 상상해보세요. 정말 장관일 거예요."

그래요. 그날이 오면 그들도 자신들이 그토록 높고 튼튼한 회색 장벽을 쌓은 진짜 이유를 알게 되겠죠. "우리도 기어오르려고!" 그런 거였다고.

당신과 나, 그리고 우리가 싸운 인사동
어느 사자상도 울지 않는 데서
만나요, 인샬라!

당신과 나, 그리고 우리가 싸운 인사동

수연에게

키파 판니(시인)

인사동에서 일어난 일은 내게 장소가 나의 의도와 인식을 벗어나버린 드문 경험이었습니다. 아마도 이건 내 상상이겠지만 나는 상상이 지식의 유효한 자원이라고 믿습니다. 때로는 장소가 갑자기 극단적으로 상반된 모습으로 변해버립니다. 친밀한 곳에서 낯선 곳으로, 친구에서 적으로, 안전한 곳에서 무시무시한 곳으로.

그날 저녁 우리가 인사동에 처음 들어선 순간, 한 어여쁜 아가씨가 나를 뚫어지게 쳐다보았습니다. 나는 그 응시를 호감이라고 해석했고 그 장면을 옆에서 본 친구 바쉬르에게 아랍어로 말했습니다. "저 두 눈 앞에서 시간이 멈춰버린다면 난 죽을 수도 있겠어." 나는 그 한 번의 눈길에 아주 빠져버릴 정도로 멍청하지는 않지만, 여기 한국에서 나를 이방인이 아니라 호감 가는 사람으로 봐주는 그런 눈길이 그리운 것도 사실이었습니다. 사랑과 고통의 불꽃이 내 눈 안에 꺼지지 않고 숨겨진 채 남았습니다. 그 저녁 인사동은 내가 한국에서 그리워했던 모든 것을 채워주었습니다. 모든 순간 인사동은 내게 새로운 보물을 보여주었습니다. 당신, 내게 '산적'* 이라는 이름을 붙어주어 나의 시적 영혼을 깊이 건드린 김정환 시인, 술집, 아름다운 여주인장, 그리고 모든 것이 매력적이었습니다.

그 정점에서 나는 사랑과 따스함, 어디서에도 좀처럼 마음을 놓지 못하는 나 같은 사람으로서는 매우 드물게 안도감마저 느꼈습니다. 나는 내 자신에게 뛰어내릴 때 네 발을 딛는 고양이처럼 깨어 있으라고, 현실과 상상 사이를 용의주도하게 건너뛰어 한편으로는 쓰고 또 한편으로는 살아남으라고* 중얼거렸습니다. 그럼에도 불구하고 나는 주의력을 완전히 풀어, 어떤 방패막도 걸치지 않고 행복감의 덫에 깊이 들어가고 말았습니다. 절대로 포기하지 않겠다고 스스로 맹세한 힘, 한국에 여행 와 있는 동안 외로움을 감추는 힘* 을 포기해 버렸습니다. 당신과 내가 언쟁을 하고 내가 숙소로 돌아가는 길을 못 찾아 헤매고 난 후에야 비로소, 나는 내가 인사동을 고향처럼 여긴 나머지 너무나 풀어져 버렸음을 실감했습니다.

나는 당황하고 낙심하여 온밤을 걸었습니다. 골목은 미로 같았고 저

* 고대 아랍에는 '살릭 Sa'aleeq'이라는 시인 산사의 전통이 있었다. 그들은 부유한 대상[隊商]의 재산을 털어 가난한 이들에게 나누어 주었다.

* 글을 쓰려면 민감해야 하지만 생존을 위해서는 대개 감각을 약화시켜야 한다.

* "나는 내 영혼을 파괴하는 슬픔을 억누르고 여행의 외로움을 감출 수 있다."(후세인 바르구티, 『푸른 빛』)

절로 움직여 더 큰 미로가 되었습니다. 나는 마법에 걸린 물 위에 떠 있는 한 방울의 기름 같았습니다. 어느 골목으로 들어가거나 나가야 할지 도무지 알 수 없었습니다. 방향을 가늠하기 위해 내가 어떤 지점이나 사물을 기준으로 삼으면, 그것들은 모래처럼 부스러져 사라져 버렸습니다. 새벽녘에야 나는 〈팔레스타인을 잇는 다리〉가 마련한 '팔레스타인 시 낭송회' 직전에 바쉬르와 내가 당신과 함께 편의점에서 맥주를 사 앉아서 마셨던 작은 노천극장을 알아보았습니다. 그리고 마침내 숙소로 가는 길을 찾았습니다.

나는 극도로 지쳐서 누구의 얼굴도 쳐다볼 수가 없었습니다. 길을 잃고 버려졌다는 느낌은 전날 저녁의 행복감과 정반대였습니다. 내가 그 장소를 더 이상 반기지 않자 장소는 자신의 모습을 부정적으로 바꿔버렸습니다. 그런데 한 밤을 헤맨 끝에 새벽녘에 당신과 맥주를 마셨던 노천극장을 본 순간, 지혜의 빛이 내 심장을 복구했으며 천천히 제 자리로 돌려놓았습니다. 숙소로 돌아가다 말고 나는 골목 모서리의 작은 마당에 웅크리고 누워, 두 손을 포개 베개 삼고 편안히 잠이 들었습니다. 깨어났을 때 인사동 전체가 내 집처럼 느껴졌습니다. 당신 때문에 길을 잃었지만 또 당신 덕분에 길을 찾았다는 생각에 나는 미소 지었습니다. 그날 밤 내가 헤맨 건 분명히 당신을 화나게 한 데 대한 징벌이었을 겁니다. 나는 중얼거렸습니다.

절정에 도달했을 때 겸손할지어다
햇빛은 서서히 밝아져서 오래가나니

모든 보물은 액막이와 파수꾼이 있는 법
그러니 고분고분하고 경비원을 거스르지 말지니라.

그러나 인사동의 이야기와는 다른 결말도 있답니다. '고향'* 텔 아비브*에서 나는 끝내 고향을 느끼지 못했습니다.

내 사랑하는 이가 사는, 적들의 수도

나는 그녀를 사랑했습니다. 그녀의 이름은 니에마트이지만 나는 그녀를 리타*라고 불렀습니다. 그녀의 아버지는 자신들의 정체성이 '유대계 팔레스타인인'이라고 표현합니다. 유대인인 그들은 400년 전에 알제리아에서 팔레스타인으로 이주해왔습니다. 리타와 나는 같이 살기로 했으며, 점령한 자와 점령당한 자라는 이분법적인 구도 말고 또 다른 미래를 함께 만들어보고자 했습니다. 그녀가 라말라로 옮겨오기 전에 마지막 주를 우리는 텔 아비브에서 같이 보냈습니다. 나는 거기 합법적으로 갈 수가 없기 때문에, 그녀는 자기 차 트렁크에 나를 숨겨야만 했습니다. 검문소를 지나고 나서야 나는 '인간'으로서 앞좌석으로 옮겨왔으며, 라말라로부터 고작 몇 백 미터 떨어진 텔 아비브가 너무나 달라서 놀랐습니다. 우리의 사랑은 꽃 피었고, 나는 텔 아비브를 적의 수도라기보다는 내 사랑하는 이가 사는 곳으로 보려고 노력했습니다.

* 나는 난민이다. 우리 집안은 1948년에 북부 팔레스타인에서 쫓겨났다.
* 텔 아비브는 '풀 우거진 언덕'이라는 뜻인 아랍어 '탈 엘 라비 Tall El Rabee'의 히브리어 번역이다.
* 리타는 마흐무드 다르위쉬가 유대인 연인에게 붙인 이름이다. 여러 시편에서 그는 모든 인간은 평등하다는 의미를 전달하기 위해 팔레스타인인과 유대인의 사랑 이야기를 다루었다.

숫자와 공포 위에 새로 세워진 이스라엘 정착촌.

오래된 팔레스타인 마을.

나는 실패했습니다. 군에 입대하러 떠나면서 연인과 작별 인사를 하는 이스라엘 젊은이들을 보면, 팔레스타인 도시와 거리에 들어와 있는 이스라엘 군인들이 떠올랐기 때문입니다. 그들이 내 인간성을 짓어발기러 가기 때문에 나는 그들에게서 인간성을 느낄 수 없었습니다. 나는 히브리어를 말할 수 있음에도 불구하고 그 언어와 화합할 수 없었습니다. 왜냐하면 나로서는 그 언어를 수용소 아니면 검문소에서만 들어왔으며, 양쪽 다에서 사람 취급을 받아본 적이 없기 때문입니다. 나는 그 도시를 편히 돌아다닐 수 없었습니다. 그 도시가 숫자* 와 공포 위에 세워졌으며, 군부대처럼 적대적인 노란 불빛으로 둘러싸여 있기 때문입니다. 모든 것이 나를 나가라고 떠밀기 때문에, 나는 그 도시를 사랑할 수 없었습니다. 처음에 나는 원래는 나의 장소였던 그곳에서 적들이 살고 있기 때문에, 장소가 나를 배신했다고 생각했습니다. 우리와 그들, 그 장소에 대해 어렵사리 다시 평가해본 끝에야 나는 깨달았습니다. 장소 자체는 아무 죄가 없습니다. 모든 도시는 자연으로부터 강탈한 것입니다. 더군다나 텔 아비브는 두 번, 자연으로부터 그리고 원래의 거주자들로부터 강탈한 장소입니다. 거기서 나는 사물의 이면, 자연이 보내는 징조를 읽어야 함을 배웠습니다. 보이지 않는 것에 눈길을 주고 들리지 않는 것에 귀를 기울이게 되었습니다.

* 급조된 도시 텔 아비브의 친구를 방문하려면 여러 숫자로 이루어진 정보를 알아야만 한다. 거리의 번호, 건물 번지수, 층수, 호수 따위.

강은 깊고 길은 길어
동이 터 오르니 나는 집에 가고 싶어

아침에 일어나면
동포의 혀가 묶여 있고
밤에 꿈을 꾸면
그들에게 마음을 중독시키는 책이 주어진다네

강은 깊고 바다는 넓어
누가 우리에게 징조를 읽는 법을 가르쳐줄까

지구는 우리의 어머니
우리에게 빛을 껴안도록 가르치지
이제는 유일신이 주인
어머니는 영원한 밤을 고통스럽게 겪고 있어

당신이 우리의 귀를 막고
당신이 우리의 눈을 뽑고
당신이 우리의 혀를 자르고
거짓말을 우리에게 먹이네.

오, 신이여.*

* 팔레스타인 밴드 〈데드 캔 댄스(Dead Can Dance)〉의 「빼앗긴 자의 노래」

어느 사자상도 울지 않는 데서 만나요. 인샬라!

오수연(소설가)

나도 길을 잃었습니다. 약속은 오후 1시, 라말라 사자상 앞이었습니다. 내가 예루살렘에서 넉넉잡아 2시간 전에 출발했건만, 2시간이나 늦어버렸습니다. 예루살렘에서 라말라까지 차로 죽 달리면 15분이나 20분밖에 안 될 거리를 4시간이나 걸렸습니다. 중간에 칼란디아 검문소* 에서 3시간 반은 서서 기다려야 했기 때문이지요. 검문소를 지나자마자 나는 급한 마음에 택시를 타고 사자상 앞으로 가자고 말했습니다. 물론 사자상 앞에 자카리아 무함마드 시인은 없었습니다. 나는 사람들한테 물어물어 공중전화를 찾았습니다. 공중전화는 사자상으로부터 100미터는 떨어진 골목 어귀, 나지막한 건물의 2층, 간판도 없는 사무실 안에 있었습니다. 휴대전화를 받은 시인은 놀랍게도 자기가 아직도 사자상 앞에서 기다리고 있다고 말했습니다. 나는 시인이 잠시 어디 간 동안 길이 엇갈렸다고 생각하고, 사자상 앞으로 뛰어갔습니다.

시인은 보이지 않았으며, 반시간이 또 흘렀습니다. 나는 그 사무실로 다시 가서 전화를 걸었습니다. "나는 사자상 앞에 있는데, 당신은 어디 있는 거예요?" 시인이 먼저 물었습니다. "나도 거기 있고, 이제 동전이

* 예루살렘과 라말라 사이에 있는 이스라엘 검문소.

없어요." 나는 초조하게 답했습니다. 공중전화에 넣은 동전이 톡톡 떨어져 내렸습니다. 사자상 앞에서 반시간을 더 서 있다가 나는 세 번째로 사무실로 돌아왔습니다. 내가 오락가락해서 일에 집중하지 못하는 기색이 역력한 사무실 직원들에게 동전을 바꿔줄 수 있느냐고 물어보니, 직원들은 주머니를 뒤져보고 안타깝게 고개를 저었습니다. 나는 마지막 동전을 넣고 시인이 전화를 받자마자 한마디 외쳤습니다. "사자상!" 전화는 끊겼습니다. 나는 사자상 앞으로 천천히 걸어갔습니다. 인샬라* 라는 말의 뜻을 절감했습니다.

자카리아 시인이 말한 사자상은 내가 그 앞에 서 있던 사자 머리 상이 아니라, 거기서 멀지 않은 광장의 사자 전신상들이었습니다. 마침내 시인이 라말라에 사자 두상頭像이 한 군데 더 있음을 기억해내고 찾아와서 우리는 만났으며, 나는 그와 함께 찻집으로 걸어가면서 원래 약속 장소인 사자상들을 비로소 보았습니다. 방금 전에 본 사자 두상도 도무지 사자답잖게 멍했으나, 그 사자상들은 더했습니다.

나중에야 들었지만 그 조그만 광장과 네 귀퉁이 사자상들이 처음 만들어졌을 때 건축학과 대학생들이 반대 시위를 할 만도 했습니다. 그리고 철거될 뻔하다가 남은 이 사자상들이 라말라 시민들과 함께 이스라엘 침공을 겪은 후 절대로 철거돼서는 안 될 시민들의 친구가 되었다는 것 또한, 나는 나중에야 알았습니다.

* 신이 원하신다면.

그들의 입은 한껏 벌어져 있지만, 내가 보기에 그 사자들은 포효하고 있지 않다. 그들의 소리 없는 으르렁거림이야말로, 내게 그들이 고통 받고 모욕당해 울고 있다는 느낌을 준다.*

예루살렘으로 돌아가는 길에 나는 또 헤맸습니다. 검문소까지 가는 승합차들이 서 있어야 할 자리에 없었습니다. 사람들에게 물어도 누구도 왜, 어디로 그 승합차들이 가버렸는지 알지 못했습니다. 팔레스타인에서는 자주 그런 일이 벌어지지 않습니까. 이스라엘의 '보안'을 위해 시도 때도 없이 지도가 바뀌고 지표물들이 이동하지요. 그것이 보안 사항이기 때문에 팔레스타인인으로서는 물어볼 수조차 없는 이유로 장소가 끊임없이 뒤틀리지요.

벌써 3년도 넘은 일입니다. 그런데 나는 여기 한국에서 여전히 헤매고 있습니다. 팔레스타인이라는 장소가 내 안에 들어와 버리고 말았습니다. 그 뒤틀린 땅이 내 안에 들어와, 멍한 사자상이 계속 소리 없이 으르렁거렸습니다. 예컨대 이라크 파병 논란이 일었을 당시, 우리가 살려면 어쩔 수 없다는 이른바 현실론이야말로 내게는 오히려 비현실적으로 뒤틀려 보였습니다.

하지만 저기 아니면 여기, 그들 아니면 우리, 살기 아니면 죽기라는 식으로 간단히 말하기는 쉬운데, 그게 아니라고 말하기는 무지 어렵습

* 자카리아 무함마드의 산문 「취한 새」 중에서.

니다. 팔레스타인에서 난민촌이 집안에 든 거주민들과 함께 이스라엘 불도저에 붕괴되고 있다고 말하면, 어떤 이들은 냉철하게 나더러 21세기 대한민국의 생존 전략을 대라고 합니다. 내 조국에서 나는 길을 잃었습니다. 반벙어리에 반봉사가 되었습니다.

키파, 당신 말대로 장소 자체는 죄가 없습니다. 지금 당장 우리가 보는 장소는 우리가 선입견으로 만들어낸 모습일 뿐, 그게 다가 아닐 거라고 나도 생각합니다. 그 앞, 뒤, 위, 아래에 뭔가 더 있어야 합니다. 어느 한국 시인의 표현을 빌자면 '말 한마디, 일거수일투족 시인 티를 내지 않고는 못 배기는' 당신은 이 고정된 현실 너머, 보이지 않는 것을 보고 들리지 않는 것을 보려는 자입니다. 시적 영감을 얻기 위해 자기만의 사탄의 계곡으로 내려가려는 자이며, 늘 갈 데까지 가서 절벽 끝에서 하늘로 비상하려는 자입니다. 나도 내 사탄의 계곡으로 내려가고 절벽 끝에서 날아오르고 싶습니다. 여기 우리가 살려면 저기 저 사람들이 죽어야 한다는 이 평면적인 세상을, 위 아래로 쫙 벌리고 싶습니다. 높이와 깊이를 보고 싶습니다.

조만간 당신은 팔레스타인으로 돌아갑니다. 팔레스타인은 하마스 집권 후 상황이 최악이고, 여기 한반도도 북한 핵실험으로 결코 좋은 상황은 아니지요. 당신이 인사동에서, 나는 라말라에서 그랬듯이 우리는 앞으로도 오래 헤매야 할 겁니다. 그러나 '학살자의 나라에서도 시가 쓰여지는 아름답고도 이상한 이유'*가 있고 '독재와 불의는 세상

* 진은영의 시 「러브 어페어」 중에서.

어디에서나 얼굴이 똑같으며 또 인간은 어디서나 자유를 추구하는 본능이 있는'* 한 우리는 결국 만날 겁니다. 가다 보면 우리는 같은 길을 가서, 어느 사자상도 눈물을 흘리지 않는 그런 데서 만날 겁니다.
인샬라!

*'팔레스타인 시낭독회'에서 키파 판니가 한 인사말 중에서.

영원한 숨바꼭질
벼랑 위의 사랑

영원한 숨바꼭질

아다니아 쉬블리 (소설가)

2006년 5월 5일 금요일, 이스라엘 일간 신문 하아레츠에 다음 기사가 실렸다.

> 베이트 세메쉬 상가 지역에서 여덟 살짜리 소녀가 목 졸려 숨진 사건으로 다섯 명의 팔레스타인인들이 구금되다.
>
> 여덟 살짜리 소녀 리파즈 히미가 수요일 늦은 밤에 수카넌 쇼핑센터 안에서 죽은 채로 발견된 사건 때문에, 범죄 현장 근처에 있던 다섯 명의 팔레스타인인들이 어제 체포되었다. 경찰은 이번 조사와 관련된 세부 사항 보도를 금하는 함구령을 내렸다. 그러나 지역 치안 재판소는 이스라엘 체류 허가증이 없는 팔레스타인인들에 대해서는 체포 영장을 발부했다. 경찰은 수요일 밤 12시 45분에 신고를 받았

다. 그 지역에 불법적으로 체류하는 한 팔레스타인 노동자가 아는 이에게 전화 걸어 자기가 시체를 보았다고 말했으며, 그 전화를 받은 사람이 경찰에 신고했다. 시체는 계단 밑에서 발견되었다.

어렸을 적에 우리는 '이스티그마야', 즉 숨바꼭질 놀이를 했다. 술래가 찾고 다른 아이들은 숨는다. 계단 밑도 숨기 좋은 장소다.

숨바꼭질은 아주 재미있다. 술래가 될 아이를 둘러싸고 여자애, 남자애들이 웃고 팔짝팔짝 뛰면서, 속으로는 어디 숨을지 꾀를 짜낸다. 술래가 눈을 감고 숫자를 세면 놀이는 시작된다. 하나, 둘, 그러면 다른 아이들이 조용히 물러난다. 열셋, 열넷, 열다섯, 술래의 목소리는 점점 잦아들어 스물여섯이 되면 거의 안 들린다.

신문 기사에는 지난 10년 동안 그 계단 밑에서 잡화를 늘어놓고 팔아온 '이착'이라는 노점상인의 진술이 실렸다. 이착은 말했다. "이 근처에는 언제나 팔레스타인 노동자들이 많지요. 대개는 채소가게에서 일해요. 그러나 말썽난 적은 없어요. 전혀. 내가 여기서 장사하는 동안 한 번도 말썽이 난 기억이 없어요."

이착은 확언했다.

침묵.

서른.

눈을 뜬다. 술래는 일어서서, 천천히 주변을 돌아다닌다. 들리는 건 술래의 발자국 소리뿐이다. 그리고 장소는 술래가 눈을 감기 전하고 똑같으며 아이들만 없을 뿐이다. 마치 아이들이 자취도 없이 장소에 삼켜

져 버린 것 같다. 텅 비었지만 분명히 어딘가 가려진 부분이 있을 공간을 술래는 둘러본다. 침실로 들어가는 문은 열려 있고, 방 한가운데 침대가 있으며, 침대 오른쪽에는 탁자가 있어 그 위에 신문지가 덮여 있다. 창에 드리운 커튼을 뚫고 들어온 희미한 빛이 신문지를 비춘다.

열려 있는 문 뒤, 침대 밑, 책상 밑 깊은 안쪽, 커튼 뒤, 그런 데가 다른 아이들이 숨어있을 만한 장소다.

국경 경찰이 움 알 팜에서 수색 영장없이 아랍계 이스라엘인(팔레스타인인)들의 주택을 수색했다고, 주민들이 말했다. 경찰은 이스라엘에서 불법적으로 체류하는 팔레스타인 노동자들을 찾았다. 주민들에 따르면 금요일 아침 7시에 경찰들이 총을 쏘고 고함을 지르며 쳐들어와, 어른들의 방이건 아이들의 방이건 몽땅 들쑤셨다고 한다. 수색은 몇 시간이나 걸렸다. _하아레츠, 2006년 8월 5일.

술래는 사람보다는 증거를 찾는다. 술래가 다른 친구들이 숨은 데를 알아채려면 눈을 감기 전과 눈을 뜨고 난 후의 차이를 면밀히 비교해봐야 한다. 문이 조금 더 열리거나 닫힌 정도, 침대 밑에서 비어져 나온 옷자락, 커튼 밑에 보이는 신발 코 따위.

D와 A는 몇 년 전에 결혼했다. D는 1948년에 이스라엘이 점령한 지역에서 태어난 팔레스타인인들에게 발급되는 파란색 신분증을 갖고 있는 팔레스타인 여성이다. 그 남편 A는 1967년에 이스라엘이 새로 점령한 지역에서 태어난 팔레스타인인들에게 발급되는 오렌지색 신분증을 갖고

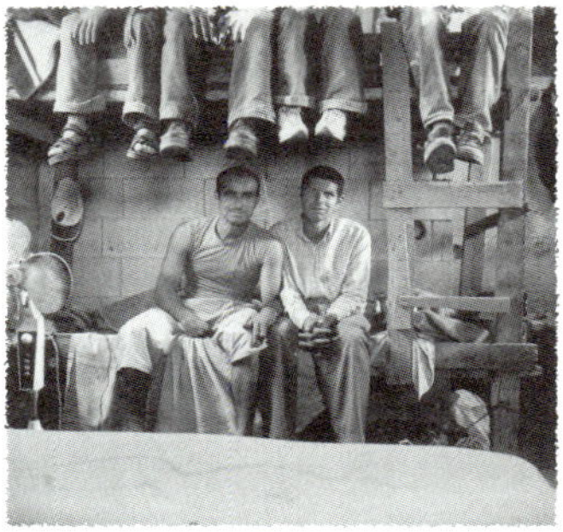

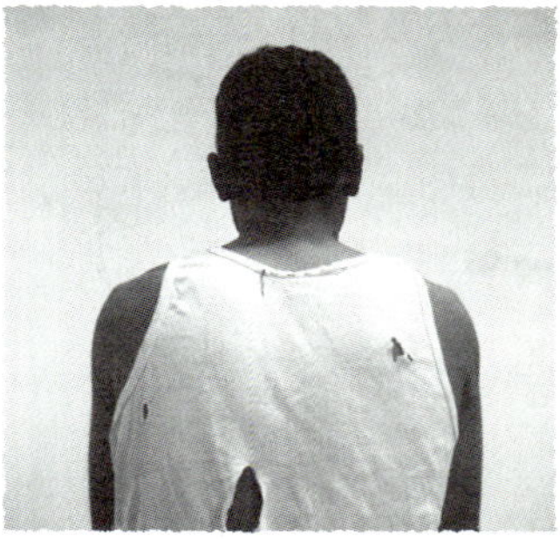

ⓒ 팔레스타인 사진작가 라에드 바와웨(Raed Bawayeh)

제 사진을 쓰셔도 좋습니다. 그러나 부디 소중히 여기고 함부로 쓰지는 말아주십시오. 왜냐하면 내가 이 사람들*을 너무나 사랑하기 때문입니다. _사진작가가 보낸 편지에서

* 팔레스타인 노동자들. _옮긴이 주

있다. 2003년에 통과된 이스라엘 주민법은, 1948년 점령지의 팔레스타인인과 결혼한 1967년 점령지의 팔레스타인인에게는 영주 허가증도 영주권도 발급해주지 않는다.

이 법에 따르면, D와 A는 같은 장소에서 같이 살 수가 없다. 그들은 지금 A가 살아온 도시 라말라의 은밀한 장소에서 '불법적으로' 함께 살고 있다. D는 갈릴리에서 친정 부모님과 사는 체해야 한다. 이스라엘 내무부 직원이 조사하러 나올 경우를 대비하여 그녀는 친정집에 자기 방을 남겨 두었고, 그녀가 거기서 살고 있는 것처럼 보이게 하려고 친정 어머니가 매일 가구의 먼지를 닦고 옷과 소지품들의 위치를 바꾼다.

숨은 아이가 술래를 오래 속일수록, 놀이는 오래 지속된다. 그리고 술래가 여기저기 오래 헤매면 헤맬수록, 숨은 아이는 숨은 데 오래 머무른다. 들키지 않을 때까지 숨어 있다가, 점차 그 자리에 친숙해지고 안정감이 들어 집처럼 느끼게 된다.

2006년 5월 5일 하아레츠 기사는 이어진다.

> 노점상인 이착은 자기가 차지하고 있는 자리가 밤에는 집이 된다고 말했다. 한 팔레스타인인이 계단 근처에 두꺼운 매트리스를 깔고 잔다는 것이다.

세월이 흘러 라말라에서 D가 숨어있는 장소가 그녀의 진짜 집이 되었음에도 불구하고, 그녀는 마치 거기 없는 것처럼, 보이지 않고 들리지 않는 존재로 산다. 전화가 와도 받지 않고 누군가 문을 두드려도 대답하지 않는다.

태초에 우주가 밤과 낮, 하늘과 물, 바다와 육지, 빛과 어둠으로 갈라진 후, 이제 그 테두리 안에 사는 삶은 보이든지 보이지 않는 두 평행적 삶으로 갈라졌다.

이제, 숨은 장소가 그들의 집이 되었으니, D는 다음에는 어디 숨을까? 이를테면 그녀는 시체를 어디 숨길까? 그 노동자는 여자 아이의 시체를 어디에 숨겨야 했겠나?

하아레츠 2006년 5월 5일 기사에는, 리파즈의 시체가 팔레스타인 노동자들이 깔고 자는 매트리스 위에서 발견되었다고 나와 있다.

그 자리를 시체를 숨길 만한 장소로 여기는 사람이 있다 치자. 그가 거기서 사는 그 노동자일까? 물론 자기 범죄의 증거를 거기 놔두고 자신은 딴 데로 숨어버린 다른 사람이다. 숨바꼭질 놀이를 하는 아이들이 술래를 속이고 오래 숨으려고 흔히 그렇게 하듯이. 가능한 한 오래, 어쩌면 영원히.

벼랑 위의 사랑

김해자(시인)

가난하기 짝이 없는 영어로 '깊은 대화'를 갈망하던 술자리에서 당신 나라의 시인 키파 판니와 바쉬르 샬라쉬를 만났습니다. 당신 글을 읽으니 그들이 생각납니다. 통닭이라고 쉽게 말하면 될 것을, 치킨집에서 '토탈치킨'을 외치던 김정환 시인과 거리를 헤매며 아침 해가 밝아올 때까지 함께 술잔을 비웠던.

존재하지만 존재하지 않는 자. 그런 사람 만난 적 있습니다. 링거를 꽂은 그의 손등에는 '빼빠'로 문질러놓은 것처럼 검게 굳은살이 박혀 있었습니다. 옷을 만들면서 '카우스'를 하도 많이 돌렸기 때문이라고 했습니다(소매 끝부분을 박을 때 손을 뒤집어 계속 밀어가며 360도 돌려야 합니다). 그는 방글라데시에서 왔답니다. 불법체류자였지요. 단속이 시작된 겨울, 고국으로 돌아가고 싶었지만 모아둔 돈도 없었고, 임금까지 체불되어 숨어 살 수밖에 없었답니다. 1년 전부터 가끔 배가 아팠어도 잡혀갈까 봐 병원에 갈 수도 없었답니다. 자기 방에서도 발꿈치를 들고 살살 걸어 다녔답니다. 하루 한 끼 때우고 밤에만 살짝 나다녔답니다. 라면과 빵은 있었지만 배가 아파 먹을 수 없었답니다. 추워도 보일러를 땔 수 없는 자취방에서 가진 옷 다 껴입고 잠만 잤답니다. 배고프니 잠들어도 금방 깨었답니다. '이제 나 어떻게 살아야 해?' 생각할수록 잠은 달아나고 뜬눈으로 누워있을수록 배가 고팠고, 배고플수록 배가 아팠답니다. 통증을 참을 수 없었을 때에야 동네병원에 간 그는 검사 결과 아무 이상이 없다는 판정을 받았답니다. 더 이상 견딜 수 없었을 때 큰 병원에 실려간 그는 십이지장출혈로 죽음이 머리맡까지 와 있었다는 걸 알았답니다.

그처럼 저희의 20대는 공장과 거리와 누추한 자취방 모두가 위장과 불법이었습니다. 부엌이 달린 아주 자그마한 자취방에서 살던 때가 생각나는군요. 그 방엔 이상하게 비가 오면 발자국소리가 왔다 가고 어느 날인가는 곤히 자다 깨었는데, 몽둥이라기엔 너무 굵은 나무토막이 유리창 사이에 걸쳐 있었습니다. 또 어느 땐가는 부엌에 앉아 무심히 밖을 보다 나를 보는 눈과 마주쳤습니다. 나는 불법이기에, 나는 내 이름으로 존재하지 않기에, 세상의 나와 내 속의 내가 일치하지 않기에, 신고할 수도 없었습니다. 법의 보호를 요청하는 순간 나는 불법자가 되어 갇히기 때문에 나만이 나를 보호할 수 있었습니다. 낮 동안의 피곤한 노동만이 나의 보호처였습니다. 밤의 두려움을 잊고 깊이 잠들 수 있으니까요. '불법'이 생의 조건일 때, 우리는 매순간 벼랑을 경험합니다. 세계가 불법딱지를 붙일 때 우리는 진실을 밝힐 무기가 없습니다. 이 세계에 존재하지만 존재하지 않고 나이지만 나일 수 없습니다. 그러나 그 벼랑만이 진실로 이 세계의 눈물과 고통에 동참하게 합니다.

나날이 벼랑 끝이었던 어느 날, 제 처지와 감정 상태와 대조적인 그림을 보게 되었습니다. 화려하고 뇌쇄적이고 사랑이라기보다는 죽음에 가까운 클림트의 「키스」. 저는 그 그림을 보면서 벼랑을 통해 신이 우리에게 주는 선물도 있다고 생각했습니다. 생존을 위해 죽음을 걸고 국경을 넘는 노동자들이 넘치는 세계, 문을 두드려도 대답하지 못하고, 전화가 와도 받을 수 없으며, 보이지 않고 들리지 않는 존재로 살아가는 사람들 속에 진실로 존재할, 반드시 존재해야 할, 위대한 사랑을 위해 졸시를 바칩니다.

벼랑 위의 사랑

꽃밭이다 찬란한 햇살과 따스한
바람이 빚어낸 바닥에서 꽃이 된
남자의 황금빛 가슴 속에 묻혀 시간을 잊은
여자의 몸에서도 황금 잎사귀가 돋고
찰나의 시간에도 덩굴은 자라는데
여자의 발끝이 벼랑 끝에 걸려 있다 아는지
모르는지 남자와 여자의 눈은 감겨 있고
벼랑 위의 키스는 끝나지 않는다

사랑은 벼랑 위에서만 가능하다는 듯
벼랑은 사랑을 위해 존재한다는 듯
사랑은 필사적이고 벼랑은 완강하다
살아가는 일이 벼랑이라면 모든

사랑은 벼랑 끝에서만 핀다 지금
안전한 자여 안전한 사랑은 완전하지 않다
저 심연을 보아라 아가리를 벌리고 있는
벼랑 끝에서 벼랑을 잊은 채 우리는
이 순간 영원이다 말하는
저 백척간두의,

아다니아 쉬블리, 당신처럼 저도 어렸을 적에 '이그티그마야' 놀이를 했습니다. 밤중에만 숨바꼭질 놀이를 했을 리 없을 텐데, 제 기억은 캄캄한 한밤중에 멈춰 있습니다. 점점 멀어져가던 술래의 '무궁화꽃이 피었습니다' 소리를 들으며 곡물창고에 숨었지요. 곡물창고는 어둡고 천장은 높았으며 곡물가마니들이 그득하였습니다. 곡물가마니들을 딛고 저는 가장 높은 가마니 위에 숨었지요. 처음엔 술래가 찾아낼까 봐 두근거리는 마음으로 몸을 엎드리고 밖의 소리에 귀를 기울였어요. 떠들썩한 바깥의 소리를 듣다가 어느새 잠이 들었나 봅니다. 깨어났을 땐 한밤중이었지요. 처음엔 무서웠고, 다음엔 '내가 사라져도 아무도 찾지 않았구나'라는 생각이, 그 다음엔 '내가 버림받았다'는 느낌이 들었습니다.

서교동에서 만나 1, 2, 3차를 하고 〈강 출판사〉 소파에 구겨져 잠든 키파 판니 시인을 큰 소파에 옮겨두고, 새벽이 되어서야 끝까지 남았던 동료와 밖에서 문을 잠갔습니다. 그리고 유리문 사이로 열쇠를 밀어두고 나왔습니다. 키파 판니는 그날 밤, 어떤 꿈을 꾸었을지 모릅니다. 함께 숨바꼭질 하다 잠이 들었는데 깨어보니 혼자만 버려졌던 그런 시절이 떠올랐을지도 모르지요.

다락방에 수배자 P형과 S언니를 숨겨두고 밖에서 문을 잠그고 출근하던 때가 있었습니다. 하지만 한 달도 안 되어 자취방을 드나들던 연락책 언니가 꼬리를 밟혔지요. 언니는 수없이 고문당했다 했습니다. 마지막에 벌겋게 달군 인두 비슷한 물건 앞에서 발설하고 말았다 했습니다. 늦게 잠들었던 그날 새벽 들이닥쳤던 까만 양복들과 다락에서 끌려나와 린치를 당하던 P형의 비명을 지금도 잊을 수가 없습니다.

나와 술래만 있었다면 어찌 술래가 나를 잊어버릴 수 있었겠습니까? 나와 그만 있다면 어떻게 우리가 빗나갈 수 있겠습니까? 하지만 수없이 많은 존재와 존재의 연속적인 빗나감 속에서 만들어진 오류의 세계에 우리는 존재하고 있습니다. 세계는 병들어 아프고 전쟁과 살육은 진정되지 않습니다. 세계 자체가 오류입니다. 어쩌면 우리 앞을 가로지르는 세계가 이미 빗나간 길이고, 빗나간 채로 가는 길인지도 모릅니다. 나는 세계의 오류를 인정합니다. 이미 오류 속에 있는 세계의 어느 지점에서 나에게 타전을 보내는 그대여, 기꺼이 타전을 보내십시오. 나는 형제여, 웃으며 그대 손을 잡을 것입니다. 내가 미처 감지하지 못했던 고통의 메시지여, 나의 오류여. 나는 나의 오류를 승인합니다. 오류의 반대는 정답이 아닙니다. 오류의 대극에는 빗나갈 수밖에 없었던 사랑이 있습니다. 그 겸허한 승인 이후에야 우리는 우리에게 내민 간절한 손을 받아들일 수 있습니다.

내 사랑은 오류

밤새 방전된 핸드폰 속에
끝내 말이 되지 못한 울음소리가 들어 있다
수신지를 잘못 찾은 울음 사이 토막난 채
찍힌 사랑한다, 미안하다는 말
암호 같다 접선을 잘못한,
SOS 타전 같다 사랑에로 가는 길은
잃어버린 자가 일부러 잘못 누른,
아니, 나에게 내민 간절한 손인지도 모른다
밤새 떨어진 포탄과 화염 속에서 흘린
머나먼 아라비아 남자의 울음소리인지 모른다
누군가 잘못 누른 번호는 말하는 것 같다
모든 사랑은 이렇게 어긋난 부호라고
잘못 배달된 메시지는 말하는 것 같다
오류를 저지르지 않는 네 사랑이 오류라고

아다니아 쉬블리, 오류 속에서도 살아남으시길. 키파 판니 그리고 바쉬르 샬라쉬, 포탄 속에서도 고통 속에서도 살아남으십시오. 자매여 형제여. 부디 살아서 메시지를 보내십시오. 그리고 다시 만납시다. 안녕히.

흑과 백

북한의 핵실험 소식을 듣고

자카리아 무함마드(시인)

북한이 핵실험을 했다는 소식을 듣고 나는 새를 떠올렸다. 한국에 가장 흔하고, 기쁜 소식을 전한다는 까치 새. 책상 서랍을 열어 한국방문의 기념품인 까치 목각 상을 꺼냈다.

광주 시립 박물관 정원에서, 나는 천문도가 새겨진 바위 옆에 서서 한 무리의 까치를 바라본 적이 있다. 까치들이 지저귀는 소리가 내게는 다정하게 들렸다. 그래서 그중 한 마리를 택해 그 새가 지저귀는 대로 따라해 보았다.

15분쯤 따라해 보고 나서 나는 그 리듬을 터득한 것 같았다. 내가 휘파람을 불자 그 새가 나를 따라했다. 내가 다시 휘파람을 부니 그 새가 또 응답했다. 나는 혼잣말을 했다. "한국어라고는 두 마디도 못하는 내가 한국의 새하고는 이야기를 해냈어!"

아마도 내 착각이었을 게다. 그 까치는 나를 비웃으며 중얼거렸는지도 모른다. "서쪽 끝에서 온 저 멍청한 새처럼 홀쭉하게 생긴 작자는 뭐야?" 어쩌면 그 까치는 내가 거기 있는 줄도 모르고, 그저 평소대로 지저귀었을 수도 있다. 하지만 나는 내가 한국 새한테 말을 거는 데 성공했다고 생각하고 싶다.

어쨌거나 시인이 새하고 대화를 할 수 있다는 게 황당한 발상은 아니다. 시인과 새가 마치 하나처럼 똑같이 생긴 경우가 적어도 한 번은 있었다. 14세기 위대한 여행가 이븐바투타*가 아프리카의 말리 왕국을 방문했을 때, 그는 왕의 전속 시인들을 보고 놀랐다. 그들은 새 깃털로 만든 옷을 입고 새 가면을 쓰고 왕 앞에서 시를 낭송했다. 시인은 새의 메시지를 전달하는 도구에 불과했다.

이븐바투타는 중국의 어느 지역까지는 다다랐으나, 많은 학자들의 주장을 따르자면 한국까지 오지는 않았다. 그래도 시인이 새를 흉내 낸다는 그의 구상을 광주 박물관 정원에서 내가 실연했다.

내게 응답했던 그 까치는 북한 핵 실험 이후 땅 밑에서 울리는 깊은 진동을 들었을까? 그 새는 놀라 떨며 울었을까? 인간이 미처 알아채지 못하는 미미한 지진도 새들은 느낄 수 있다고 하지 않나.

내가 그 울음소리를 흉내 낸 것이 그와 나 사이 대화였다고 생각하기 때문에, 나는 그 까치를 기억한다. 몇 마디도 안 되는 대화였지만, 요한 복음이 전하는 대로라면 세상은 단 한 단어, 한 구절 위에 세워졌다.

* 30년간 아시아, 유럽, 아프리카를 여행하고 불후의 기록 『이븐바투타 여행기』를 남겼다. _옮긴이 주

한국 방문의 추억이 담긴 까치 조각상을 바라보는
자카리아 무함마드 시인.

한반도 상황이 나빠지지 않기를 빌어요.
내 마음은 당신들과 함께 있어요.
초강대국의 힘에 억눌린 이 세상에서
당신들은 마치 고아처럼 외롭지만,
팔레스타인인들도 고아이며 우리는 같은 처지예요.

_시인이 한국의 친구에게 보낸 편지에서

"태초에 말씀이 계시니라. 이 말씀이 하나님과 함께 계셨으니 이 말씀은 곧 하나님이시니라."(요한복음 1장 1절) 광주의 정원에서 나와 그 까치는 바로 그 말씀을 발음했으며 다시 한번 신을 창조해냈다. 우리의 대화는 신성했다.

나는 하양과 검정으로 색칠된 목각 상을 손에 들고 바라본다. 사랑스러운 긴 꼬리, 멋진 부리와 매력적인 날개! 이 새가 단지 기본적인 두 색깔, 검정과 하양만으로 어쩌면 이렇게 아름다운 조합을 만들어낼 수 있는지 감탄스럽다. 나는 이것이 한국의 영혼이라고 생각한다. 이 영혼은 상반된 두 가지를 양쪽 날개로 삼을 수 있으며, 이 두 날개로 날아오른다. 그렇기 때문에 한국인들은 특히 이 새를 사랑하고 길조로 여긴다. 검정과 하양, 남과 북, 좌와 우, 한국의 영혼 안에서는 이들이 적이 아니다. 친구다. 이들은 날아오르기 위한 두 날개일 뿐이다.

나를 쳐다보았던 그 까치의 검은 눈동자를 나는 잊지 못한다. 핵 실험의 깊은 진동을 느끼고, 그 새는 이렇게 중얼거리지 않았을까. "핵무기가 왜 있어야 하지? 북쪽과 남쪽은 내 양쪽 날개인데. 한반도는 핵무기가 아니라 날아오를 두 날개가 필요하잖아. 남과 북."

천문도가 새겨진 바위 옆에 있는 나를 데리러 와서 한국 문인은 내게 물었다. "당신의 별자리는 뭐예요?" "산양좌." 나는 내 출생연도를 말해주었다. "그럼 당신은 우리 식으로는 호랑이띠예요." "와, 호랑이! 아주 마음에 들어요. 이제부터는 아무도 나를 사냥할 수 없을 거예요." 나는 미소 지었으며, 나뭇가지에서 지저귀는 그 까치를 두고 떠났다. 그 새의 긴 꼬리가 오후의 햇살을 받아 검게 빛났다.

여기 라말라에서 내가 서재에 앉아 글을 쓰노라면, 창가 나뭇가지에서 나이팅게일이 지저귄다. 나이팅게일의 색깔은 새벽빛이다. 이는 검정과 하양의 다른 조합이다. 내가 창문을 열면 나이팅게일은 겁을 먹고 날아가 버린다. 그러면 나는 생각한다. "한국의 내 친구 까치도 핵실험의 충격에 굉장히 놀랐겠구나. 나무들의 뿌리도 지하의 은밀한 진동 때문에 움츠러들었겠구나."

그러나 한국의 새는 살아갈 것이다. 까치는 그 충격을 이기고 여전히 지저귈 것이며, 더욱 높이 날아오를 것이다.

까치밥을 남기는 마음

방현석(소설가)

우리 아파트는 서울에서 지은 지 가장 오래된 곳의 하나다. 30여 년 전에 지어진 이 아파트는 낡은데다, 지하주차장도 없다. 늦게 들어오면 차 세울 곳이 없어 애를 먹는다. 그래도 나는 이 아파트가 좋다. 특히 지금과 같은 가을에는 그렇다. 무성한 나무들이 물들어가며 만들어내는 풍경이 나를 사로잡는다. 청소원과 경비아저씨들이 힘을 합쳐도 결코 쓸어 담을 수 없는 낙엽들을 나는 가을 내 밟고 다닌다. 이 아파트의 색감은 여느 아파트들처럼 건물들이 주도하지 못한다. 무성한 나무들이 계절에 따라 아파트 단지의 색상을 바꾸어간다.

가을 아파트의 주인공은 은행나무다. 떨어지기 직전의 샛노란 은행잎은 전율적이기까지 하다.

벌써 잎을 떠나보내기 시작한 메타세코이아는 봄 아파트의 주인공이다. 녀석들은 내년 봄을 기약하며 겨울을 준비한다. 내년 봄이 오면, 5층짜리 아파트들보다 훨씬 키가 큰 녀석들은 눈부신 초록으로 아파트를 포위할 것이다.

버즘나무는 여름 아파트의 주인공이다. 녀석들은 부는 바람에 넓은 잎을 펄럭이며 가장 큰 그늘을 만든다.

겨울은? 모든 나무들이 주인공이다. 눈이 오면 어느 나무 할 것 없이 하얀 눈꽃을 피운다. 그래도 굳이 겨울 아파트의 주인공을 하나만 꼽으라면 감나무다.

가을이 깊어가며 감나무는 잎을 모두 떨어뜨리고 오로지 붉은 감만 매달고 있다. 아파트에서는 감을 따지 않는다.

오늘, 오랜만에 아들과 함께 가까운 산에 다녀온 다음 낙엽을 밟으며 산책을 했다. 아마도 이 가을의 마지막 일요일이 될 것 같았기 때문이다. 기상청의 일기예보가 틀리지 않다면 내일부터 서울의 기온이 급강하할 것이다. 겨울이 시작될 것이다.

산책길에서 감나무를 보며 자카리아 무함마드 시인의 편지를 떠올렸다. 아랍을 싸움터로 만든 사람들은 뒤로 빠져서 주판알이나 튕기고 있는 동안, 아랍 땅을 피로 물들이며 서로의 목숨을 빼앗는 것은 아랍인들이어야 하는 현실에 대한 그의 슬픔과 분노가 떠올랐다.

북한의 핵실험이 있은 뒤, 착잡한 나의 심경을 담은 편지를 받은 그는 답장에서 한국이 아랍과 같은 비극을 답습하지 않기를 바라며, 또 그렇게 될 것이라고 위로했다. 한국인들은 자신의 대지를 전쟁터로 만들지 않을 만큼 성숙해 있다고 그는 믿고 있었다.

아마, 우리들 거의 대부분은 한반도에서 전쟁이 일어나지 않기를 바라고 있다. 그러나 과연 우리가 우리의 대지를 전쟁터로 만들지 않을 수 있을 만큼의 성숙된 역량을 가지고 있을까.

이 앞 글에서 자카리아 시인은 한국에서 만났던 까치 이야기를 했다. 내가 감나무를 보고 그를 떠올렸던 것도 아마 그 까치 이야기 때문이었을 것이다.

그가 '까치밥'을 아는지 모르겠다. 어린 시절 우리 집 뒤뜰에는 대여섯 그루의 감나무가 있었다. 어머니는, 가을이 되어 감을 딸 때면 꼭 몇 알은 남겨두도록 했다. 우리 집만 그런 것이 아니었다. 사람들은 그것을 까치밥이라고 불렀다.

날 것들의 겨울나기를 위해 홍시 하나 남겨둘 줄 아는 마음, 그것을 시인 김남주는 한국 사람들의 마음이라고 노래했다. 우리가 이 마음을 잃지 않았으면 좋겠다. 마음을 잃는 것은 모든 것을 잃는 것이다.

2년 전 한국을 방문했던 자카리아 무함마드 시인이 했던 말을 기억한다.

나는 시에서 탱크와 폭격을 몰아내었다. 내 시 어디에서도 전차와 무기는 등장하지 않는다. 내가 가장 무서워하는 것은 우리가 꽃을 잊는 것이다. 아름다움을 잃는 것이다. 전차를 몰고 와서 우리를 파괴하는 자들이 아름다움에 대한 우리의 감각마저 빼앗도록 방치할 수는 없다.

사람이 지녀야 할 마지막 마음을 잊거나 잃지 않아야 사람이다. 이 겨울에 북에서건, 남에서건 누구도 얼어 죽거나 굶어 죽도록 외면해서는 안 된다. 지구상 어디에서도 전쟁으로 인간의 생명을 모욕해서는 안 된다. 전쟁보다 더 나쁜 것은 아무것도 없다.

나의 귀향
점령당한 자의 의무를 다하기를

나의 귀향

팔레스타인인들은 모두 몇 명인가? 그리고 지금 몇 시인가?

바쉬르 샬리쉬(시인)

집으로 돌아오다.

한국에서 여기 팔레스타인에 돌아와 처음 생긴 일은 자동차 사고였다. 집에 가까운데도 차가 망가져서 집으로부터 여전히 멀기 때문에 나는 괴로웠다. 나와 부모님은 견인차를 기다렸다. 누구도 심하게 다치지는 않았다. 어머니는 오지 않는 견인차를 비난하셨고 아버지는 내가 운이 나쁘다고 말씀하셨다. 나는 도로변에 앉아 외로움을 느끼며 어둠과 공허를 바라보았다. 견인차 운전사에게 우리의 위치를 설명하면서 샤타 수용소를 들먹여야 했으므로 더욱 괴로웠다. 그 수용소는 팔레스타인인들이 생명과 인간성을 박탈당하는 장소들 중 하나였다.

누군가에게 위치를 설명하기 위해서 내 정체성을 거슬러야 했던 적이 이번이 처음은 아니었다. 나는 헤브루 대학에서 공부했는데, 교수들에게 내 고향 마을이 어디인지 설명해야 할 때면 갈릴리라거나, 아카 북쪽라거나, 나자렛에서 몇 킬로미터 떨어진 곳이라고 말하곤 했다. 아무도 내 말을 이해하지 못했으며 나는 결국 카마엘 옆이라고 바꿔 말해야만 했다. 카마엘, 내가 사는 곳을 설명하기 위해 언급하는 이 장소는, 60년대 말에 러시아에서 온 유대인들에게 거처를 제공하기 위해 아랍 땅을 몰수해서 그 위에 새로 건설한 도시이다. 반면에 내가 사는 마을인 아랍베는 최소한 3천년 동안 그 자리에 있었다.

기억의 불

1948년 이스라엘 건립 초기 몇 주가 지나기도 전에, 승자들은 팔레스타인인들을 군사적으로 패퇴시켰다고 상황이 끝난 게 아님을 깨달았다. 패자들의 집단적 기억이 끊임없는 위협이 되리라는 점을 그들은 알았다. 그러므로 이스라엘 정책 입안자들은 팔레스타인 역사 서술을 고의적으로 훼손했을 뿐 아니라, '이스라엘화'에 착수했다. 이스라엘화란 구체적으로 장소와 전통의 이름을 성경적인 것들로 바꾸는 것이었다. 팔레스타인 전통음식은 이스라엘의 국가적 음식이 되었다. 눈 깜짝할 새에 탈 엘 라비는 텔 아비브로, 아카는 아코로, 움 루쉬루쉬는 에이랏으로 바뀌었다. 세계 각지에서 새로 온 사람들로 하여금 자기들이 뭔가 공통점이 있으며 이스라엘은 다윗과 솔로몬 왕국의 연장이라고 믿게 하기 위해서는, 이런 명칭 변경이 반드시 필요했다.

공식 종교로서의 고고학

이스라엘 연구 기관들은 자기들이 여기 존재했던 증거를 찾아야 한다는, 이해하기가 불가능할 정도의 강박에 사로잡혀 지층을 파고든다. 그들은 그럴수록 이스라엘이라는 집단적 기억을 위태롭게 하는 사실이 튀어나올 뿐임을 모른다. 어마어마한 노력과 엄청난 공공 예산을 투입했음에도 불구하고, 고고학적 발굴은 아직도 그들의 '귀향'이 2천년간의 유랑 끝에 조상의 땅으로 돌아온 것임을 증명해내지 못했다. 성경적 신화로 무장하고 이스라엘은 흙을 점점 더 깊이 파고들어가 자기들이 이 땅의 합법적 계승자라고 주장할 거리를 찾지만, 그럼으로써 지역의 삶과 현실에 재앙만 만들어내고 있다.

올리브 나무

분리장벽을 세우기 위해 올리브 나무들이 뽑히는 꼴을 보는 심정은 고통스럽다는 말로는 형용이 안 된다. 팔레스타인인들은 늘 올리브 나무와 강한 유대감을 느껴왔다. 어떤 이들은 이 나무가 꾸란의 축복받은 나무이기 때문이라고 하지만, 나는 올리브 나무가 팔레스타인인들의 생활방식과 밀접한 연관이 있기 때문이라고 생각한다. 역사 내내 올리브 열매를 수확하는 시기에 공공 활동이 최고조에 이르렀다. 이런 활동은 경제적으로 풍요로운 결과이기도 하지만 또한 팔레스타인인들과 땅의 관계를 보여주는 의례였다. 예컨대 전통적으로 결혼식은 수확 시기 직후에 거행되었다.

관계자에게

몇몇 조사기관의 보고서에 다음 통계가 나온다.

- 4만 그루가 넘는 열매 많은 올리브 나무가 이스라엘의 '안보'를 이유로 팔레스타인 땅에서 뿌리 뽑혔다.
- 지난 4년간 3만여 채의 팔레스타인 가옥이 역시 '안보'를 이유로 파괴되었다.
- 지난 4년 동안 5천 명이 넘는 사람들이 순교했고 5만 명이 부상당했다.
- 이스라엘은 팔레스타인 자치 정부나 다른 공식 기관에 통보하지도 않고 팔레스타인 땅에 화학 폐기물을 버려왔다.
- 서안 지구에 불법적으로 거주하는 이스라엘 정착민 20만 명이 그 지역 수자원의 63%를 사용한다. 3백만 명의 팔레스타인인들은 나머지 27%의 물로 살아야 한다.
- 팔레스타인의 암 발병률이 세계에서 제일 높다.
- 가장 큰 담수 저장소인 티베리아스 호수는 20년 안에 마를 것이다.
- 사해 역시 같은 운명에 처해 있다.

베이트 하눈 학살 사건*을 비롯하여 지난 이틀 동안 50명의 팔레스타인인들이 가자와 서안 지구에서 살해당했으며 희생자들 중에는 아이들과 여성들이 많다. 한 시간마다 한 명씩 죽어간 셈이다. 팔레스타인인들은 모두 몇 명인가? 그리고 지금 몇 시인가?

* 이스라엘은 2006년 11월 1일부터 가자 지구 베이트 하눈을 집중 포격했고, 8일 새벽 집에서 잠자던 일가족 13명이 몰살하는 등 80여 명의 팔레스타인인들이 죽었다. 필자는 이 글을 9일에 썼다. _옮긴이 주

점령당한 자의 의무를 다하기를

최성각(작가/풀꽃평화연구소장)

바쉬르 샬라쉬, 만나 보지 못한 당신의 이름을 나직한 목소리로 몇 차례 불러 보았습니다. 당신의 이름을 부르면서 당신의 지성과 당신의 조국이 안고 있는 끝 모를 슬픔 때문에 마음이 숙연해집니다. 당신이 한국에 왔을 때, 저는 시골에서 겨울 땔감을 준비하고 있었거나 제가 키우고 있는 거위의 밥을 주고 있었을 것입니다. 당신이 저를 모르듯이 저 역시 당신을 모르지만, 제가 당신에게 한국문인의 한 사람으로서 답신을 쓰게 된 것은 당신의 편지에 4만여 그루의 잘려진 올리브 나무들 이야기가 담겨 있기 때문인 것 같습니다. 저는 올리브 나무를 심고 키운 적은 없지만 당신들 팔레스타인 지방에서 올리브 나무가 상징하고 있는 것과 같은 귀한 것들이 우리 사회에서도 일상처럼 파괴되고 있는데 대해 한 사람의 작가로서 분노해왔습니다.

당신의 편지를 몇 번이나 읽으면서 제가 알고 있는 팔레스타인에 대해 생각해 보았습니다. 분리장벽, 이스라엘 군인들, 세계적 지성들도 같이 참여했던 인간방패, 중동전쟁, 검은9월단, 알라신, 성지순례 여행지에서 요란을 떠는 일부 한국의 기독교도들, 그리고 당신의 말대로 한 시간에 한 명꼴로 학살당하는 팔레스타인인들이 먼저 떠오릅니다.

한국의 여느 사람들처럼 제가 알고 있는 내용들은 너무나 빈약합니다. 우리나라 사람들은 미국이나 일본, 스위스나 호주, 중국에 대해선 관심이 많지만, 이슬람권 나라들이나 힌두권 나라들, 동남아시아 사람들, 아프리카 사람들에 대해선 관심이 덜한 편입니다. 갑작스레 경제적으로 부국의 반열에 오르자 GNP가 낮은 나라에 대해서는 시장으로는 관심을 가져도 심정적으로는 오만하기조차 한 것이 우리나라 사람들입니다. 그 말은 GNP가 높은 경제대국들에게는 매우 순종적이고 아부를 한다는 뜻과 다르지 않습니다. 대부분의 한국 사람들에게 팔레스타인인들은 점령당한 사람으로서 그 곤경과 아픔을 같이 나눠야 할 형제라기보다 분노한 테러리스트의 이미지가 먼저 떠오르는 것 같습니다. 그런 이미지가 먼저 떠오르게 된 것은 우리 사회의 주류들이 대단히 친미적인데다 접하는 정보라는 게 CNN류의 외신이 전하는 내용을 의심 없이 받아들이는 사회이기 때문일 것입니다. 아시다시피, 미국의 침략을 정당화하는 도구로 타락한 CNN 같은 화면은 사담 후세인의 동상이 넘어지고 세워지고, 다시 무너지는 광경을 하루 종일 전 세계에 쏘곤 합니다. 가해자를 정의의 사도로, 피해자를 가해자로 둔갑시키는 편집기술을 아무도 의심하지 않고 흡수합니다. 지금도 여전히 경제적으로 군사적으로 세계를 장악하고, 지배하는 인종들은 백인들입니다. 그런 백인의 힘을 확장하고 지키려는 상업방송이 조작한 이미지에 세계인들은 쉽게 속아 넘어가기 일쑤인데, 우리 사회는 우리가 극복하지 못한 편견으로 말미암아 팔레스타인에 대한 오해와 무지를 갖고 있는 게 사실입니다.

그뿐인가요. 한국사회는 이미 전면적 혁명이 불가능해져버렸기에 오랜 시간 독재정권에서 신음하던 사람들이 새 정권에 그토록 열망하던 합리적 개혁을 요청했건만, 그런 시대적 요청을 도외시한 채 새 정권이 들어서자 한 첫 번째 행위가 이라크 파병이었습니다. 한국의 문인들은 그해 겨울, 목청을 높여 파병반대를 외쳤고, 거리를 행진했습니다. 명분 없는 이라크 침공의 하수인으로 사용될 내 나라 젊은이들의 파병에 대하여 "피묻은 국익은 사양하겠다"고 외쳤습니다. 이라크나 레바논에 한국군이 있어야 할 이유는 지금도 납득이 되지 않습니다. 그렇지만 참여정부가 결행한 그릇된 결정을 우리는 막지 못했습니다. 우리는 당신네 이슬람 사람들에게 수치감을 느끼고 있으며, 끝내 파병을 막지 못한 무능에 대해 용서를 구하고자 합니다.

저는 어쩌다 환경운동을 하게 된 사람입니다. '어쩌다'라고 말하는 것은 그것이 제 천직이라기보다 사람이라면 당연히 가질 생명파괴와 부정, 자연파괴에 수반된 인간 사회의 불의에 대한 분노 때문에 그렇게 불리게 되고 말았습니다. 환경운동을 저는 '상식의 회복운동'이라고 생각합니다. 유대인들이 어느 날 당신네 땅에 들어와 '없던 국경'이 타력他力으로 그어지고, 난민이 생기고, 올리브 나무가 베어지고, 지하수가 오염되고, 거기 분리장벽이 세워질 때부터 당신의 조국은 언제 끝날지 모를 분쟁지역이 되어버렸습니다.

하지만 분쟁지역은 거기뿐만이 아닙니다. 이 행성 자체가 분쟁지역입니다. 지구촌은 지금 자원낭비와 환경파괴를 내용으로 하는 '지구와의 전쟁' 중입니다. 지구와의 전쟁에 박차를 가하는 전쟁범죄자들은 세계 자원의 80%를 낭비하는 세계 인구 20%들로서, 이른바 선진대국들입니다. 한국사회 역시 그들의 대열에 서둘러 들어가기 위해 끝없는 '경제성장론'을 신앙처럼 받들고 있는 한심한 사회입니다. 당신들은 오만하고 무례한 유대인들에 의해 피를 흘리고, 지구 역시 그 참을성의 임계점을 넘어 신음을 토하고 있습니다. 세계 도처에서 "관측사상 유례없다"는 수식어와 함께 돌발하는 기상이변은 가장 뚜렷한 지구의 경고신호라고 할 수 있습니다. 지구가 내지르는 고통의 소리는 거대한 재앙의 시작을 알리는 조종弔鐘 소리로 들립니다. 바로 그 점에서, 우리가 이 행성 외에는 다른 살 데가 없는 한, 지구촌 어디나 분쟁지역이라고 생각합니다.

잊지 말아야 할 점은 팔레스타인에서 한 시간에 한 명꼴로 사람의 목숨을 빼앗아가고, 인간의 힘으로는 제어하기 힘든 지구의 기상이변을 초래한 세력이 같은 얼굴들이라는 점입니다. 나의 조국이 그 선봉에 서려고 사력을 다해 안간힘 쓰고 있는 데 대해 깊은 슬픔을 느낍니다. 그렇지만, 팔레스타인에서 터져 나오는 노래 소리의 반향이 아주 작듯이 한국사회는 개발과 발전망상이 막강한 위력을 갖고 있기 때문에 제 무력감은 더욱 깊어질 수밖에 없습니다.

끝없는 자원파괴를 전제로 한 대규모 생산과 미국식 삶을 모델로 한 대량소비, 그리고 국토 전체를 소비재로 생각하는 신개발주의자들은 분단된 남녘의 산하를 마구 허물어 절박하지도 않은 대운하를 파겠다고 호언하고 있습니다. 경기침체로 인한 대중들의 좌절감을 자신의 정권욕 충족의 도구로 활용하려는 파괴적 자연관을 가진 이가 이 나라의 다음 정권을 차지하겠다고 지금 기염을 토하고 있습니다. 평택 대추리의 농민들을 내쫓고 거기 미군기지를 세우는 일은 당신이 한국에 왔을 때 직접 보았으리라 생각합니다. 북의 핵실험 이후 "평화를 원한다면 전쟁을 불사해야 한다"는 망발도 나오고 있습니다. 전쟁 자체가 평화를 파괴하는 일인데, 이런 망언이 백주에 국회에서 터져나오고 있습니다. 이런 세력들과 어쩔 수 없이 같이 살아야 하는 이곳인들, 어찌 분쟁지역이 아니겠습니까.

저는 지금, 바쉬르 샬라쉬, 당신과 '같은 분쟁'을 겪고 있고, 당신과 '같은 적'을 대면해 싸우고 있다는 것을 이야기하고 있습니다. 바쉬르 샬라쉬, 저는 지금 바로 그 이유 때문에도 당신과 나는 '다른 점보다 비슷한 점이 더 많다'는 이야기를 하고 있습니다. 억지 위안을 드리려는 이야기가 아닙니다.

당신이 한국에서 돌아가자 맞닥뜨린 베이트 하눈 학살사건을 접하며 저는 생명에 대해 다시 생각해 보게 되었습니다.

저는 인간의 영성은 믿지만 특정 종교를 갖고 있지 않습니다. 그렇지만, 당신이 전하는 학살소식을 접하며 동아시아의 정신세계에 오랫동안 큰 영향력을 행사해온 불교 우화 하나가 문득 생각납니다. 불교『법화경』에는 생명의 탄생과 관련하여 이런 이야기[盲龜遇木]가 전해져 오고 있습니다.

망망한 바다 속에 눈 먼 거북이 한 마리가 살고 있습니다. 거북이는 100년에 한 번씩 물 위로 머리를 내밀어 숨을 들이키고 다시 물 속으로 들어간다고 합니다. 그런데 넓은 바다에는 이리저리 떠다니는 구멍 뚫린 널빤지가 하나 있습니다. 눈 먼 거북이 100년에 한 차례씩 물 위로 고개를 떠밀 때, 마침 그 널빤지의 구멍에 머리가 딱 들어맞아 오랫동안 숨을 쉴 확률이란 얼마나 희유할까? 붓다는 사람으로 태어난다는 일을 눈 먼 거북이 구멍 뚫린 판자에 머리를 집어넣는 일에 비유했습니다. 우리가 이 대지에 '한 생명체'로 탄생하게 된 일의 어려움과 신비스러움, 경탄에 대한 비유로서 붓다의 이 말씀은 비유의 한 극치를 보여주고 있습니다.

바쉬르 샬라쉬, 당신 때문에 저는 얼마 전에 접한 한 과학자의 글도 떠올랐습니다. 한스 모라벡이라는 과학자가 한 말인데, 그는 시간이 많았는가 모르겠지만, 인간이 눈을 깜박이는 것을 계산해 본 모양입니다. 그가 말하기를 인간의 망막이 한번 움직일 때 두뇌는 초당 100조 회의 연산을 한다고 말합니다. 그런 두뇌와 비슷한 기능을 따라잡기 위해 오늘날 수준의 PC 약 100만 대 정도가 동원되어야 한다고 말할 때, 저는 놀라움과 신비로운 경탄으로 새삼 몸을 떨었습니다.(존 브록만 지음(안인희 옮김), 『과학의 최전선에서 인문학을 만나다』, 215쪽, 소소, 2006)

오늘도 당신의 고향에서는 이토록 귀한 인간의 목숨이 한 시간마다 죽어가고 있습니다.

사람의 생명만 소중할까요. 로드 킬로 죽어가는 야생동물의 망막도 마찬가지일 것입니다. 지옥 같은 환경의 공장식 축산으로 학대받고 있는 소나 돼지나 닭의 망막도 마찬가지일 것입니다.

다른 생명체 이야기는 잠시 접고라도, 인간의 생명에 대해서는 나치 학살의 피해자로서 유대인들보다 더 큰 괴로움과 성찰의 기회를 얻은 민족도 다시없을 것입니다. 살아남은 유대인들의 증언과 교훈은 그래서 인류의 소중한 자산이 될 수 있었습니다. 그러나 그들이 기구한 역사로부터 획득한 교훈이 팔레스타인에서는 눈곱만큼도 적용되지 않는 것을 또한 인류는 목도하고 있습니다. 자신만의 설화를 근거로 형성된 배타적 선민의식은 인류의 이름으로 타넘어야 할 오만과 편견의 극치가 아닐 수 없습니다.

저는 지난 15년간 히말라야를 자주 다녔습니다. 제가 이스라엘 사람들을 만난 것은 주로 북인도나 네팔 등지의 히말라야 산군山群에서였습니다. 군에 입대하기 전이나 막 제대한 젊은 이스라엘리(인)들에게 히말라야는 스트레스를 풀고, 깽판을 치는 천혜의 독무대였습니다. 히말라야 원주민들이나 전 세계의 열린 배낭족들이 가장 혐오하고 경멸하는 무리들이 바로 군대와 관련해 정서적으로 문제를 안고 그곳에 온 이스라엘 청년들이었습니다. 그들은 잃어버리지 않은 카메라를 잃어버렸다고 여관주인에게 돈을 뜯어내고, 여관의 이불을 불태우고, 숙박비를 내지 않고 도망을 치거나, 질 높은 히말라야 대마초를 상용하며, 다른 여행자들과 끊임없이 칼부림을 합니다. 그러면서 그들은 결코 "미안하다"는 말을 하지 않습니다. 명민한 랍비들이 아마 '홀리 피플'은 이민족이나 이방인들에게 절대 사과해서는 안 된다고 가르쳤던 모양입니다. 단 한번이라도 히말라야를 한 달 이상 여행한 사람들이라면 제 경험이나 제가 들은 이스라엘 청년들에 대한 평판이 편견이나 낭설이 아니라는 것을 인정할 것이라고 믿습니다. 히말라야는 제게 인간의 영성을 느끼게 해주었지만, 한편 도그마로서의 종교의 해악을 다시 확인시켜 준

출처_팔레스타인 연구단체 ARIJ(Applied Research Institute of Jerusalem)

베들레헴 근처 '아부 가님' 산이 사라져 가는 과정.
1997년부터 이스라엘 불도저에 올리브 나무들이 야금야금 잘려나가다가
마침내 2000년에 '하르 호마'라는 이스라엘 정착촌이 들어섰다.

곳이기도 합니다.

'착한 핵'이 없고, '정당한 전쟁'이 없듯이 전쟁은 인간의 역사에서 극복해야 할 마지막 벽일지도 모릅니다. 전면적 살상을 목표로 삼는 전쟁은 필연적으로 최악의 환경파괴를 야기합니다. 그래서 곧 환경운동은 평화운동일 수밖에 없습니다. 환경문제와 반전, 비전非戰운동은 구분할 수 없습니다. 구분하려는 자들이 바로 전쟁을 일으키는 자들이거나 전쟁으로 이익을 얻는 자들입니다. 군대가 있는 나라가 민주주의를 할 수 있을까, 저희들의 고민은 바로 그 지점에 있습니다.

지구에 싸움을 건 세력들이 곧 사람을 상대로 한 모든 전쟁의 주범이라는 것은 많은 것을 생각하게 합니다. 그래서 바쉬르 샬라쉬, 당신의 이름을 부르기 전에 "형제여!"라고 다시 나지막한 목소리로 발음하게 됩니다.

저는 당신들의 승리를 희망하고, 또한 믿습니다.

이스라엘이 그토록 애지중지하는 국기國旗에 이미 이스라엘의 팽창주의가 담겨 있다는 것을 우리는 알고 있습니다. 하얀 바탕은 중동 땅, 그리고 한복판의 '다윗의 별'은 이스라엘이 그 중심에 있다는 뜻이고, 위의 파란 줄은 유프라테스 강, 아래 파란 줄은 나일강을 상징합니다. 국기에 담긴 이스라엘이 꿈꾸는 홀리랜드의 범위가 너무나 거창합니다. 반면에 농사짓고 살다 땅을 잃어버린 당신들의 요구는 지난 3천년 동안 그렇게 살아왔듯이 지금 이곳에서 전처럼 살고 싶다는 요구뿐입니다. 군사력에 의존하는 이스라엘의 집념과 당신들의 소박한 요구는 충돌할 수밖에 없습니다. 그것은 현재로는 어느 한쪽의 완벽한 승리가 불가능한 싸움으로 여겨집니다. 한쪽은 서부 열강이 궁여지책으로 제멋대로 만든 억지와 당신이 말한 대로 근거가 불확실한 신화에 의존하고 있고, 당신들의 요구는 뿌리와 실체가 있고, 그 땅에서 올리브 나무와 같이 보낸 세월의 기억이 그것을 증거합니다. 당신들은 농사를 지었고, 유대인들은 고리대금업자로서 서유럽에서 경멸을 받기 전까지는 유목민이었습니다. 유목민과 농경사회의 충돌이 어떤 결판을 낳을지 모르지만, 그것은 제게 지구와의 전쟁을 불사하는 현실과 너무나 다르지 않다는 생각이 들게 합니다. 지구를 파괴하는 자들은 끝없는 확장주의자들이고, 생태주의자들은 지구 생명체들과의 공존과 공생, 그리고 소수문화의 옹호를 전제로 한 소박하고 건강한 비물질적 삶을 희망합니다. 한쪽은 무례하고, 한쪽은 품위가 있다는 점에서도 이 대립자들은 매우 비슷하군요. 한쪽은 이익이 되지 않는 손님을 반기지 않고, 한쪽은 손님을 신처럼 환대한다는 점에서도 비슷하군요.

이스라엘의 팽창주의에 맞서 당신네들이 당신들의 땅을 지키고 되찾는 것이 곧 세계평화에 기여하는 것이라고 생각하는 까닭이 여기 있습니다.

전쟁이라는 역사와 인간 한계의 벽에 의존하는 자들과의 싸움에서 비폭력 저항은 하나의 숭고한 목표가 아닐 수 없습니다. 그렇지만 당신 이름을 거듭 부르고 있는 당신의 친구는 '점령당한 자의 의무는 점령자와의 싸움밖에 없다'라고 말할 수밖에 없습니다. 억울하게 갇힌 자에게 탈주가 의무이듯이 당신의 선택지는 명료합니다. 움베르토 에코도 자식이 성장하면 크리스마스 선물로 총을 선물하겠다고 말하고 있습니다. 그가 무기를 사랑하고 전사의 미덕이 거룩하며 효율적이라고 믿어서가 아닙니다. 그는 인디언 거주구역을 파괴하고 있는 무기상인들과 주류 판매상들에게 총을 쏘도록 가르치겠다고 말하고 있습니다. 그는 남부 노예 소유주들을 향해 총을 쏘도록, 콩고의 식인종들이 아니라 상아 밀매자들에게 총을 쏘도록, 커스터 장군에 맞서 싸우는 '앉은소' 추장의 편이 되어 총을 쏘도록, 당연히 위화단의 편이 되어 총을 쏘도록, 바스티유 함락을 위해 총을 쏘도록 가르치겠다고 말하고 있습니다. 진실이 전적으로 어느 한쪽 편에만 있지 않는 그런 전쟁을 위해 총을 선물하겠다고 말하고 있습니다.(리브 울만 엮음(김승욱 옮김), 『세계의 지성 28인의 편지』, 24－37쪽, 작가정신, 1998)

한때 저는 티벳전사들을 수년간 찾아다닌 적이 있습니다. 히말라야에서 제가 만난 티벳전사는 "다시 20대가 되어도 총을 들 것인가?"라고 묻자, 지체없이 "그렇다"라고 답했습니다. 단호한 얼굴로 그렇게 답한 늙은 전사는 중국이 라사에 침공하기 전에는 라마였는데, 부모 형제를 다 잃고 울면서 법복을 벗었던 사람입니다. 그는 전투 중에 자신이 살해한 중국인 다섯 명의 영혼을 위해 살아 있는 내내 매일 아침 명복을 비는 참회의 기도를 올리고 있었습니다. 그의 단호한 대답은 여지없이 감동적이었습니다.

용서는 화해 뒤에 이뤄질 일, 당신들을 인간으로 여기지 않는 무례한 점령자들과의 싸움에서 당신이 할 수 있는 최선의 방법으로 당신의 의무를 다하시기 바랍니다. 물론 싸움에는 다양한 방식이 있을 것입니다. 바쉬르 샬라쉬! 당신은 시인이기 때문에 마치 우루과이의 갈레아노가

'남미 500년 수탈사'라는 주제에 평생 매달렸듯이 시인으로서 당신의 팔레스타인에서 해야 할 일이 있으리라 믿습니다.

비행기삯이 생기고 언젠가 기회가 오면, 반드시 당신네 나라에 형제의 마음으로 방문하겠습니다.

한 소설가의 힘
꿈이 현실보다 추하지 않기를
바라는 그들은 누구인가

한 소설가의 힘

'나깁 마흐푸즈'는 세계였다

아다니아 쉬블리 (소설가)

몇 주 전 이집트 작가 나깁 마흐푸즈가 세상을 떴다. 나는 아버지를 위로하려고 전화를 걸었다. 아버지는 억누른 슬픔이 배나오는 목소리로 말했다. "내게 나깁 마흐푸즈는 온 세상에서 가장 신성한 인물이었다." 당신의 어머니인 나의 할머니가 돌아가셨을 때보다 아버지가 더 슬퍼한다고 나는 느끼지 않을 수 없었다. 다시 한번, 나깁 마흐푸즈는 거대한 만이 되어 나와 가족들을 갈라놓았다.

나는 대가족의 막내로 태어났는데 가족 모두가 게걸스럽게 책을 읽어댔다. 그래서 내 어린 시절은 비참하도록 지루했다. 어머니가 동네의 '더러운 꼬마 놈팽이들'과 놀지 말라고 했기 때문에 나는 친구가 없었고, 집에서는 언니와 오빠들이 책에 코를 박고 나를 거들떠보지도 않았다.

ⓒ 이집트 사진작가 란다 샤쓰(Randa Shaath)

마흐푸즈의 문학은
카이로를 이집트인만이 아니라
모든 팔레스타인인과 아랍인의 고향으로 만들었다.

네 살 무렵 어느 날, 나는 언니 하나가 거실을 가로지르다 발작하듯 웃음을 터뜨리는 꼴을 보았다. 나도 웃고 싶어서 언니에게 웃는 이유를 묻자, 언니는 웃음을 멈추고 나를 내려다보더니 대답했다. 전에 책에서 읽은 내용이 생각났을 뿐이라고. 그리고 언니는 방에서 나가버렸다. 일찍부터 나는 내가 형제자매들과 웃음, 꿈, 그들의 세상을 나눌 유일한 방법인 읽기를 해낼 능력이 없음을 뼈아프게 의식해야만 했다. 그 소통의 열쇠를 얻기까지, 나는 자신이 가족과 어울리지 못하고 소외되었다는 느낌에 시달렸다. 그러나 마침내 내가 글을 읽을 수 있는 날이 왔다.

책을 고를 만한 지식이 없는 나로서는 서재 책장의 제일 아래 칸에서 시작하기로 했다. 책장은 다섯 칸이었으며, 내게는 한 칸마다 2년치 읽을거리는 돼 보였다. 첫 번째 칸에는 러시아, 이탈리아, 프랑스, 영국 등등의 세계 고전 문학이 꽂혀 있었다. 그 칸을 다 읽고 두 번째 칸을 읽을 차례였는데, 거기 있는 거의 모든 책들의 저자 이름이 마흐푸즈였다. 뭐, 나는 생각했다, 그는 단지 한 명의 작가니까 내가 그를 건너뛰면 언니, 오빠들과 격차를 2년은 줄일 수 있을 거야. 내가 1974년이 아니라 72년에 태어난 것처럼 말이지. 꽤나 어려운 결정이었지만 내게는 문학에 대한 도취보다 언니, 오빠들하고 친해지려는 열망이 더 컸다. 다섯 번째 칸까지 다 읽고 마흐푸즈의 책들로 돌아오면 될 터였다. 내 중대한 결정을 아무에게도 말하지 않고 나는 세 번째 칸으로 손을 뻗어 첫 번째 책을 뽑아서는 읽기 시작했다.

어느 겨울, 카이로로 여행을 가게 된 아버지는 가족들을 모아놓고 이집트에서 사다줄 선물 목록을 만들기 시작했다. 한 손에는 펜을, 다른 손에는 종이를 들고서 그는 우리 각자에서 뭘 갖고 싶은지 물은 후 요구사항들을 주의 깊게 적어 내려갔다. "아빠, 마흐푸즈의 이런 저런 책이요." "마흐푸즈의 이 책 저 책을 부탁해요, 아버지." 언니 둘은 서로 자기가 먼저 말했다고 다투기까지 했는데, 왜냐하면 둘 다 같은 작가, 마흐푸즈의 같은 책을 원했으며 우리 집에서는 책을 사달라고 말한 사람에게 제일 먼저 읽을 권리가 주어지기 때문이었다. 아버지는 둘 다에게 책 한 권씩 사다주겠다고 약속함으로써 위기를 돌파했다. 나는, 반면에, 조용히 입을 다물고 있었다. 내 차례가 왔을 때 나는 잡지에서 기사를 읽은 적이 있는 다른 작가의 책을 부탁했다. 그러면서 내 안에서 이 마흐푸즈에 대한 깊은 원망과 그의 작품을 향한 적개심이 자라나기 시작했다.

나깁 마흐푸즈—현대 아랍 소설의 창시자로 일컬어지며 모든 팔레스타인인들만이 아니라 모든 아랍인들의 가슴과 머리 한가운데를 차지하고 있는 이 작가.

1912년에 카이로에서 태어난 그는 그 도시를 벗어난 적이 거의 없다. 본인이 그렇고, 그의 소설 또한 그렇다. 카이로의 별명은 원래 '우주의 어머니'였는데 마흐푸즈의 글로 인해 '모든 아랍 문학의 어머니'로 바뀌었다. 칸 알 칼릴리로부터 제칵 알 메닥까지, 끊임없는 욕망과 유혹, 사랑, 공포에 울고 웃는 사람들로 북적대는 카이로의 그 거리를 그로부터 멀리 떨어진 마을에 살며, 마흐푸즈처럼, 제 고향을 떠나 본 적 없는 모든 이들도 함께 경험했다. 마흐푸즈의 문학이 집으로 생생한 카이로의 축소판을 가져다줄진대, 누가 그 도시까지 피곤한 여행을 감내할 필요가 있을까. 카이로와 그 안의 삶에 대한 마흐푸즈의 글은 그 도시를 수많은 이들의 고향으로 만들었으며 그중에는 나의 형제자매들도 포함됐다. 그들은 실제의 우리 동네, 카이로에서 먼 작은 마을이 아니라 마흐푸즈의 세계 속에 살았다. 그 세계는 너무나 자랑스러워서 내 유치한 실수를 고백하기에는 나는 너무 부끄러웠다. 그러므로 나는 그 세계에 들어갈 수 없었다.

2003년 여름까지 나는 마흐푸즈의 글을 하나도 읽지 않았다. 그때 나는 파리에 있었는데 들고 간 아랍어 책을 다 읽어 버려 읽을거리가 필요했다. 할 수 없이 내게 숙소를 빌려주고 외국에 간 친구의 서재를 뒤지기 시작했다. 그의 책들은 대개 불어나 영어이고 두세 권만 아랍어

ⓒ 이집트 사진작가 란다 샤쓰

끊임없는 욕망과 유혹,
사랑, 공포에 울고 웃는 사람들로 북적대는 카이로의 그 거리를
그로부터 멀리 떨어진 마을에 살며,
마흐푸즈처럼,
제 고향을 떠나 본 적 없는 모든 이들도 함께 경험했다.

였으며, 그중 한 권이 마흐푸즈의 『갈망의 성』이었다. 두려워 떨면서 나는 그 책을 뽑아 들었다. 내가 마흐푸즈의 작품을 읽지 않고 살아온 그 오랜 세월의 무게가, 가족들이 그에게 바친 숭배가 내 두 손바닥에 얹혀졌다. "넌 스물아홉 살이야." 나는 혼잣말을 했다. "그때 이후로 충분한 시간이 흘렀잖아. 이제 읽을 때가 된 거야."

나는 읽기 시작했으며 그 책을 다 읽을 때까지 멈출 수가 없었다. 내가 책을 내려놓을 때 텅 빈 듯한 느낌이 나를 휩쓸고 지나갔다. "맙소사! 나깁 마흐푸즈는 굉장한 작가야!" 나는 그렇게 중얼거리며 돌아다녔다. 모두들 내가 미쳤다는 듯이 쳐다보았다. "당연히 그는 굉장하지." 그들은 말했다. "새삼스럽게 왜 그래?"

꿈이 현실보다 추하지 않기를 바라는 그들은 누구인가

김남일(소설가)

아랍에는 무엇이 있을까?

폭도, 테러리스트, 원리주의자, 광신도, 악의 축, 이교도, 악마, 인질, 무지, 야만, 무질서, 폭력, 공포, 그리고 길바닥과 강과 사막에 널린 시체들!

아마 쉽게 이런 이미지들을 그러모을 이들이 적지 않을 것이다. 어떤 이들에게는 그것이 사막에는 뭐가 있지 하는 질문처럼 들릴지도 모른다.

사막에 있긴 뭐가 있어?

당장 터져 나올 이런 반문도 아주 자연스럽다. "석유가 있지" 하고 대답하는 사람도 있겠지만, 글쎄, 어쩐지 그 대답이 더 슬프다. 차라리 단순무식하게 "있긴 개뿔, 아무것도 없지"하고 대답하는 사람이 고마울 정도다. 석유가 나오면 나올수록, 아랍이 어떤 고통을 당할지 빤히 짐작되기 때문이다.

그런데 정말 그럴까?

거기에는 정말 아무것도 없거나, 있다고 해도 오직 있어서 차라리 슬픈 것들만 있을까?

천만에!

살다보니 엊그제 다행스러운 일이 있었다. 카타르 도하에서 열린 아시안 게임이 그것. 개막식을 보면서 아마 많은 이들이 입을 다물지 못했을 것이다. 나 역시 석유가 그토록 황홀한 목적으로 쓰일 수도 있구나 하는 감동에 쉽게 눈을 돌리지 못했다. 개막식을 통해 나는 그 땅에 엄연히 존재했던 많은 것들을 새삼 보게 되었다. 고대 아랍의 천문관측기기 아스트롤라베, 홍해를 가로지르는 카타르 범선의 기막힌 아름다움, 동서양 온갖 문물이 교차되던 실크로드의 풍요, 그리고 말 그대로 '백마 탄 왕자'까지, 그때 아랍은 할리우드 영화나 CNN 뉴스에 나오던 그 아랍이 전혀 아니었다.

이미 황홀경에 흠뻑 젖어버린 내게는 더 많은 아랍이 보였다. 한밤중 티그리스 강변을 걸으며 사랑을 속삭이는 젊은 연인들의 모습이 보였고, 낙타를 몰고 사막을 건너는 대상들의 노랫소리가 들려왔으며, 아무것도 없는 것처럼 보이는 사막에 실은 헤아릴 수도 없이 많은 사람들의 꿈이 깃들어 있다는 사실이 실감났는데, 주먹만 한 별들이 그 꿈속에서 찬란하게 빛나고 있었고, 영생불사를 꿈꾸며 모험을 떠난 길가메쉬가 보였으며, 하늘을 향해 솟아오르는 바벨탑과 아라비안나이트의 도시 바그다드, 아직도 신비에 쌓여 있는 고대 도시 바빌론이 대추야자 잎사귀 너머로 보였다.

나는 서둘러 인터넷을 뒤졌다.

그러자 대수, 천문학, 의학, 광학, 연금술 등에서 일찍이 아랍세계가 이룩한 성과가 오늘 우리가 뽐내는 과학문명의 바탕이라는 사실도 쉽게 알아차리게 되었다.

그렇다면 문학은?

아랍어 권에서 최초로 노벨문학상을 받은 이집트의 소설가 나깁 마흐푸즈에 대해 팔레스타인 작가 아다니아 쉬블리가 쓴 글을 읽었다. 그녀의 아버지는 그를 일컬어 세상에서 가장 신성한 인물이었노라 회상했다. 그 아버지 밑에서 자란 가족도 마찬가지여서, 아다니아의 언니 오빠들은 다투어 마흐푸즈를 읽어치웠다. 이집트로 여행가는 아버지에게 부탁하는 선물도 한결같이 마흐푸즈였을 정도. 다만 한 사람, 막내인 아다니아만 예외였다. 그녀는 서른이 다 되어서야 타지에서 겨우 마흐푸즈를 읽고서는 솟구치는 감동을 주체할 수 없었다. 그래서 주변의 아랍 친구들에게 말하고 돌아다닌 모양인데, 그들의 반응이 걸작이었다.

"새삼스럽게 왜 그래?"

나 역시 오래 전 마흐푸즈의 장편소설 『우리 동네 사람들』을 읽고서 큰 감동을 받은 바 있다. 내가 20세기 최고의 소설 중 한 편으로 간주하는 가브리엘 마르케스의 『백년 동안의 고독』 못지않았다. 한 마을을 둘러싸고 벌어지는 탐욕, 배신, 우애, 도전, 사랑 등 온갖 종류의 서사가 신화적 상상력과 절묘하게 어우러져, 책을 덮은 뒤에는 한동안 그 서사 구조며 상상력을 통째로 베끼고 싶다는 질투심에 사로잡히기도 했다.

그 마흐푸즈를 우리 독자들은 얼마나 알까? 그가 현실에서는 먼지처럼 사라져 버린 저 무수한 아랍인들의 꿈을 영원히 되살려 놓고 있다는 사실은? 나도 물론 마흐푸즈로 인해서 '우주의 어머니' 카이로가 두고두고 '아랍문학의 어머니'로도 불리워진다는 사실을 처음 알았지만.*

얼마 전, 내가 속한 문학단체에서 팔레스타인 작가 사하르 칼리파*

* 앞의 글, 「한 소설가의 힘」.

* 1941년생. 민족해방투쟁 과정에서 이중으로 고통을 당하는 팔레스타인 여성 문제를 다룬 작품들로 유명하다. 우리나라에는 장편소설 『가시선인장』(송경숙 옮김, 한국외국어대학교출판부, 2005)이 번역되어 있으며, 2006년 11월 민족문학작가회의 초청으로 방한했다.

를 초청했다. 미리 보도협조 공문을 보냈지만, 기자들의 반응은 적극적이지 않았다. 몇 년 전 아랍권에서 최초로 두 명의 작가를 초청했는데, 그때는 마침 김선일 씨 사건이 터져 부르지 않은 기자들까지 몰려와 성황을 이루었다. 이번에 초청한 작가 사하르 칼리파는 소설의 거장인데도 불구하고, 기사로서의 '가치'는 그때만 못하다고 판단한 것 같았다. 다행히 한 신문에서 크게 기사를 썼다. 사진까지 실어서.

나는 아침 일찍 호텔 로비에서 작가에게 자랑스럽게 그 신문을 펼쳐 보였다. 작가는 물론 무척 고마워했다. 그렇지만 사진에 박힌 눈빛은 어딘가 실망을 감추지 못하는 듯싶었다. 내가 묻자, 작가는 조금 허탈한 표정을 지으며 대답했다.

"이게 바로 팔레스타인인입니다. 어디서나 다 그래요. 이렇게 심술궂고, 심각하고, 어딘가 사람들을 긴장되게 만드는 얼굴을 한 사람들……."

작가는 미소를 숨기지는 않았지만, 내심 왜 웃는 얼굴 사진을 싣지 않았는지 마뜩치 않게 생각하는 것 같았다. 나 역시 작가가 지적하기 전에는 전혀 생각하지도 못한 일이었다. 작가는 세상 사람들이 팔레스타인에 대해 일반적으로 갖는 편견이 고스란히 그 사진에 드러났다고 생각하는 것인지 몰랐다.

이튿날, 다른 신문 기자가 기자 회견을 했다. 작가는 내내 사진에 대해 강조했다. 환하게 웃는 표정으로! 그런 고투(?)의 보람일까, 그 신문에는 전혀 딴 얼굴 사진이 실렸다.

작가는 폭소를 터뜨리며 제 사진을 가리켰다.

"어이구, 이번에는 미소가 아니라 아예 목젖이 다 드러날 정도로 웃는 사진이네!”

아랍은 아직도 무수한 편견의 대상이다. 팔레스타인의 경우는 훨씬 더 심하다. 그들은 다만 검은 두건 속에 자신의 얼굴을 숨긴 비겁한 테러리스트일 뿐이다. 아니면 어디선가 날아온 총탄에 맥없이 쓰러져 아무렇게나 널부러지는 시체이거나.

딴 얼굴, 말하자면 우리처럼 매일매일 삶을 살아가는 팔레스타인인들의 얼굴은 어디에 있는가?

이제껏 나는 사하르 칼리파 이외에도 이미 다섯 명의 팔레스타인 작가를 만났다.

자카리아 무함마드, 나는 그처럼 균형 잡힌 지식인을 쉽게 만나지 못할 것이다.

마흐무드 아부 하쉬하쉬, 나는 그처럼 쾌활한 청년 시인을 만난 게 여전히 행복하다.

키파 판니, 그는 늘 세상의 무게 그 자체다. 어느 누가 그처럼 진지할까.

바쉬르 샬라쉬, 그는 이스라엘 공산당의 당원인데, 공산당원이 그처럼 멋있는지 처음 알았다.

그리고 아다니아 쉬블리!

그녀는 얼굴도 마음도 예쁘지만, 나로 하여금 무엇보다 인간 존재의 깊이에 대해서 새삼 깨닫게 해준 사람이다. 그녀는 이스라엘의 탱크에 대해서 직접적으로 쓰지는 않는다. 그녀는 다만 검문소를 오갈 때마다 왜 팔레스타인인들은 한없이 길게 늘어선 줄에서 속절없이 먼지를 뒤집어써야 하는지에 대해서 쓴다. 그 먼지가 엄연히 살아 숨쉬는 한 인간의 하루를 얼마나 비참하게 부서뜨리는지에 대해서 쓴다. 그리하여 마침내 이렇게 쓴다.

9시가 다 되어 일기예보도 들을 겸 라디오를 켰다. 어쩌면 해에 관한 좋은 소식이 있을지도 모른다. 이스라엘 탱크 200대가 라말라에 있는 무카다* 를 점령해, 아라파트가 그 건물 몇 층에선가 포위 공격을 받고 있다는 소식이 라디오에 나왔다. 다시 부엌으로 갔다. 생각해보니 일기예보를 못 들었다. 그러나 몇 초도 안 되어 장대비가 쏟아지기 시작했다. 만져볼 사이도 없이 아몬드 잎이 다 떨어졌다. 이 생이 끝나기 전에 바라는 것이 있다면, 봄이 오면 봄이 만발한 것을 보고 싶다는 것뿐이다. 어떻게 무슨 권리로 그럴 수 있을지는 모르지만!*

이스라엘이 온 팔레스타인 땅에 쌓아올리는 8미터짜리 장벽 아래, 바로 그들이 있다. 테러리스트나 시체가 아닌! 그들은 봄이 오면 다만 그 만발한 봄을 보고 싶어하는 사람들이고, 잠자리에 들 때마다 바라노니 제발 "꿈이 현실보다 추하지 않기를 바랄 뿐"* 이라고 기도하는 사람들이다.

* 팔레스타인 자치정부 청사.

* 아다니아 쉬블리, 「희미한 고요의 흔적들」, 2002년, 3월 29일 일기.

* 같은 글. 3월 27일 일기.

여자들의 이야기가 길러낸 아들
숨어 있는 전쟁

여자들의 이야기가 길러낸 아들

상상의 새들과 회상의 둥지들

키파 판니(시인)

몇 년 전에 나는 자서전을 쓰기 시작했다. 기억 속으로, 생각나는 최초의 장면으로 깊이 들어갔다. 그때 나는 어머니의 품에 안겨 젖을 빨고 있었다. 어머니는 빨간색 나이트 가운을 입었고, 난 작은 손가락으로 그 옷깃을 만지작거렸다. 어머니 젖의 맛까지 되돌리고 싶었지만, 떠오르는 건 입안의 찝찌름한 느낌과 만족스러움, 포만감이 고작이었다. 첫 기억은 내게 흐릿하고도 신비스럽게 남아있으며, 이야기를 해보니 다른 이들에게도 마찬가지인 듯했다. 1970년에서 71년까지 요르단에서 일어난 '검은 9월 사건'*과 연결을 짓고 나서야 나의 첫 기억은 보다

* 팔레스타인 혁명은 당시 요르단에서 진행 중이었다. 혁명은 힘과 지지를 받았으며, 정권 유지에 불안을 느낀 요르단의 후세인 왕은 팔레스타인 게릴라 전사들(페다인)과 전쟁을 벌였다. 요르단 군대는 디빈 숲에서 그들을 포위한 후 학살했다. 시리아 군대가 개입해서 페다인을 구하려고 했을 때, 이스라엘 공군은 이를 격렬히 막았다. 거의 1만 명의 팔레스타인인들이 살해당했고, 혁명은 레바논으로 옮겨갔다.

분명해졌다. 그 무렵 나는 많아봐야 두 살이었다. 어머니에게 내게 몇 살까지 젖을 먹였느냐고 물어보니, 두 살까지라고 했다. 그러니까 내가 어머니 품에서 젖을 먹던 거기는 요르단이며, 9월 사건이 일어나고 있었다. 내 개인적 기억은 모호하고 아기인 내가 어머니와 나의 관계를 제대로 인식했는지도 모를 일이지만, 팔레스타인인들의 집단적 기억은 그렇지 않다.

아버지가 나를 데리고 아마 자기 친구일 부상당한 전사를 위문하러 간 적이 있는데, 나는 아직도 그 장면을 생생히 기억한다. 전사는 벌거벗은 채 침대에 누워 있으며, 가슴에는 붕대가 감겨 있었다. 아버지는 침대 옆에 앉아 있고, 나는 잡동사니에 끌려 방안을 온통 기어 다녔다. 우리가 살던 그 요르단의 난민촌에서 온 가족이 옥상에 올라갔던 어느 날도 나는 기억한다. 나는 삼촌의 팔에 안겨 있었다. 모두들 수평선을 바라보기에 나도 바라보았는데, 내게는 먼지와 어른들의 얼굴에 어린 깊은 수심만 보였다.

나처럼, 아마도 나처럼, 팔레스타인인들은 자기들 인생의 세세한 부분들을 그들이 살았고 또 떠나야만 했던 장소들을 통해 기억한다. 그들 전체에게 일어났고 아직도 일어나고 있으며, 전 세계가 뻔히 보면서도 아무 일도 하지 않았던 비극과 연결지어서 말이다. 같은 방식으로 나는 당신들에게 내 이야기 몇 토막을 전하고 싶다.

나의 두 할머니는 내게 자기들의 이야기를 끊임없이 해주어서, 마침내 그 이야기들은 내 이야기가 되었다. 친할머니는 오렌지 과수원에 물 주듯 내 기억에 자양분을 댔으며, 하이파 근처 우리 마을에 여전히 머

출처_UNRWA

1948년 재앙. 고향에서 쫓겨나는 팔레스타인인들.

물러 말갈기를 쓰다듬기라도 하듯 내 머리를 쓰다듬어 내 상상력을 일깨웠다. 내가 할머니의 무릎을 베고 잠이 들 때면, 할머니는 좋았던 옛 시절의 고향과 이웃들에 대해 말하기 시작했다. 똑같은 애틋한 느낌으로, 외할머니는 내게 사라라는 유대인 여자 친구와 놀았던 자기 어린 시절 이야기를 해주었다. '사바쓰'* 때면 유대인 이웃들을 위해 대신 전등불을 켜주고는 했다는 이야기들. 외할머니는 말하기를, 이스라엘이 점령하여 팔레스타인인들을 쫓아내지만 않았다면 유대인과는 아직도 친구였을 거라고 했다.

* 유대교 안식일. 이때 유대교인들은 전기기구를 만질 수 없다.

나이가 들자, 나의 정치적 선택* 은 분명해졌다. 가족들은 모두 내 주위에 몰려들어서 그래도 신이 존재한다고 설득하려 했다. 이 오랜 일련의 회합이 끝난 뒤, 할머니는 나랑 둘만 있을 때 말했다.

"나는 손자들 중에 너를 가장 사랑한단다. 네가 공산주의자이기 때문이야. 시리아로부터 기차에 총을 숨겨 팔레스타인 전사들에게 날라주던 내 오빠처럼 말이야."

또 언젠가는 할머니가 역시 손자들 중에 나를 가장 사랑하신다면서, 내가 어렸을 때부터 남달랐기 때문이라고 했다. 할머니는 나도 또렷이 기억하는 이야기, 할머니의 전 남편이자 나의 할아버지와 내가 첫 대면한 순간의 일화를 되풀이했다.

그때 쿠웨이트에서 일하던 할아버지가 요르단의 암만에 잠깐 왔으며, 온 가족이 그를 맞으러 할머니 집에 모였다. 난민촌의 UNRWA* 선생님이었던 어머니도 나를 데리고 암만으로 갔는데, 서두르느라 내 복장에 신경 쓸 겨를이 없었던 모양이었다. 집에 들어서서도 나는 할아버지한테 다가가지 않고 뒷전에 있었다. 할아버지가 내게 가까이 오라고, 악수를 하자고 했으나 나는 거절했다. 왜 그러느냐고 할아버지가 물어 나는 답했다. 당신이 우리 할머니를 구박했기 때문이라고. 그러자 할아버지는 나더러 가서 코나 닦고 와서 말하라고* 비아냥거렸다. 나는 옷소매로 코를 문지르고는 도전적으로 말했다. "닦았어요, 이제 뭐요!"

* 팔레스타인 공산당.

* UN for Relief and Works Agency for Refugees in the Near East. 국제연합 난민 구제 사업국.

* 모욕하고 무시할 때 하는 말.

역시 전 남편, 그러니까 '우리 아버지'와 헤어진 우리 어머니는 하이파에 대해 내게 말해줄 만한 추억이 별로 없었다. 어머니가 네 살 때 그곳을 떠나왔기 때문이다. 어머니와 나는 최근에야 하이파에 다시 가서 어머니가 살던 옛집을 둘러볼 수 있었다. 간신히 길을 찾아 현재 집주인의 허락을 받아 집안에 들어서서, 어머니는 여기저기, 구석구석 손짓하며 말했다. "여기서 밥을 먹었지." "저기가 내가 놀았던 데야." 등등. 어머니가 무슨 짓을 했다거나 어떤 일이 있었다면서 각 지점을 가리킬 때마다, 나는 집 잃은 새처럼 정처 없이 떠돌던 내 상상력이 마침내 둥지를 찾아 돌아온다는 느낌이 들었다. 그 집을 나오기 직전에 어머니는 집 바깥벽에 다가가서 새로 석회를 바른 듯한 부분에 손을 짚고, 나를 아주 묘한 눈길로 바라보았다. 어머니는 속삭였다. "여기, 우리 할아버지가 총을 숨기곤 하셨단다. 우리가 떠나도 할아버지는 남았고, 싸우다 돌아가셨다."

팔레스타인의 이런 다양한 기억, '그때 그렇게 살았고, 그런 이야기를 들었다'는 기억들이 난민촌의 지루한 시간들을 특별하게 만들어 준다. 시간이 그 이후로는 다시는 예전과 같지 않았던 역사적 시점 이전의 기억들이 무궁무진하게 재생되고 서술되어, 실제 기억의 부족을 메워 준다. 기억의 서술 덕분에, 난민촌에서 태어나 갇힌 삶*을 살 수밖에 없는 아이들도 난민촌 이전에는 어떠했는지, 우리가 살던 곳에서 자연스럽게 살던 때 삶이란 얼마나 달랐는지 알게 된다.

* 난민촌에서는 타르가 풍선껌이고 낡은 양말을 둘둘 만 것이 공이다. 겨울(팔레스타인은 겨울이 우기)에 근처 계곡에서 수영을 배우며, 유일한 교육 시설이 UNRWA가 운영하는 학교이다.

이 특별한 기억 속의 시간이야말로 난민촌을 언제나 혁명 사업의 따뜻한 무릎이 되게 해주는 힘이다. 그리고 팔레스타인 문제를 이미 종료된 과거지사로 만들어 역사책과 박물관에 처박으려는 점령자들의 기도를 가로막는 거대한 장벽이자 방해물이다. 서술된 기억의 시간은 사람들을 꿈에 동여맨다. 사람들은 옛집의 열쇠를 아직도 손에 꼭 쥐고 돌아갈 날을 기다린다.

출처_http://blog.mideastanalysis.org

이들은 아직도 옛집 열쇠를 손에 쥐고 고향에 돌아갈 날을 기다린다.

숨어 있는 전쟁

이경자(소설가)

1950년 6월에 동족상잔이라는 전쟁이 있었다. 내가 태어나고 자란 땅, 민족이 사는 나라에서였다. 어디서 들은 소문에 의하면 2차 세계대전에서 쓰다 남은 무기를 한반도에서 다 써버렸다고 했다. 무슨 세균도 살포해서 효능 실험을 했다는 소문도 있었다.

하지만 태어나서 경험한 최초의 전쟁이었던 이 환란을 나는 기억하지 못한다. 그 해 여름에 겨우 세 살이었다. 어렴풋이 하얀 눈길을 걸어가던 기억이 나는데 그게 어른들의 이야기를 귀동냥한 것인지, 진짜 내 기억인지는 확실치 않다. 하기야 눈길이라면, 공식적으로는 1.4후퇴라고 부르는 사건이니, 여름에 난 전쟁이 눈길 피난을 가게 했다면 해가 바뀐 것일 테고 그럼 나는 한 살 더 먹어 네 살이 되었던 터였다.

전쟁에 대한 이상한 경험들은 그 후 몇 년이 지난 뒤에, 그러니까 휴전협정이 이뤄지고 한반도가 남과 북으로 휴전선을 그어 나뉘어진 뒤부터 쌓여가기 시작했다.

내가 어릴 때만 해도 논마지기나 가지고 소를 키우며 밥술 좀 먹는다는 집은 대개 대가족이었다. 3대나 4대가 한 지붕을 쓰고 사는 가족도 있었다. 그렇지 않으면 아랫마을이나 건넛마을에 세간을 나간 둘째 셋째 형제들이 크고작은 집안행사에 우르르 몰려서 시시때때로 아이들만으로도 일개 소대를 이루곤 하였다. 우리 집도 그랬다. 궁핍하던 때, 큰 일이 있으면 자연히 먹을 것이 흔해지니 어린아이들은 어른들이 함께 일하는 주변을 빙빙 돌았다. 할머니 어머니 작은 어머니들은 송편을 빚고 개피떡을 뜨고 인절미를 밀고 부침개를 했다. 기름내 풍기는 어른들 주위를 빙빙 돌거나 해바라기하는 늙은 개처럼 옆에 웅크리고 앉아 있었다. 그럼 자투리 떡 조각이나 부침개를 얻어먹는데, 웬일인지 난 그것보다 어른들의 이야기를 슬쩍슬쩍 듣는 게 흥미로웠다. 어른들은 일하면서 쉬지 않고 이야기를 했다. 큰소리로 말하는 이야기들보다 갑자기 목소리를 낮춰서 수군거리는 말에 귀가 쫑긋하곤 했었다.

"그 집 메누리가 미쳤단데 성님 들었어유?"

"여맹위원장했단 여자? 아들이 물에 빠져 죽었다데?"

"그 아들이 씨를 모른다잖우. 뭐라더라 들어두 돌아스문 까져먹으니…… 방첩대라던가?"

"동세는 그걸 믿너? 남세시루워서 말을 그렇게 둘러 하는 거지, 애어멈이 씨를 왜서 몰르겐?"

"아이구우 성님두 몰르는 말 하지두 말어유. 밤이문 밤마다 하루는 이 눔이 조사한다, 하루는 저 눔이 조사한다 총 빼들구 델구 나가선 하구한날 올라탔다는데…… 그래서 죽자구 목두 맸었다잖쑤. 시방 쥐나 새가 들을까 입덜 단구 있어서 그러치유, 아이구우 몸서리야!"

"그래기다 지긋지긋하네. 그런 말은 왜서 끄냈너. 듣기두 싫네."

"아야 잘 죽었지유. 이런 누무 시상 살었어 봐유. 고향바닥에서. 남에 뷕 숟가락 몽뎅이두 훤하게 꿰는 바닥에서 남세시루워 살겠어유?"

"그나저나 안 됐네. 똑똑하구 배운 거두 많은 여자가 남편은 생사를 모르구, 어찌됐건 배 아퍼 난 아들은 물에 빠져 죽구 본인은 실성했으니. 이기 다 누구 탓이너?"

나는 이런 이야기를 다 알아듣지 못했다. 그러나 웬일인지 머릿속에 깊이 박혀서 지워지지 않았다. 이와 비슷한 이야기들도 참 많이 엿들었다. 아주 작은 소리로 말하고는 넌더리를 치던 속삭임들.

일곱 살에 학교로 들어가자마자 몽당연필로 '때려잡자 김일성'을 쓰고, '무찌르자 공산당' '쳐부수자 북한괴뢰집단'을 연상해서 그림으로 그리기 시작했다.

세 살짜리 어린 여자아이에게도 분명 피해가지 않았을 총성, 포성, 전투기의 굉음들, 그리고 굶주림과 길바닥에 널린 주검과 어른들의 절망과 공포가 무의식에 응집되어 있을 터였다. 하지만 이런 건 눈에 보이지 않아 없는 것으로 여기며 자라났다. 하지만 학교에서 가르치는 무시무시한 괴물, 마귀, 악마, 원수들이 살고 있는 곳엔, 막상 찾아보견 내 친척과 내 옆자리에 앉은 순이와 철이의 아버지나 어머니가 살고 있었다. 일가친척과 부모형제와 그 인연에 대한 무자비한 혼란과 교란은 내 정신의 세포들이 균형을 이루고 건강하게 성장하는 것을 참혹하게 가로막았다. 휴전이 되고도 전쟁은 이렇게 계속되었던 것이다.

이모부 한 분은 인민군에 나갔다가 포로가 되어 거제도에 있었다. 그곳에서 받은 고문으로 골병이 들어 제대로 살지 못했다. 유난히 나를 귀여워해서 목마를 태우고 내려놓지 않았다는 셋째 삼촌은 국군에 나가 행방불명이 되었고, 둘째 삼촌은 인민군에 나가 소식이 없었다.

학교 문턱에 가보지 못한 이모는 당신이 얼마나 꾀가 많은가를 자랑하는데 그 예를 꼭 이것으로 댔다.

"첨엔 인민군은 인민군 우티를 입구 찔뚝찔뚝 기리멘서 후퇴를 했어. 볶에 와서 아주마이 밥 줌 줘유, 해. 겨울겐 아군이 후퇴를 하는데 말두 마러라. 양짝에서 오르락내리락 하민서…… 잭패가 말두 마러. 우리 동네서 어리숙한 예펜네덜이 밥하다 말구 여럿이 죽었어. 인민군 우티를 입어서 그런 줄루만 알구 인민군 어트게 생각하느냐, 물으니 좋다구, 그럴 바께. 그럼 인민군이 총으로 퍽 쏴서 쥑이구, 아군 우티를 입어서 그레기다 하구, 어디 펜이냐구 물으니 이승만 펜이다, 하문 칼루 푹 찔러 쥑이구…… 난 어쨴 줄 아너? 그저 몰러유. 핵교 문지방두 몬 넘어 본 기 멀 알어유, 눈 뜬 소갱에 밥이나 먹는 짐승이지유. 내가 이래서 살언 기여. 마이 배운 기 똑똑한 기 아니여. 꾀가 있는 기 똑똑한 기여. 내가 뭘 안다구 아는 체했어 봐. 내가 여태 살었겐?"

1950년 삼팔선 이북이 고향이었던 내 친구는 그 해 가을에 부모님과 헤어졌다. 그 후 다시는 만나지 못했다. 남북 이산가족 찾기에 신청도 하기 싫다고 했다. 아마 상처가 너무 커서, 아직도 그 상처에 짓눌려 있기 때문이리라.

적지敵地를 고향과 터전으로 뒀던 여성들에게 가해진 무차별적 강간, 부엌에서 밥을 짓던 여성의 순진과 정직에 대한 처형, 그리고 버려지거나 혼자 남은 어린이의 생명에 짓이겨서 버무려진 공포……, 이와 같은 전쟁들은 부록이다. 전쟁은 남성들의 것이며 승자도 패자도 남성이며 기록자도 남성이기 때문이다.

승리의 커피
나는 그대의 아픔을 알지 못하지만

승리의 커피

자카리아 무함마드(시인)

나는 커피를 많이 마시지는 않는다. 아침에 인스턴트 커피 한 잔을 마시고 남은 하루는 홍차와 약초 차에 의존한다. 전에 한국을 방문하여 가져온 인삼차가 떨어져서 요즘은 백리향, 아니스*, 생강으로 차를 끓인다. 1970년대 말 레바논의 베이루트에 살 때에는 커피를 꽤 마셨는데, 커피를 마시는 게 지식인이라는 티를 내는 행위가 되어 감을 깨닫고 끊었다. 보통 사람은 차를 마시지만 엘리트라면 커피를 마셔야 한다는 발상이 나는 싫었다. 당시에 우리는 우스운 방식으로 심각했다.

커피라는 말은 술 또는 알코올이라는 뜻의 아랍어 '커후아'에서 왔다. 커피의 원래 아랍어 이름은 '본'이다. 16세기 초 아랍의 학자들이 커피를 자기들의 특별한 음료로 채택했다. 그들은 금지된 술을 늘 간절히

* 지중해 연안의 약초. _옮긴이 주

마시고 싶어 했으므로, 커피를 끓인 음료를 '커후아틸 본(커피 술)'이라고 부르며 즐겼다. 나중에 이 이름이 '커후아'로 단축되었으며, 터키를 통해 유럽에 전해지면서 '커피'로 변형되었다.

16세기의 문인 알 자지레는 다른 문헌을 인용하여, 예멘의 항구 아덴의 학자 디바니가 처음으로 커피를 마셨다고 기록했다. 당시 학자들은 새벽까지 깨어있기를 원했고 그렇게 만들어주는 물질을 찾았다. 위대한 학자 시블리는 밤에 자지 않으려고 눈에 소금을 넣기까지 했다. 디바니가 커피의 각성 효과를 발견함으로써 학자들은 드디어 뜻을 이루었다.

몇 년 안에 커피가 전 아랍에 유행했다. 메카의 학자들은 기도를 올리면서 커피를 마시거나 노변 찻집에서 커피를 즐길 때, 마치 술을 마시는 듯한 격식을 차리고 기분을 냈다. 이것이 커피가 역사상 몇 번씩이나 금지된 이유이다. 한 판사는 말하기를 심지어 젬젬*의 물로 끓일지라도 이 음료가 이런 식으로 음용된다면 금지되어야 한다고 했다. 알 자지레의 책 제목은 '커피를 합법화해도 되는 확실한 이유'였다. 그때까지만 해도 커피에 대한 제재가 엄격했기 때문이다. 그 후로도 수십 년이 걸리기는 했지만, 결국 커피가 승리했다.

예멘을 포함한 전 아랍과 마찬가지로 오스만 제국에 점령당했던 이집트로부터 커피가 유럽에 전해졌다. 17세기에 유럽인들은 커피 나무를 유럽에서 기르고 싶어 했으며, 성스러운 커피 나무의 비밀을 알아내

* 메카의 성스러운 우물.

아랍 커피 주전자. 출처_www.wbnoble.com

려고 프랑스 원정대가 파견되었다. 그 당시 아랍인들은 커피 나무의 해외 유출을 막으려고, 커피의 씨가 발아하지 못하도록 볶은 후에야 외국인들에게 주었다고 한다.

프랑스 원정대는 마침내 커피 나무가 재배되던 예멘의 산에 도달했으며, 가져갈 수 있는 만큼 씨를 가져갔다. 훗날 '장 드 바로크'가 이 여행에 대해 책을 썼다. 그의 어조는 콜럼버스가 이른바 신대륙 아메리카를 발견했다고 말할 때만큼이나 승리감에 격앙돼 있다. 1715년에 처음 나온 이 책은 1926년에 영국에서 다음과 같은 제목으로 재발간되었다.

1708, 1709, 1710 프랑스인들이 최초로 감행한, 동쪽 대양 건너 홍해를 지나 행복의 아라비아로 가는 여행의 기록, 1711, 1712, 1713, 두 번째 원정대가 모카 항에서 예멘 왕의 조정까지 가는 여정에 대한 상세한 진술과 함께, 커피 나무와 그 열매의 가치에 대한 설명 수록. 또한 커피의 최초 이용, 이후 아시아와 유럽 양 지역에서의 발달, 프랑스로의 도입과 파리에서의 확산 등등 커피의 역사에 대한 논문 수록.

노변 카페. 출처_arabworld.nitle.org

오늘날 아라비아 커피는 터키 커피라고 불린다. 왜냐하면 아랍이 터키의 지배를 받았기 때문이다.

팔레스타인에서는 커피를 재배하지 않는다. 그래서 나는 1999년에 라틴 아메리카의 콜롬비아에서 열린 '메딜린 시 축제'에 참가했을 때, 처음으로 커피 나무를 보았다. 앙지[Angi plantation]라는 젊은 콜롬비아 시인이 나를 자기 아버지의 커피 플랜테이션[plantation] 농장에 초대했다. 멋진 여행이었다. 나는 나무에 달린 커피 열매를 만지고, 따서 입에 넣고 씹어도 보았다.

그리고 우리는 농장저택 마당에 있는 의자에 앉았다. 우리 옆에 토마토 나무가 있었다. 그 전까지 나는 토마토 나무라는 것이 있는 줄 몰랐다. 그런데 그것이 거기 있었다. 나는 그 열매를 맛보았다. 보통 토마토 맛과 거의 비슷했다. 문득 나는 나뭇가지에 앉아 있는 새를 보았다. 검은 새였다. 나는 새를 가까이 보려고 일어나서 조금 다가갔다. 새는 날개를 퍼덕이더니 날아갔다. 그때 나는 새 날개 밑에 있는 불꽃을 보았다. 그래서 앙지에게 말했다. “새가 자신을 불태우려 해요, 앙지. 자기 자신을 불태운다구요.” 앙지가 내 눈을 바라보며 답했다. “모든 사람이 날개 밑에 자기만의 타오르는 불꽃을 갖고 있지요.”

나중에 나는 한 편의 시를 썼다.

모든 이의 날개 밑에는 숨겨진 불꽃이 있다네
그 불꽃은 잘 간수해야 하지
불꽃이 번져 자신을 태워버리지 않도록
또는 그 불꽃이 꺼져 자신이 어두워지지 않도록
그것은 은밀한 불꽃
남이 그 불꽃을 알아챌 때는
오직 당신이 날려고 날개를 퍼덕일 때뿐

날개 밑에 숨겨진 은밀한 불꽃이 커피하고 무슨 관계가 있나? 아무 관계없다. 앙지가 커피 농장에 나를 초대해준 덕분에 내게는 둘이 연관 지어졌을 뿐이다.

커피로 돌아가서 나는 이 책에 글을 쓴 동료 작가의 이름, 아다니아 ―아다니아 쉬블리―에 대해서 이야기하고 싶다. 아다니아는 커피의 다른 이름이다. 역사적으로 커피를 예멘의 도시 아덴에서 가져왔기 때문에, 우리는 커피를 아덴에서 온 것, 곧 아다니아라고 부르곤 했다. 아다니아의 아버지는 커피 애호가였으며, 그의 딸은 태어났을 때 커피처럼 갈색이었다. 그리하여 아버지는 딸의 이름을 아다니아라고 지었다.

나는 그대의 아픔을 알지 못하지만

최인석(소설가)

나는 그대들의 아픔을 알지 못합니다. 관념적으로는 압니다. 아주 조금. 신문이나 텔레비전을 통해 어느 정도 들어본 적은 있으나, 안다고 해봐야 껍데기뿐입니다. 평생을 그곳에서 살아야만 하는 그대들의 슬픔과 절망을 어찌 안다 하겠습니까. 그러나 어쩌면 나는 그런 것을 알기를 두려워하는 것인지도 모릅니다. 나 자신의 아픔만으로도, 이 나라의 아픔만으로도 차고 넘치는데, 어째서 그대들의 아픔까지 내가 알아야 한단 말인가, 하고 내 안의 또 하나의 작은 나는 두려움에 떨며 반문하고 있는 것 같습니다.

그대들이 부모를 모시고 병원에 잠깐 가기 위해 이스라엘 군인들의 검문소를 서너 개나 통과해야 하고, 때로는 검문소마다 저희들끼리 잡담을 주고받으며 장난을 치는 스무 살짜리 이스라엘 군인들을 쳐다보며, 고통에 시달리는 부모를 초조히 지켜보며 서너 시간을 기다려야 하는 일이 벌어진다고도 하지만, 아아 천만다행이지, 이 나라에서는 그런 일은 벌어지지 않습니다. 비록 낡았다고는 해도, 끌어내어 시동을 걸기만 하면 어디든지 나를 데려다주는 차를 나는 가지고 있습니다. 시간이 없어서 못할 뿐이지, 마음만 먹으면 나는 어디라도 언제라도 돌아다닐 수 있습니다. 그렇습니다. 십중팔구 그대네 나라, 또는 그 근처에서 나온 석유가 깨끗이 정유되어 내 차의 연료통 안에 가득 채워져 있고, 그 석유가 다 소모되면 나는 거리거리 높다랗게 간판을 세운 주유소에 들어가 얼마든지 다시 채울 수 있습니다.

내가 석유는 그대들에게 축복이자 저주가 아닌가, 하고 물었을 때 그대들 가운데 하나, 이라크인 하이셈 카심 알리는 대답했습니다. 한번도 축복이었던 적이 없다, 오직 저주였을 뿐이라고. 그 저주를 나는 매일 소비하며 살지만, 그러나 공짜로 쓰지는 않습니다. 일이 년 사이에 다락같이 높아진 값을 지불해야 합니다. 그렇다면 석유는 나에게도 조금은 저주라고 할 수 있지 않을까요? 여기선 돈이 또한 축복이자 저주니까요.

이 나라는 반동강이 나 한쪽에서는 굶주림으로, 어처구니없는 이데올로기의 재갈로 주둥이를 틀어막히고 발에는 족쇄가 채워져 말 한마디 맘대로 못하고 발자국 한 번 맘대로 떼어놓을 수 없는 사람들이 살고, 또 다른 한쪽에서는 나라의 군대를, 다름 아니라 이 나라 국민들이 낸 세금으로 먹이고 키운, 순수한 이 나라 젊은이들로 구성된 군대를 지휘하는 권한을, 미국에게 50년 동안 양도했던, 혹은 빼앗겼던 그 권한을 되찾아오느냐 마느냐를 놓고 아주 민주적으로, 아주 자유롭게 혹은 아주 더럽고 한심하게 싸움박질을 벌이는 사람들이 삽니다. 그리하여 미국이 이라크를 침략하며 이 나라에게 파병을 권고, 혹은 강요했을 때 이 나라의 병사들을 그곳에 파병하느냐 마느냐를 놓고도 우리들은 그런 식으로 싸우다가 결국 파병을 하게 되었습니다. 특히 그대들에게 너무나 수치스런 일이라는 것을 압니다.

우리들이 오랜 세월 동안 독재자들에 저항하여 목숨을 바쳐가며 싸워 일궈낸 민주주의와 자유는 우리에게 과연 자유를, 우리의 싸움에 누구든 멋대로 먹칠을 할 수 있는 자유를 주었고, 얼마든지 타락하고 게을러질 수 있는 자유를 주었습니다. 그리하여 우리는 노동자로부터 대통령까지, 노동조합으로부터 정당들에다 정부까지 모두 흥겹게 타락과 게으름을 즐기면서 이기주의 혹은 개인주의라는 것이 얼마나 큰 복덩이인지를 새삼 깨우쳐 가는 중입니다.

그대가 술 몇 잔에 취하여 노래 부를 때, 그 흥겨운 가락 속에서 내가 본 것은 위안, 5분 동안의 위안이었습니다. 그러나 그 5분의 위안이 없이 어찌 그대들의 아픔을 견디겠습니까. 인간이 이런 아픔을 물리치려 애쓰는 것은 바로 그런 위안 속에 살고자 하는 것이 아닙니까.

그러니 먼 나라에서 온 벗이여, 키파 판니와 바쉬르 샬라쉬, 하이셈 카심 알리여, 그대들의 아픔을 잘 알지 못한다 하여 나를 욕하지 마시기를. 그대들의 아픔을 잘 알지 못한다 해도 나는 우리의 아픔을 조금은 압니다. 서로 다른 곳에서, 서로 다른 아픔에 시달리고 있지만, 그럼에도 불구하고 우리가 먼 길을 떠나기 위해 같이 나섰다는 것을 나는 압니다. 그대의 아픔이 나의 아픔과 다르지만, 훨씬 더 간교하고 혹독하고 지옥 같지만, 비록 그대와 나의 갈 길이 서로 다를지 모르지만, 우리는 만날 것입니다. 그대와 내가 목표로 삼은 그곳에서. 인간이 인간에게 위협이 되지 않고, 인간이 사형집행자와 처형자로 분리되지 않고, 이스라엘과 아랍으로 분류되지 않고, 가난한 자와 부자로 나뉘지 않고, 유식한 자와 무식한 자로 나뉘지 않는 곳, 석유는 물론이요 길가의 민들레 한 송이, 메뚜기 한 마리가 모두 저주가 아니라 축복이 되는 곳, 인간이 인간에게 위협이나 저주가 아니라, 오직 위안이 되고 기쁨이 되는 곳.

우리의 노래가 만들어내는 것이 5분의 위안에 그치는 것이 아니라, 5년의 위안, 50년의 위안, 500년의, 5000년의 위안이 되는 날이 올 것이라고 나는 생각합니다. 나의 이성은, 내 안의 작은 이기주의자는 여전히 고개를 갸웃거리지만, 나의 가슴은 박수치며 긍정합니다. 그 희망으로 기꺼이 목숨 바친 인간들을 우리는 무수히 알지 않습니까. 이 나라의 혁명가이자 시인 가운데 한 분, 김남주는 그런 희망으로 싸우다 죽기 몇 년 전 이렇게 노래한 적이 있습니다.

그대가 지금 누리는 것을 위하여
지하실에서 뒹군 자들이 있다는 것을 잊지 말라.

더 오랜 세월이 걸린들 대수입니까, 그런 날이 오기만 한다면 말입니다. 그런 날이 오기만 하면 그 길 위에 그대와 내가, 아주 잠시, 키파 판니가 펼쳐주는 슬라이드를 보며, 생맥주를 마시며, 바쉬르 샬라쉬가 부르는 아름다운 민요를 들으며, 같이 서 있었다는 것을 나는 축복으로 기억할 것입니다. 그 시간만으로도 축복이 분명했지만, 더욱 큰 축복으로 기억할 겁니다.

내가 이런 것을 믿게 만든 것은 그대의 노래와 아픔이었으며, 또한 우리의 노래와 아픔이었으니, 부디, 그대의 아픔을 다 알지 못한다고 나를 욕하지 말아 주기를, 더불어 그대들의 노래가 영원하기를 바랍니다.

시간을 넘어
사회적 고통으로 섬세하게 떨리는 것들

시간을 넘어

시계가 된 노인, 인간이 된 시계

아다니아 쉬블리 (소설가)

팔레스타인 안과 밖의 변화를 제일 먼저 감지하는 것은 내 작은 시계이다. 팔레스타인으로 돌아가는 길에 내 손목에서 시계는 매초 째깍거리며 비행기 바퀴가 활주로에 닿을 순간을 카운트다운한다. 비행기 바퀴가 닿는 순간 나는 시간을 팔레스타인 현지 시각으로 맞추고, 시계는 더할 나위 없이 친숙하게 그 시간을 따라가기 시작한다. 그러나 내가 팔레스타인에서 나오자마자 시계는 비행기 바퀴가 외지에 닿음으로써 끝나고 마는 팔레스타인 현지 시각과 분리되기 싫어, 비행시간 동안 마지못해 맥없이 간다.

고작 시계 갖고 내가 과장되게 말하는 것처럼 들릴지도 모르겠다. 더구나 내 시계는 아주 작아서 시간을 어떻게 알아보느냐고 놀라는 사람도 있으니 말이다. 시계의 비밀스러운 능력을 실감할 기회가 없었다면,

나 역시 이렇게 말하지는 못했을 것이다.

초등학교 시절이었다. 지금도 여전히 그렇지만, 당시에도 교과 과정은 이스라엘 검열 당국의 승인을 받아야만 했다. 검열 당국은 아랍어 교과서에 여러 아랍 나라의 글들을 싣도록 허가했지만 단 하나 제외한 나라가 있으니, 팔레스타인이었다. 당국은 팔레스타인 글에 팔레스타인 문제에 대한 학생들의 인식을 일깨울 만한 언급이나 암시가 담겨있을까 봐 두려워했다. 그래서 팔레스타인 문학은 불법적인 것으로, 또는 심지어 포르노처럼 금기로 여겨졌다. 오직 단편 한 편, 사미라 아잠의 「시계와 인간」만이 교과서에 실렸는데, 검열 당국이 '무해'하다고 판단했기 때문이었다.

1963년에 발표된 이 단편은 첫 직장에 처음으로 출근하게 된 젊은이의 이야기이다. 출근 전날 젊은이는 다음날 일터로 가는 기차를 놓치지 않기 위해 새벽 4시에 자명종이 울리도록 시계를 맞춰 놓았다. 다음날 새벽 자명종이 그치자마자, 누군가 그의 방문을 두드렸다. 젊은이가 문을 열어보니 일면식도 없는 한 노인이 서 있었다. 그리고 누구냐고 물을 새도 없이 등을 돌려 가버렸다. 젊은이는 자신이 제 시간에 일어났는지 확인하려고 회사에서 그 노인을 고용한 줄만 알았다. 이후로 같은 일이 매일 반복되자, 젊은이는 아예 자명종 시계를 맞춰놓지 않았다. 몇 달 뒤에야 젊은이는 그 노인이 누구인지 알게 되었다. 한 동료가 말해주기를 그 노인은 새벽에 출근해야만 하는 모든 이들을 깨우러 다닌다고 했다. 노인은 사람들이 늦잠자다 기차를 놓쳐서 자기 아들 같은 운명이 되지 않도록, 어서 일어나라고 문을 두드리는 것이었다. 그의 아들은 어느 날 새벽 기차역에 늦게 도착했고 기차는 막 출발한 참이었다. 그는 달리는 기차 문에 매달렸으나 불행히도 손이 미끄러져, 기차 바퀴에 무참히 깔려버렸다.

얼핏 보기에 이 이야기는 단순하고 '문제없어' 보일 것이다. 특히 검열관의 눈으로 보면. 그러나 실제로는 이 짧은 글이 내가 오늘날까지 읽은 그 어떤 글보다 팔레스타인 문제에 대한 나의 의식을 날카롭게 벼려놓았다. 팔레스타인인들이 직장에 출근하려고 기차역에 가서 기차를 타는 그런 시절이 있었단 말인가? 기차역이 있었단 말이지? 경적을 울리는 기차가 있었다고? 팔레스타인에도 일상생활이라는 것이 있었다고? 그러면 그런 건 지금 다 어디로 사라졌고, 왜 사라졌을까?

이 글은 정상적이고 평범한 모든 것에 대한 깊은 동경을 내 영혼에 새겼으며, 나는 우리가 1948년 이래 내몰린 소외되고 열등한 삶을 더 이상 받아들일 수 없었다.

이 시계와 시계가 내게 보여준 새 지평, 존재의 양식이 다를 수도 있다는 깨달음을 내 작은 시계는 계승했다. 내 시계는 정확함이 우선인 스위스 시계가 아니라 아잠의 단편에 나오는 노인과 닮았다. 삶을 보다 견딜 만한 것으로 만들기 위해 노인이 인간에서 시계로 변했듯이, 내 시계는 시계에서 인간으로 변하기로 결심했다.

팔레스타인에서 내 시계는 종종 멈춘다. 돌연 혼수상태에 빠져 시간을 알리지 못한다. 먼젓번 팔레스타인에 갔을 때*, 나는 늘 그렇듯이

* 이 글을 쓸 당시 글쓴이는 런던에서 유학 중이었다. _옮긴이 주

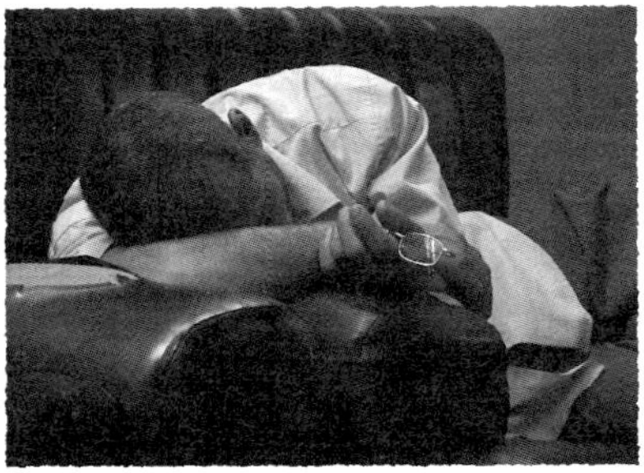

ⓒ 팔레스타인 행위예술가이자 사진작가 타이시르 밧지니(Taysir Batniji)

고향에 돌아가려고
공항에서 이스라엘 점령 당국의
입국 허가를 하염없이 기다리는 팔레스타인인들.

ⓒ 타이시르 밧지니

비행기 바퀴가 공항 활주로에 닿는 순간 시간을 현지 시각에 맞추었다. 그때가 오후 1시 50분이었다. 나는 여권에 입국 허가 도장을 받으러 갔다. 여행자는 별로 많지 않았고 내가 선 줄은 빠르게 줄어들었다. 나는 내 여권을 이스라엘 여자 공무원에게 건네었고 그녀는 내 여권을 샅샅이 살펴보며 시간을 질질 끌었다. 난데없이 경찰, 보안요원, 특수요원으로 보이는 두 남자와 한 여자가 나타나 나를 줄에서 끌어냈으며, 한도 끝도 없는 심문과 조사가 이어졌다. 그런 상황에서는 으레 온갖 일이 다 벌어진다. 내 인생의 가장 사소한 것까지 캐묻는 소모적인 심문과 소지품에 대한 철저한 검사. 나는 어떤 방에 끌려가 몸수색도 당했다. 그리고 한 여자가 내 신발과 허리띠를 엑스레이로 검사하려고 들고 가고, 다른 여자는 내 옆에 머물렀다. 그 여자는 손에 내 시계를 쥐고 있다가 그것을 골똘히, 주의를 온통 기울여 진지하게 들여다보았다. 몇 분 후에 그녀는 자기 시계를 보고 다시 내 시계를 보았다. 그리고 자기 시계를, 다시 내 시계를. 첫 번째 여자가 내 물건들을 들고 돌아오자, 그녀는 내 시계가 이상하다고 호들갑스럽게 말했다. 내 시계는 가지 않았다. 그러는 동안에도 그녀의 시계에 따르자면 5분 더 지났는데, 내 시계에 따르자면 시간은 흐르지 않았다. 그들은 보안대장을 호출했으며 내 심장이 쿵쾅거리기 시작했다.

결국 나는 아무 혐의 없이 풀려났으나, 시계가 멈추어서 얼마나 시간이 지났는지 알 수 없었다. 집에 도착해보니 저녁 9시였다. 그런데도 내 시계는 여전히 1시 50분을 가리키고 있었다. 아마도 내 시계는 나를 위로하려고 그 모든 조사와 지연이 단 1분도 걸리지 않은 것처럼 굴었을 것이다. 마치 그런 일은 없었다는 듯이. 또는 다만 내 인생에서 강탈당한 시간, 나를 모욕하고 좌절시키는 것만이 목적이었던 그 시간 동안 시계가 가기를 거부했을 수도 있다. 고통의 시간을 뭉그러뜨리려는 책략, 일종의 시간 지체.

이렇게 가끔 팔레스타인 안에서는 제대로 작동하지 않지만, 내 시계는 팔레스타인 밖에서는 단 한 번도 멈춘 적이 없다. 1초도 늦지 않고 사실 약간 빠르다. 시간의 궤도를 놓쳐버린 그 시점에 도달하려는 것처럼, 마치 낯선 외지의 시간을 자기에게서 털어버리려는 것처럼. 1초, 1초, 팔레스타인의 시간을 따라잡으려는 것처럼.

그러므로 내 시계가 가리키는 시간이 팔레스타인 시간과 같든지 7시간 차이가 나든지 상관없이, 시계는 시간으로부터 망명했다는 의미에서 한결같다. 내가 어디에 있든지, 내 시계는 나를 시간 너머로 던져 버린다.

사회적 고통으로 섬세하게 떨리는 것들

팔레스타인과 대추리, 불가능한 곳에서 꾸는 꿈

김순천 (르포문학 작가)

아다니아, 당신의 시간에 대한 글은 마침 울고 싶었던 나에게 뺨을 때려주는 것이었습니다. 잠깐의 눈물바람 뒤에는 영혼이 깃든 오래된 글귀처럼 내 마음을 깊게 위로해 주었습니다. 당신의 잔잔한 글 이면에 숨어있는 깊은 슬픔이 내 아픔을 뿌리에서 맞닿아 뒤흔들었고, 당신은 지혜롭게 그것을 어루만지는 힘이 있었습니다.

얼마 전에 사회문제를 기록하는 르포작가들과 수강생들은 조그만 소도시인 평택을 다녀왔습니다. 역 근처에는 다양한 물건들로 가득찬 통복시장이 있었습니다. 그곳에서 우리는 우리가 만나야 할 사람들인 대추리 마을 어른들을 위해 먹을거리를 샀습니다. 김이 확 올라오면서 구수한 냄새를 풍기는 팥떡을 사고, 부추, 당근, 표고버섯, 양파 등 부침개용 야채를 샀습니다. 텁텁하면서 약간 노란기가 도는 막걸리는 말할 것도 없이 당연히 샀고요. 산 먹을거리들을 들고 대추리로 들어가는 16번 버스를 타기 위해 시장 앞에 있는 버스 정류장으로 갔습니다. 정류장 의자에는 시골 사람들이 많이 앉아 있었습니다. 그 사람들 몸 위로 오후의 따뜻한 겨울 햇살이 여물을 되새김하는 소처럼 느리게 내려쬐고 있었습니다.

멀리서 바라보이는, 풍요로운 넓은 들판에 작은 언덕처럼 솟아있는 대추리는 참 아름다운 곳이었습니다. 하지만 아다니아, 나는 그곳에서 당신의 나라처럼 고통을 당하는 작은 팔레스타인을 만났습니다. 마을 사람들과 이야기를 나누고, 마을 곳곳을 둘러본 나는 이곳이 언론에서 보도된 것보다 더 혹독하게 외롭고, 더 심하게 파괴된 곳이라는 것을 느꼈습니다.

마을의 파괴된 여러 모습들이 끊임없이 잔인하게 나에게 말을 걸었습니다. 이사 간 집들을 정부에서 다 부숴버려 남은 사람들에게 '이곳은 너희들이 살 곳이 아니라 떠나야 할 곳'이라고 윽박지르며 빨리 떠날 것을 강요하고 있었습니다. 무너지지 않은 도두리 2구의 몇몇 집은 세면기가 뜯겨나가고, 창문이 박살나고, 문이 없어 차가운 바람이 거실 안으로 불어 닥치고 있었습니다. 그 거실에는 미처 가져가지 못한 김치통이 나뒹굴고 아기 옷이 먼지에 쌓인 채 놓여 있었습니다. 다른 사람들이 들어와서 살지 못하게 이사를 가면서 그렇게 자신이 살았던 집들을 스스로 또는 고물상을 시켜서 다 부수고 나간 것입니다. 그렇게 하고 나오지 않으면 국방부에서 보상금을 줄 수 없다, 했을 거라고 남겨진 주민들은 말합니다. 그 부서진 집들을 보면서 남은 사람들은 또 마음이 많이 힘들었을 것입니다.

한때는 마을 사람들과 함께 견디고 마음을 나눴을 화려하게 세워진 예술품들도 일부는 방치되어 황량하게 남아 있었습니다. 벽 곳곳에는 수많은 예술가들의 이름이 새겨져 있었습니다. 이제 그들은 떠나고 순정한 몇 분만 남아 보일러도 들어오지 않은 차가운 방에서 전기장판 하나로 버티며 견디고 있었습니다.

무엇보다 가장 가슴에 남았던 것은 철조망이었습니다. 아다니아, 이스라엘이 팔레스타인 땅에 8미터 장벽을 세워 아름다운 노을을 빼앗고 장벽 건너편 오렌지 밭에 농사짓지 못하게 했다지요? 이스라엘이 야금야금 당신의 땅을 먹어치우듯 정부는 철조망을 쳐서 농민들의 땅에서 그들을 분리하고 있었습니다. 이제는 바로 마을 코앞까지 철조망을 쳐서 다시는 그들이 자신의 땅에 들어가서 농사짓지 못하게 최후의 선을 그어버렸습니다. 그 철조망은 금세 손가락이 베어질 정도로 칼날처럼 날카로운 군사용이었습니다. 그러니까 현 정부는 농민들을 상대로 군사작전을 벌이고 있었던 것입니다. 농지를 뒤집어 파서 큰 수로를 만들고 그것도 모자라 그 수로 안에 철조망을 또 하나 넣었습니다. "저 철조망이 내 팔, 다리를 자르는 것 같아." 마을 할머니 한 분이 말을 합니다. 8미터 장벽 자체가 팔레스타인인들에게 공포이듯이 철조망도 대추리 마을 사람들에게는 바라만 봐도 끊임없이 가슴을 칼로 그어대는 고통이자 공포였습니다.

대추리를 다녀와서 저는 혼자 있는 시간이 두려웠습니다. 마법처럼 내 마음 안에서 자꾸 '어떤 말'이 솟아났습니다. 사람들이 많이 다니는 시장 길을 무작정 걷고, 전철을 여러 노선 뒤죽박죽 갈아타서 종점과 종점을 왔다갔다 해도, 새로 개업하는 상가 앞에 모여 있는 사람들 틈에 끼여 춤추며 공연하는 젊은 친구들을 바라보고 있어도 내 마음 안에 있는 '말'들은 가라앉지 않고 점점 더 서로 부딪치며 솟구쳤습니다. 청계천 사람들의 삶을 기록할 때 저는 순진했습니다*. 쫓겨가는 사람들이 하나 둘 생계에서 손을 놓으면서 길거리에서 죽어가리라고는 생각을 못했습니다. 비정규직 사람들의 이야기를 기록할 때도 사람들이 사회적 관계에서 오는 스트레스와 과도한 노동으로 과로사, 심장마비 또는 병이 들어 죽어갈 줄 몰랐습니다. 그런데 대추리에서도 나,는,또,사,람,들,의,죽,음,을,본,것입니다. 이제 내 눈은 사회적 사건 자체를 보기보다는 그 사건으로 파괴되어가는 사람들의 삶을 보게 된 것입니다. 이 사실이 너무 두려워 내 안에서 일어나는 말들을 짓눌러 삭제하고 싶었습니다.

마을 어른 중 한 분이 벽에 붙어 있는 넓은 지도를 가리키며 당신들이 어떻게 이 땅을 만들어 왔는지 이야기했습니다. 이 넓은 땅들이 예전에는 전부 갯벌이었습니다. 지게에 한 무더기, 한 무더기씩 흙을 져 나르며 갯벌을 메웠다고 했습니다. 어깨가 다 까지고 먹을 것이 없어 수제비 먹어가며 만든 땅이라 했습니다.

"이런 땅을 동의해 준 적도 없는데 강제로 빼앗아 갔습니다."

법은 마을 사람들의 농지도, 집도 이미 그들의 것이 아니라는 판결을 내렸습니다. 미군기지 도면에는 농민들에게서 빼앗은 땅 중에 30여 만

* 〈삶이 보이는 창〉 르포팀은 르포 『마지막 공간』으로 청계천 사람들의 삶을, 『부서진 미래』로 세계화 시대 비정규직 사람들의 이야기를 기록하였다.

평은 골프장으로 표시되어 있었습니다. 그들에게는 목숨보다 중요한 땅이 미군들에게는 오락용으로 사용될 예정인 것입니다.

마을 어른들은 말을 더 잇지 못했습니다. 그들은 이제 더 이상 말하기에도, 분노하기에도 지쳐 있었습니다. 마을 어른들 얼굴에서는 오랫동안 사회적 고통을 겪은 사람들에게서 나타나는 빛이 있었습니다. 마음을 휘어잡아도 생활이 바람처럼 흩어지고, 마음 가득히 금방 터질 것 같은 검은 물소리가 들렸습니다. 3년 5개월여 동안 일상이 파괴된 전쟁 같은 상황에서 그들은 심한 스트레스를 받아왔고 고통을 당해왔습니다. 실제로 그 기간 동안 마을에서 21명이나 되는 분이 돌아가셨습니다. 특히 군인 1만 5천명이 동원되어 대추분교가 파괴된 올 5월 행정대집행 때는 충격을 받아 두 달 사이에 7명이 돌아가시기도 했습니다. 평범한 농민인 그들이 거대한 국가폭력에 맞서 3년 5개월 동안이나 견뎌오고 있다는 것은 기적 같은 일이었습니다. 대추리처럼 사회적으로 파괴된 현장에 가게 되면 제 신체시간은 현대적 기호로 가득 찬 대도시의 번화한 공간보다 더 느리고 섬세하게 흘러갑니다. 마치 마이크로 렌즈로 바라본 것처럼 사물이 크게 확대됩니다. 외로운 대추리 사람들의 크게 확대된 몸에서는 자신들의 힘으로는 어찌할 수 없는 공포가 섬세하고 정밀하게 느껴집니다. 내 몸이 떨립니다.

아다니아, 8미터 장벽 밑에서 살고 있는 팔레스타인인들, 옥수수 농장에서 쫓겨난 멕시코 농민들, 전쟁 한가운데 있는 이라크인들 그리고 대추리 마을 사람들. 희망 갖기 불가능한 듯 보이는 곳에 서면 저는 스스로에게 묻습니다. 이제까지 인간들은 그런 시간에 어떤 꿈을 꾸어왔는가, 하고요. 루쉰은 '희망할 것, 아무 것도 없는 곳'에서 도리어 '구원'을 얻는다고 했습니다. 성경에서는 불가능한 곳에서는 나난*을 부르라고 했습니다. 아다니아, 당신은 아잠의 단편에 나오는 노인이 '삶을 보다 더 견딜만한 것으로 만들기 위해' 시계로 변해 사람들을 깨운다고 했습니다. 노인이 시계로 변하는 꿈을 당신이 꾸었듯이 나도 불가능한 곳에서 꿈을 꿔 봅니다. 이주를 받아들일 수밖에 없는 대추리 주민들을 위해 대한민국 정부가 말합니다. "미국 여러분, 당신들의 요구는 받아들일 수 없습니다. 대추리 사람들의 목소리는 국가안보만큼 중요하기 때문에 우리 정부는 폭력을 사용하여 그들을 굴복시키지 않겠습니다." 그런 멋진 말이 흘러나오기를 바라는데, 그게 얼토당토 않은 꿈일까요?

* 노래

팔레스타인의 햄릿
너는 나를 걱정해야 해

팔레스타인의 햄릿

지식인과 저항자 사이에서

키파 판니(시인)

2000년부터, 특히 두 번째 인티파다*가 일어난 이후로 나는 이 글을 완성하려고 계속 시도했다. 열정을 느끼고 달려들었으나 번번이 실패하곤 했다. 실패할 때마다 내가 얻는 것이라곤, 하고 싶은 말의 단편들과 지혜가 부족하다는 것을 확실히 깨닫는 지혜였다. 우리의 목소리가 당신들의 말로 번역되어 날개를 퍼덕거릴 수 있는 이 소중한 기회에, 나는 또 한 번의 실패를 시도하고자 한다.

* 팔레스타인의 독립을 위한 전면적 민중봉기. 첫 번째 인티파다는 1987년부터 1993년 오슬로 협정까지. 이스라엘 탱크에 돌멩이로 맞선 팔레스타인인들의 저항은 국제 여론을 환기시켰으며, 당시 라빈 이스라엘 총리와 아라파트 팔레스타인 자치정부 수반이 오슬로 협정에 서명하고 그 공로로 노벨 평화상을 받기까지 했다. 그러나 약조사항이었던 이스라엘 정착촌과 검문소 철수 등이 실행되지 않아 팔레스타인인들은 크게 실망하였고, 2000년 9월부터 두 번째 인티파다가 일어났다. _옮긴이 주

라말라 시내 중심가.
이스라엘 군대에 다시 점령당해 파괴되었다.

이스라엘군이 휩쓸고 지나간 라말라 시청.

ⓒ 키파 판니

모든 것은 팔레스타인 지성인들이 자신들이 역부족이라고 느낌으로써 시작되었다. 그들의 방법과 행위는 길거리에서 실제로 벌어지고 있는 현실에 힘이나 영향을 미치기에는 너무 약했다. 나 자신도 시나 글이 중요하다고 느낄 수 없었으며 보다 쓸모 있는 행동을 하고 싶었다. 오슬로 협정으로 팔레스타인 정부에게 통치권이 이양됐던 서안지구를 다시 점령하려는 이스라엘의 위협이 고조되면서, 나는 상상 속에서 펜 대신 총을 쥔 나의 모습을 보았다. 당연히 나는 총 뒤편에서 죽어가고 있었다. 그러면 스스로 야릇한 기분이 들었다. 지식인들은 이런 방식으로 연루돼서는 안 된다는 생각을 나 또한 내면화했던 것이다. 생각의 괴리는 자아의 괴리가 된다. 그러므로 나는 이런 식의 연루를 왜 자신이 용납하지 못하는지 성찰해보았다. 먼저 햄릿이 떠올랐다. 햄릿은 전적으로 옳은 듯한 일을 하라고 자신을 설득하고 추궁하지만 막상 때가 오면 머뭇거린다. 그게 내 모습은 아닐까? 나는 몇 달 동안이나 그 주제를 맴돌았으나 완전히 방향을 잃고 인식론적 배경을 밝혀내지 못했다.

어느 저녁 나는 술을 마시고 귀가하다가 가까이 살면서도 오랫동안 만나지 못했던 친구네 집에 들렀다. 이야기가 이야기를 낳고 한 잔이 또 한 잔으로 이어지다 보니, 내가 집에 가기에는 너무 늦어버렸다. 나는 친구네 집에 쓰러져 잤으며 다음 날 아침 창으로 들어오는 밝은 햇살에 깼다. 그날 안에 마쳐야 할 일이 있으므로 나는 친구네 집에서 서둘러 나왔다. 라말라 시내를 몇 백 미터나 걸었으나 행인 한 명, 차 한 대 눈에 띄지 않았다. 시계가 없어서 나는 시간이 일러 그런가 보다 했지만, 하늘에 뜬 해를 보니 대충 10시는 됐을 것 같았다. 불현듯 우리가 점령당했다는 생각이 들었다. 나는 우리가 점령당한 사실을 실감하기 위해 자신에게 크게 그 말을 해주어야만 했다. 그리고 친구네 집으로 돌아갔다. 일어나서 텔레비전을 보던 친구는 화를 내며 나를 맞았다. 내가 밖에 나간 건 미친 짓이라고 했다. 나는 친구에게 우리가 점령당했느냐고 새삼 물었으며 그는 그렇다고 답했다. 즉각 우리는 텔레비전 화면에 빨려들어, 몇 시간 동안이나 한마디도 하지 않고 텔레비전만 보았다.

오후부터 나는 점령당했다는 사실을 인정하면서도 차마 인정할 수가 없어서 술을 마시기 시작했다. 저녁 무렵에는 많이 취했으며 내가 상상했던 방식으로 현실을 대면하지 못했다는 자괴감에 빠졌다. 죽음의 에너지가 내 정신의 씨실과 날실을 낱낱이 풀어헤쳤다. 간신히 체면을 지킬 만한 라말라의 소극적 저항은 나로 하여금 팔레스타인 판 햄릿이라는 테마를 다시금 떠올리게 했다. 왜냐하면 라말라는 팔레스타인의 문화 중심지라서 지성인들이 대개 거기 살기 때문이었다. 어둠이 깔렸을 때 나는 지성인과 저항자 둘 다가 될 수 없다면 내가 지성인도 아니라는 생각이 들었고, 그렇게 쉽게 점령당하지 않으리라고 결심했다. 나는 심장에 대고 맹세했다. 나는 어디든 내가 가고 싶은 데 갈 것이며, 언제든 내가 원할 때 갈 거라고. 그들이 내 머릿속을 정복할 만한 정신적 군대를 만들어 냈을 때만 굴복할 거라고.

그날 밤부터 당장 나는 맹세를 지켜 도시 반대편에 사는 친구를 방문하러 갔다. 그리하여, 그럼으로써 비로소 나는 자신이 덴마크의 햄릿이 아니라 팔레스타인의 햄릿이라고 느낄 수 있었다. 이런 금지된 여행을 할 때마다 나는, 만약 총에 맞아 죽지 않고 이스라엘 군인에게 잡힐 만큼 운이 좋다면, 그들 앞에서 연기할 독백을 준비해두었다. 이를테면 이럴 것이다.

한 군인에게, 또는 내가 아주 운이 좋아서 한 장교에게 심문을 받게 되고 그가 묻는다. 통행금지라는 거 몰랐나? 그러면 나는 그들의 말로 답한다. 너희가 땅, 바다, 하늘을 점령할 수 있을지라도 이것만은–내 머리를 가리키며– 점령할 수 없다. 나는 너희의 점령에 동의한다는 계약서에 서명을 한 적이 없으니까, 내가 너희에게 되도록 순종할 거라고 생각한다면 그게 비정상이다. 너희 사령관은 팔레스타인 달력에서 어느 날이라도 지워버릴 수 있겠지만, 그래도 그는 내가 이 뜻밖의 휴가를 활용하지 못하게 막을 수는 없다. 내가 자유를 꿈꾸는 것마저 막을 수는 없다.

나중에 나는 이렇게 썼다.

팔레스타인의 햄릿은 행동이 가득 찬 벽장을 바라본다. 그리고 아마 총이 아닌 언어를 택할 것이다. 그는 호주머니에 손을 넣어 만년필 보충잉크들을 총알이라도 되는 듯이 만지작거리면서 폐허를 걸을 것이다. 재 속에서 다시 날아오를 불사조를 위해 춤추고 노래할 것이다. 희망이 사라진 순간 자신을 희망의 태풍이라 부를 것이다. 그러나 지금 그는 으르렁거리는 탱크 소리에 맞서 니체의 「정신의 자유로움」*을 읽고 있다. 그러면서 눈물 한두 방울을 흘릴지도 모른다.

* 니체 『선악을 넘어』의 한 장.

너는 나를 걱정해야 해

여기서는 무슨 독백을 해야 할까

이영주(시인)

너는 나를 걱정해야 해. 나는 삶에 대한 확신이 있지만, 때로 운명은 우리에게 충분한 신뢰를 주지 못하므로.

시인 마흐무드 아부 하쉬하쉬는 내게 자신을 걱정해야만 한다고 한다. 2년 전, 광화문에서 나는 그와 헤어졌다. 팔레스타인으로 돌아간 그에게 나는 메일을 보내면서 신의 도움으로 너는 살아남을 거라고, 그러므로 나는 너를 걱정하지 않을 거라고 말했었다. 그러나 그는 내게 자신을 걱정하라고 한다.

시인 키파 판니와 바쉬르 샬라쉬를 1년 후 한국의 버스 안에서 만났다. 그때 우리는 '항구 문학의 밤' 행사를 하기 위해 묵호로 가는 중이었다. 갑자기 쏟아진 폭우와 위협적인 산사태, 물에 가득 잠긴 도로 때문에 길 위에서 6시간 이상을 버텼고 결국 돌아오고 말았다. 이상하고 불편한 침묵과 정적. 그러나 각기 다른 공간에서 영영 만날 수 없을 것만 같았던 어색한 눈빛은 오래지 않아 사라졌다. 무엇 때문이었을까? 돌아오는 길에 여주의 작은 방에서 펼친 우리의 따뜻한 퍼포먼스 때문이었을까? 글을 쓴다는 근본적인 공통점 때문이었을까.

키파 판니, 너는 내게 팔레스타인에 한번쯤은 와 봐야 한다고 말했다. 나에게는 너무나 먼, 비현실의 공간인 네 조국으로 말이다. 그러나 너는 다시 한 번 말한다. 그곳에 와 봐야 한다고. 팔레스타인의 고통 때문이라기보다는, 그 땅은 너무나 '시적인 곳'이기 때문이라는 것. 시인이라면, 가장 시적인 땅으로 한번쯤은 향해야 한다고.

유독 매순간을 '시적'으로 대하던 너를 떠올린다. 나는 당신이 시적인 것의 과잉 상태에 있다고 생각했다. 시 때문에 우린 많은 장벽이 허물어졌지만, 너무나 시인 같기만 한 너의 모습 때문에 부담스럽기도 했다. 장난삼아 내가 당신만 시인인 거 같다고 말했을 때 너는 웃지 않았다. 그리고 자신이 살아 있는 가능성의 시간은 5년 정도라고 말했다. 그때 나는 무슨 말을 해야 했을까. 나는 그저 당신의 무릎을 쓸어주며 그렇지 않아, 너는 괜찮아, 라고 간신히 한마디를 던졌을 뿐이다. 조금씩 한국말을 배우고 있던 너는 "괜찮아? 괜찮아, 괜찮아……"를 따라서 반복하며 아주 조금 웃었다.

나의 일상에는 총과 칼, 군대도 없다. 잘린 머리통과 총검에 난자당한 어린아이의 심장, 탱크에 짓밟힌 노파의 부서진 다리도.

나의 하루는 숨 막히는 일상의 소소한 고통만이 있을 뿐이다. 옆 동네에서 일어난 교통사고, 통성 기도를 올리며 새벽마다 싸우는 이상한 모녀, 술 취한 사내들의 고성방가, 애욕으로 인한 젊은 연인들의 끈질긴 싸움, 사회생활에서 빈번하게 일어나는 불합리한 일들, 때로 이마에 못이 박힌 채 피를 흘리는 고양이와 고양이가 먹다 남긴 쥐의 얼굴, 내 방 바깥 창문을 더듬는 검은 손, 무언가를 노리고 쫓아오는 불길한 그림자들. 나는 이 작은 소음과 작은 불안과 작은 고통 속에서 시를 쓴다.

대추리와 빈민촌 철거, 서울역에 즐비한 노숙자들과 소리 소문 없이 사라지는 그들의 시체와 비정규직 문제, 한미 FTA, 그리고 북핵 문제까지, 좀더 굵직한 문제들이 있지만 직접적인 죽음에의 위협으로부터는 벗어나 있는 나는, 거대한 폭력과 살인의 한가운데에 있지 않는 나는, 그러나 골방이나 도로 한복판에서 시를 쓸 때 힘들고 아프다. 시를 쓰면 쓸수록 명징하게 칼날 하나가 심장에 깊숙이 박힌다. 경계는 무화되고 얼굴을 바꿔가며 찾아오는 고통 속에 너와 나는 함께 있다. 당신의 진지하고 극적인 눈빛 속에 나의 괴롭고 쓸쓸한, 지친 눈도 머문다

시적인 곳인 너의 땅. 젖과 꿀이 흘렀던, 그러나 파괴되고 무너진 너의 땅을 이렇게 네 글에서 확인할 때 '시적'이라는 말이 주는 비명을 생각한다. 너는 팔레스타인의 햄릿으로 독백을 준비해 두었지만 나는 설명하기 힘든 복잡한 내 땅의 부조리에서 무슨 독백을 준비해야 할까.

아파트의 희끄무레한 가로등 앞을 걸어가면서 나는 아직 젊지만 늙어버렸다고 말한다. 당신은 내 말꼬리를 자르며 자신이야 말로 늙었다고 말한다. 분명한 죽음 속으로 걸어갈 수밖에 없는 당신. 무엇인지 모르는 소소한 죽음 속으로 끌려가는 나는 이미 한 생을 함께 보낸 친구처럼 당신의 손을 잡는다. "괜찮아? 괜찮아, 괜찮아……" 하면서.

열 번째 날의 호랑이
땅을 빼앗긴 자들의 사랑과 싸움

열 번째 날의 호랑이

불법 점령 40주년을 앞두고

자카리아 무함마드(시인)

지난 세기 70년대와 80년대에 아랍권에서는 「열 번째 날의 호랑이」라는 단편소설이 유명했다. 시리아 작가 자카리아 타메르가 쓴 이 단편은 숲에서 잡혀와 우리 속에서 길들여지게 된 호랑이의 이야기이다.

잡혀온 첫날 호랑이는 끈질기게 으르렁댔으며 우리의 쇠창살을 이빨로 물어뜯으려고 했다. 호랑이는 자유로운 존재였고 숲의 기억을 갖고 있었다. 그러나 조련사는 호랑이를 굶김으로써 대응했다. 그는 여유롭게 중얼거렸다.

"무척 사나운 호랑이로군. 하지만 당나귀처럼 굴게 될 거야. 내가 먹이를 갖고 있는데 주지 않을 테니까."

호랑이는 배가 고파졌고, 조련사에게 말했다.

"먹을 걸 줘."

ⓒ 자말 아루리(Jamal Aruri)　출처_http://www.canadazone.com/icw

이스라엘군의 검문소를 통과하려고 줄서있는 팔레스타인인들.
날마다 당하는 집단적 처벌.
이스라엘이 점령지 안에 세운 수많은 검문소들은 국제법상 불법이다.

조련사는 답했다.

“고양이처럼 야옹거리면 고기를 주지.”

호랑이는 거절했다. 그는 호랑이지 고양이가 아니었다. 그러나 이틀 후 굶주림에 굴복하여 호랑이는 조련사의 제안을 받아들였다. 마치 고양이처럼 야옹거렸다.

조련사는 그걸로 만족하지 않았다. 어느 날 호랑이가 먹이를 달라고 하자 조련사는 당나귀처럼 히힝거리라고 요구했다. 백수의 왕으로서 체신 때문에 호랑이는 거부했으며, 며칠을 먹지 않고 버텼다. 그러나 너무나 배가 고파서 결국 호랑이는 당나귀처럼 히힝댔다. 그날이 호랑이가 우리에 갇힌 지 열흘째 되는 날이었다. 호랑이가 히힝대는 소리를 듣고 조련사는 고기가 아닌 한 더미의 건초를 던져주었다. 왜냐하면 그는 더

나는 첫째 날의 호랑이처럼
우리의 창살을 내 이빨로 물어뜯으려고 하지는 않는다.
이미 내가 머리가 센 나이이기 때문이다.
그렇다고 열 번째 날의 호랑이가 되지도 않을 것이다.
나는 내 영혼이 언제라도 싸울 수 있도록 준비할 것이나,
동시에 싸움으로 내 영혼이 얼룩지지 않도록 경계할 것이다.

이상 호랑이가 아니기 때문이었다. 그는 숲의 기억을 잊어 버렸다.

요즘은, 작가는 말했다, 조련사도 호랑이도 쇠우리도 무대에서 사라졌다. 호랑이는 시민이 되고 쇠우리는 국가의 수도가 되었다.

한 평론가는 말했다. 「열 번째 날의 호랑이」는 가장 강인한 사람들조차 권력의 채찍을 휘두르는 자들에 의해 점차적으로 꺾이고 길들여지는 현실에 대한 정제된 비유라고.

아랍의 모든 세대가 그 단편을 자기들 자신에 대한 이야기로 받아들였다. 카이로, 다마스쿠스, 바그다드, 암만, 예루살렘, 카사블랑카, 튀니스에서, 사람들은 자신이 열 번째 날의 호랑이라고 느꼈다. 그들은 굶

주림과 억압에 참패당했다.

올해 2007년 6월이면 팔레스타인인들이 우리에 갇힌 지 40년이 된다.* 이스라엘 조련사들은 이들을 꺾기 위해 굶주림만을 이용한 게 아니었다. 투옥, 검문소, 모독, 고문, 포격과 학살, 모든 방법을 동원했다. 팔레스타인 인구의 절반 이상이 우리 안에서 태어나 그 속에서 살아왔기 때문에, 우리 말고는 아무것도 아는 게 없을 지경이 되었다. 일부 팔레스타인인들은 열 번째 날의 호랑이처럼 변했다. 그들은 속수무책이고 가망이 없다고 느꼈으며, 우리를 받아들이게 되었다.

다른 일부는 맹수로 변했다. 그들은 싸우고 저항하려 했으나, 좋은 방식이 아니었다. 우리 안에 갇힌 고통이 그들의 영혼을 죽였다. 세 번째 부류는 아직까지 우리를 받아들이지 않았으며, 자신에게 어떤 일이 생길지라도 꺾이지 않고 버티고 있다. 그들은 인간이며 자유롭고 깨끗할 권리가 있다. 그들은 존엄함을 지키고 숲의 자유를 기억하기로 결심했다.

나는 세 번째 부류가 되고자 한다. 나의 존엄성과 인간다움, 깨끗한 영혼을 지키려고 애쓴다. 첫째 날의 호랑이처럼 우리의 쇠창살을 내 이빨로 물어뜯으려고 하지는 않는데, 이미 내가 머리가 센 나이이기 때문이다. 그렇다고 열 번째 날의 호랑이가 되지도 않을 것이다. 나는 내 영혼이 언제라도 싸울 수 있도록 준비할 것이나, 동시에 싸움으로 내 영혼이 얼룩지지 않도록 경계할 것이다. 오래 지속된 싸움이 인간의 영혼

* 1967년 이른바 '6일 전쟁'으로 팔레스타인 전역이 이스라엘에 점령당했다. 점령지에서 물러가라는 유엔의 결의에도 불구하고, 이스라엘은 40년째 팔레스타인을 불법으로 점령하고 있다. _옮긴이 주

을 파괴할 수 있음을 나는 안다. 그것이 자유를 위한 투쟁일지라도 말이다. 나는 내 영혼이 증오와 어둠의 바다에서 헤엄치도록 놔두지 않을 것이다.

6월이 오면 팔레스타인인들은 쇠우리 안에 갇힌 지 40주년이 되었음을 기억하는 행사를 치를 것이다. 대다수는 당나귀처럼 히힝대는 열 번째 날의 호랑이가 되지 않고, 인간으로서 자유를 외칠 것이다.

인간답게 행동하기 위하여 그들은 당신들의 도움이 필요하다. 당신들도 그들의 영혼마저 쇠창살에 꺾이는 모습을 보고 싶지는 않을 것이다. 그들도 그런 모습을 보여주기를 절대로 원하지 않는다. 정치적인 이야기를 해서 미안하다. 그러나 40주년을 앞두고 나는 이런 글을 쓸 수밖에 없었다.

언젠가 한 저명한 아랍 시인이 이렇게 썼다. "사자의 이빨을 보았다면, 조심하라. 사자는 당신에게 웃는 게 아니다." 그러나 나는 동의하지 않는다. 아마 거듭된 전쟁이 우리로 하여금 이런 식으로 생각하도록 만들었을 것이다. 만약에 사나운 사자가 내게 이빨을 보이며 웃는다면, 나는 더 큰 웃음을 지어보일 것이다. 설령 그러다가 내 팔을 물어뜯긴다고 해도 말이다. 나는 그렇게 생겨 먹은 인간이다! 작은 미소가 의심과 의혹의 벽을 무너뜨릴 것이다.

땅을 빼앗긴 자들의 사랑과 싸움

신경림(시인)

20여 년 전 박태순 소설가가 번역한『팔레스티나 민족시집』(실천문학사)을 읽은 일이 있다. 그 책에서 '마흐무드 다르위쉬'의 시를 읽고 감명 받았던 일이 생각나, 가까스로 책을 찾아내어 다시 읽어 보았다. 그의 시들이 여전히 감동적으로 읽혔는데, 그 가장 큰 이유는 우리가 역사적 체험을 공유하고 있대서일 것이다. 가령「나의 아버지」는 "달을 쳐다보던 시선을 돌리면서/ 아버지는 무릎을 굽혀 두손으로 흙먼지를 퍼 담는다/ 비 한 방울 보내지 않는 하늘을 향해 기도를 드리더니/ 나더러 떠나지 말라고 당부한다"로 시작하여, "언젠가 아버지는 말했다/ 나라를 잃어버린 자는/ 온 천하에 제 무덤도 못 가진다/ 그리고 나더러 떠나지 말라고 당부를 했다"로 끝을 맺는다. 실제로 두 손으로 흙먼지를 퍼 담으면서 떠나지 말라고 당부를 하는 것은 지난 시절 우리들의 아버지들의 초상화이기도 했다. 이 시를 읽으며 나는 "그러나 지금은—들을 빼앗겨 봄조차 빼앗기겠네"하고 통곡한 이상화 시인의「빼앗긴 들에도 봄은 오는가」를 연상했다. 두 시가 다 같이 자기가 나서 자란 땅에 대한 지극한 사랑이 상상력의 동력이 되고 있기 때문이다.

또,「팔레스티나에서 온 연인」에는 다음 같은 구절이 나온다. "그대가 속삭이는 말들은/ 내가 부르고 싶어 하였으나/ 휘감겨 드는 고뇌 때문에 청춘의 입술이 막혀/ 부르지 못하였던 노래였다/ 그대가 속삭이는 말들은/ 우리 집 처마둥지로부터 떠나간 제비처럼/ 날개를 달아 날아가 버리고/ 나는 그대를 쫓아 사랑이 인도하는 곳이면 어디든 찾아서/ 가을의 문지방을 떠났다/ 우리의 거울은 산산이 부수어지고/ 나의 슬픔은 일천 배가 깊게 자랐으나/ 우리는 조각난 소리의 파편들을 서로 주웠다/ 그리고 우리는 조국의 비가를/ 노래할 수밖에 없었구나"

조국에 대한 사랑과 연인에 대한 사랑이 하나가 되면서 사랑의 이미지를 한 단계 업그레이드시킨 절창이라 할 수 있는 대목이다. 비극적인 조국의 운명 속에서 젊음을 보낸 이가 아니고는 얻어낼 수 없는 표현이다. 사실 조국에 대한 사랑과 연인에 대한 사랑의 합일이라는 개념은 시에 관한 한 우리에게 그리 낯선 것이 아니다. 만해의 님 - 조국 - 부처의 그것이 그러했고, 소월의 님과 조국의 관계가 또한 그러했다. 비슷한 경험을 통과하면서 비슷한 정서가 생겼을 것이라는 생각이 든다.

팔레스타인과 우리의 지난날이 너무나도 비슷했다는 느낌은 다르위쉬의 경력을 보면서 더 확실해진다. 한 자료를 토대로 그의 짧은 연보를 구성해 보면 이렇다.

다르위쉬는 팔레스타인 해안 도시 아카의 동쪽 마을 알 바르와에서 출생, 그러나 이 마을은 7살이 되던 해 이스라엘 군의 침입으로 지상에서 말살되어, 주민들은 난민이 되고 만다. 레바논의 난민촌에서 1년을 보낸 뒤 일가는 몰래 국경을 넘어 갈릴리로 돌아왔으나 그의 아버지에게 허락된 일은 이스라엘이 그들로부터 빼앗은 땅위에 세운 시설에서 노동자로 일하는 것뿐, 이를 견디지 못하고 조부는 비탄 속에서 작고한다. 13살 때 그는 조부의 사망과 빼앗긴 땅을 주제로 「토지」라는 시를 쓰는데, 이 시가 발표되자 그는 잡혀가 매를 맞고 아버지는 직장에서 쫓아내겠다는 협박을 받는다. 하지만 그는 이로써 시가 중요한 저항의 무기가 된다는 사실을 알게 된다. 중학교를 졸업한 후로 줄곧 PLO* 에서 일하면서 십 수 차례 투옥되었으며 한때는 2년간 야간통행금지 처분을 받기도 했다. 그 과정에서 그의 시는 심화되고 세련되었으며, 조국과 여성의 두 이미지를 불가분의 한 이미지로 직조하는 데 성공함으로써 아랍 시의 수준을 한 단계 높여 놓았다는 평을 받았다. 제3세계의 노벨문학상이라 일컬어지는 로터스 상의 첫 수상자(1967)가 되기도 한다. 김지하 시인은 1975년 그 특별상을 받은 바 있다.

자카리아 무함마드 씨의 「열 번째 날의 호랑이」는 많은 것을 생각하게 하는 글이다. 이 글을 읽으면서 또 다르위쉬의 시들을 다시금 읽으면서, 팔레스타인은 적에 대한 증오심만으로가 아니고, 땅과 가족과 이웃에 대한 깊은 사랑을 가지고 싸우고 있다는 생각을 하게 된다. 비록 멀리 떨어져서나마 그들의 싸움에 동참하는 일이야말로 동시대를 사는 시인의 사명이요 자부심일 터이다.

* 팔레스타인 해방기구

대체로 '쿨' 하지만……
열다섯 살, 그 끔찍했던 날들

대체로 '쿨' 하지만……

한 소년의 죽음

아다니아 쉬블리 (소설가)

날이 가고, 좀 힘겹다. 그렇다고 안 살 수야 없는 노릇이다. 나는 세상사를 겨울날씨처럼 냉정하게 지켜본다. 어느 계절에도 그렇지만 나는 이 겨울에, 되도록 많은 뉴스를 차갑게 소비함으로써 하루를 시작한다. 인터넷을 대충 검색하고 다양한 신문의 사이트를 훑어본다. 대개 기사의 내용이 요약돼 있는 제목만 읽고 지나간다. 그리고 제목에 나와 있는 사망자 숫자마저 잊어버린다. 그게 23명이었는지 17명이었는지. 어쩌면 사망자 숫자는 32명이거나 71명이었는지도 모른다. 왜냐하면 내 컴퓨터는 오른쪽에서 왼쪽으로 읽는 아랍어 파일에 맞게 설정돼 있기 때문에, 숫자의 순서가 뒤바뀌어 나올 수도 있기 때문이다. 그런지 안 그런지 내가 알 방도가 없고, 정말로 신경 쓰는 것 같지도 않다. 신문에서 '오늘의 운세'를 읽자마자 잊어버리는 것처럼, 나는 사망자 숫자를 곧 잊어버린다. 하루마다 점성술에 따른 고유한 점괘가 나오듯이, 요즘은 하루마다 여기서 폭탄이 터지고 저기서 난리가 났다는 고유한 보도가 나온다. 솔직히 말해서, 나는 기억하고 싶어도 할 수가 없다. 내 피는 겨울날씨처럼 차가워졌으므로.

냉혈한 같은 나의 무감각은 어쨌든 살아가겠다는 나의 결심을 지탱하는 비결이다. 결단코 그럴 것이다. 나를 둘러싼 세상이 무너질지라도 나는 버틸 것이다. 확신을 갖고 평소처럼 살아갈 것이며, 성공적으로 하루를 시작하여 마칠 것이다. 돌연 실패가 막아설지라도, 나는 자신이 차가운 사람이므로 성공을 개의치 않는 것처럼 실패 또한 개의치 말아야 한다고 스스로 유념할 것이다. 내 삶이 행복도 절망도 아닌 중립 상태로 유지되도록.

그러나 종종 뜻대로 안 된다고 나는 고백하지 않을 수 없다. 최근에는 두 번 그랬다. 예컨대 오늘 같은 날, 나는 잠에서 깨어 거의 죽을 뻔했다. 창문을 내다보아도 정원 뒤편 마른 덤불 속에서 꼬리로 몸을 말고 자는 여우가 보이지 않았기 때문이다. 나는 엉엉 울고 나서야 차가움을 가까스로 되찾았다.

덤불 속에서 자는 이 여우는 한동안 나와 함께 있었다. 온종일 책상에 앉아 일하는 동안 나는 덤불 속에서 자는 이 여우를 바라보며 동지로 삼았다. 어둠이 내리면 여우는 일어나서 어딘가로 갔다가 다음 날 아침에는 돌아와 있었다. 내 진정한 친구는 그 여우뿐이었다.

어느 날 밤 나는 잠에서 깨어 내가 그 여우와 사랑에 빠진 건 아닌지, 여자가 인간을 사랑하듯 여우를 사랑해도 괜찮은 건지 생각했다. 겁이

났다. 사랑의 대상이 인간 아닌 동물이어서가 아니라, 사랑에 빠진다는 것 자체가 겁났다. 사랑은 내가 진력을 다해 주위에 둘러쌓아 놓은 요새를 허물어뜨릴지도 몰랐다. 그런데 오늘 아침, 나는 자신이 그 짓궂은 여우의 덫에 걸려들었음을 깨달았다. 박절하게 사라져버린 그 여우 때문에 내가 울고 있지 않은가.

며칠 전에 나는 이번 못잖게 고통스러운 다른 덫에 걸렸다.

늘 그렇듯이 나는 여러 신문을 섭렵하며 얼마나 많은 사람들이 희생당했는지 제목만 훑어보고 있었고, 제목의 숫자는 종종 열 자리 수였다. 갑자기 나는 한 사람이 살해당했다는 제목을 보았다. 아랍어에 맞게 설정된 내 컴퓨터일지라도 이 제목만큼은 혼동할 수가 없으니, '1'은 오른쪽에서 왼쪽으로 읽든 왼쪽에서 오른쪽으로 읽든 '1'이기 때문이다. 절로 내 손이 마우스를 그 제목에 맞추어 클릭했으며, 기사 전문이 떴다. 그리고 나는 덫에 걸렸다. 인간보다는 여우랑 사랑에 빠지는 게 낫다고 생각했듯이, 수십 명이 죽었다는 기사보다야 한 사람이 죽었다는 기사를 읽는 게 나을 줄 알았는데. 2007년 1월 25일 이스라엘 신문 하아레츠에 난 그 기사는 다음과 같았다.

'이스라엘 국방부 순찰차는 어제 가자 지구에서 이스라엘 쪽으로 넘어가려던 15세 팔레스타인인을 쏘아서 죽였다. 다른 2명의 10대는 체포되어 팔레스타인 쪽으로 회송되었다.'

'어제 이른 새벽 3명이 키수핌 교차로 부근에서 벽 쪽으로 기어가다가 발각됨으로써 사건이 발생했다.'

'군 소식통은 3명 중 1명이 멈춰서라는 명령에도 불구하고 멈추지 않았다고 말했다. 군은 발포하여 그 10대를 사살했다.'

'다른 1명의 10대는 경상을 입고 비르세바의 소로카 병원에서 처치를 받았다.'

'조사를 받은 후 10대 2명은 가자 지구로 석방되었다. 둘은 일자리를 찾기 위해 이스라엘로 넘어가려 했다고 말했다.'

'장벽에 관련된 교전 수칙은 밤에 그 부근에서 배회하는 사람은 누구나 쏠 수 있도록 허용한다.'

그 기사를 나는 머리에서 떨쳐버릴 수가 없다. 열다섯 살이라면 내 나이의 절반보다 적다. 그는 가자 지구 밖에서 일자리를 찾기 위해 다른 두 친구와 함께 새벽에 집을 떠난다. 왜냐하면 가자 지구에는 일이 없기 때문이다. 오직 총탄만 있다. 아마도 그는 돈을 벌면 어머니에게 보내드릴 생각이었을 것이다. 자기는 열다섯 살밖에 안됐고, 어머니가 알뜰히 살림을 꾸리실 테니까. 아버지가 몇 년째 실업 상태이므로, 그는 다른 두 친구를 만나 도대체 어쩌면 좋을지 함께 고민한다. 가자 지구 바깥에서 일을 찾아볼까? 가자 지구 안에는 일자리 같은 건 없고, 날아다니는 총알뿐이잖아. 셋은 결정한다. 찬 새벽에 그들은 출발할 것이다. 벽 하나만 넘으면 그들은 가자 지구를 벗어날 것이다. 열다섯 살이거나, 어쩌면 열다섯 살도 채 안 됐거나. 보통 10대는 게으르다지만, 함부로 말해서는 안 되는 법. 여기 뜬 눈으로 밤을 지새우고 따뜻한 담요를 들추고 나와, 싸늘한 새벽 공기 속에 출현한 세 명의 10대가 있다.

ⓒ 팔레스타인 화가이자 사진작가 무함마드 조하(Muhammad Joha)

가자 지구 바깥에서 일자리를 찾아볼까?
가자 지구 안에는 일자리 같은 건 없고,
날아다니는 총알뿐이잖아.

© 무함마드 조하

그들의 이름마저 나는 모른다.
이스라엘 신문이 그들의 이름을 누락했을 거라고 짐작하고,
팔레스타인 신문 사이트를 검색해 보았다.
그러나 거기에는 그 소년들에 관한 기사가 나오지도 않았다.
수십 명이 죽임을 당했다는 기사들로 도배된 팔레스타인 신문에서는
한 소년의 죽음은 어느 한 구석 차지할 수조차 없었다.

주위를 살피며 벽에 접근하는데, 어둠이 그들을 가려주는 것 같다. 춥다. 그러나 벽 너머에서 그들은 일자리를 찾을 것이다. 왜냐하면 가자 지구에는 일거리가 없고, 쏟아지는 미사일과 폭탄뿐이니까.

그들의 이름마저 나는 모른다. 이스라엘 신문이 그들의 이름을 누락했을 거라고 짐작하고, 팔레스타인 신문 사이트를 검색해 보았다. 그러나 거기에는 그 소년들에 관한 기사가 나오지도 않았다. 수십 명이 죽임을 당했다는 기사들로 도배된 팔레스타인 신문에서는 한 소년의 죽음은 어느 한 구석 차지할 수조차 없었다.

나는 편파적인 기사로 돌아간다. 그런 기사일지라도 내가 둘러쓴, 살아가기 위한 책임 면제 따위를 벗겨내기에는 충분하다.

열다섯 살, 그 끔찍했던 날들

가자지구, 서울, 도문 그리고 몽골

박영희(시인)

가자지구에서 이스라엘 쪽으로 넘어가려다 이스라엘 군인의 총에 한 소년이 사살되었다. 그 소년의 나이는 열다섯 살이라고 했다. 그때 나도 열다섯이었다.

이제 네 밥은 네가 벌어먹어야겠다는 아버지의 그 한마디에 목포발 용산행 야간열차에 몸을 실었던 1976년 5월, 그러나 달랑 옷가방 하나 들고 상경한 나는 갈 곳이 없었다. 용산역에 내렸으나 서울은 길이 하도 많아서 어디로 가야 동으로 가고 서로 가고 북으로 가는지 갈피를 잡을 수 없었다. 땅거미가 내려앉을 적엔 더럭 겁부터 났다. 나는 아직 소년 신분이었고, 서울에는 통금이 있다고 했던 것이다.

무턱대고 나는 울음을 삼키듯 애국가 2절을 따라 남산으로 향했다. 집안이 어수선한 날이면 곧잘 짚더미를 이불삼아 한뎃잠을 자곤 했던 나는 그때의 기질을 되살려 남산 구석구석을 배회하였다. 잠자리를 마련하기 위해서였다. 그때 마침 남산시립도서관 옆 측백나무 울타리 밑이 내 시야에 들어왔다. 바로 저곳이다! 서둘러 나는 그곳에 쓰레기통에서 주워온 날 지난 신문을 깔고 첫날밤을 보냈다. 춥고 배고픈 밤이었다.

새벽녘 잠에서 깬 건 아주 강렬한 불빛이 내 안면을 쏘아대고 있다는 느낌을 받고서였다. 하지만 나는 누군가 내리비추는 손전등 불빛 때문에 똑바로 눈을 뜰 수 없었다. 취직도 하기 전 독안에 든 한 마리 쥐로 전락해버린 나는 무섭고 두려웠다.

'도망가자. 이곳을 벗어나야 한다. 여기서 잡히면 끝장이다!'

왼손 손바닥으로 얼굴을 감싼 나는 밤이슬에 젖은 촉촉한 흙을 오른손으로 한 줌 움켜쥐었다. 기회를 엿보던 나는 종주먹을 날리듯 움켜쥐고 있던 흙을 방범대원 얼굴을 향해 뿌린 뒤 냅다 뛰었다.

측백나무 울타리 밑을 간신히 빠져나와 남산 순환도로로 도주할 때였다. 호루라기를 불며 뒤쫓아 오는 두 명의 방범대원을 따돌릴 요량으로 나는 숲속으로 길을 바꿨다. 불빛 한 점 도와주지 않는 캄캄한 숲속을 헤쳐 가느라 나무끌텅에 발등이 찍히고, 나뭇가지에 얼굴을 찔렸다. 악! 내 입에서는 외마디 비명이 터져 나왔다. 잔뜩 겁에 질린 사슴마냥 얼마쯤 내달렸을까. 온몸이 쑤시고 욱신거렸다. 나를 이 지경으로 만든 방범대원이 원망스러웠다.

그들의 손아귀에서 가까스로 탈출한 나는 남산 숲에서 빠져나와 가로등이 없는 골목으로 접어들었다. 어둠은 나의 벗, 나의 희망, 나의 구원자? 반시간 넘게 캄캄한 실골목을 타고 내려오자 거대한 골리앗 건물이 앞을 가로막았다. 서울에서 가장 높다는 대우빌딩이었다. 그곳에 몸을 숨긴 나는 건너편 서울역 광장에 세워진 시계탑을 올려다보았다. 새벽 3시 20분. 통금이 해제되어 서울역으로 건너가려면 40분은 더 기다려야 했다.

2005년 12월, 도문에 도착해 두만강변을 거닐던 나는 그곳에서 앵벌이 소년을 만났다. 나이를 묻자 행색이 초췌한 소년은 열다섯 살이라고 했다. 나는 그 소년에게 밥을 사주고 싶었다. 하나 앵벌이 그 소년도 오래전 새벽 두 명의 방범대원에게 쫓기던 나처럼 불안한 기색을 감추지 못했다. 20위안이 없으면 10위안만 달라며 다급하고 초조한 목소리로 호소했다.

"이곳에 오래 있다 중국 공안한테 발각되면 끝장입니다."

한국으로 돈 벌러 간 엄마에게서 소식이 끊기자 아버지마저 집을 나간 지 꽤 되었다는 소년으로부터 '공안'이라는 소리를 듣는 순간, 내 마음은 바빠졌다. 이걸 어쩌나. 잡히면 안 되는데, 잡히면 안 되는데……. 자, 여깄다. 어서 가거라. 어서 이곳을 피해 멀리멀리 도망가거라. 도망가는 그곳이 지구 끝이더라도 절대 뒤돌아보지 말거라. 잡히면 죽는다. 잡히면 끝장이다. 팔레스타인이라는 나라에서는 죽은 자도 검문소를 통과해야 비로소 죽음의 거처에 닿을 수 있다고 하더라.

그리고 며칠 뒤, 북경으로 간 나는 베이징발 울란바토르행 열차에 몸을 실었다. 1976년 5월의 나를 쏙 빼닮은 두만강변의 그 소년이 염려되었다. 무사할까, 앵벌이 소년은. 이 한밤에 그 사내도 두만강을 무사히 건넜을까? 저리 국경 강안을 경비하는 순사가 왔다 갔다, 오르며 내리며 분주히 하는데 발각되지 않고 무사히, 무사히 국경을 넘었을까? 국경을 넘어가는 국제열차 차창 밖으로 이름조차 물어보지 못한 앵벌이 소년과 파인 김동환의 시 「국경의 밤」에 등장하는 사내가 부자간처럼 겹쳤다.

몽골의 수도 울란바토르에 도착한 지 나흘째로 접어드는 날이었다. 나는 탄광이 있다는 날라이흐 마을로 향했다. 우연이었는지 필연이었는지 나는 또 그곳에서 두 소년을 만났다. 9시부터 오후 1시까지는 학교에서 공부를 하고, 오후 2시부터 다음날 새벽 2시까지는 막장을 오르내리며 아르바이트를 한다는 술드몽크와 바이샤는 만으로 열다섯 살이라고 했다. 아마 그 때문이었는지도 모른다. 나는 두 소년에게 질문을 던지는 일이 몹시 고통스러웠다. 열다섯의 나이로 공부하는 시간보다 돈벌이 하는 시간이 더 많다면 그 환경, 그 고통 통박으로도 빤하지 않은가.

"탄광 일이 힘들지만 어쩔 수 없어요. 아버지는 여섯 살 때 돌아가시고, 엄마와 누나, 형하고 사는데 형과 내가 벌지 않으면 우리 집이 많이 힘들 거예요."

"잠은 수업시간에 자요. 안 자려고 하는데도 졸음을 이겨낼 수가 없어요. 술 만드는 공장에서 일하는 게 제 꿈이에요."

영하 30도를 밑도는 허허벌판 난장막장에서 만난 두 소년과 헤어져 울란바토르로 돌아오는 길이었다. 승용차에 탄 나는 눈을 감았다. 중3 딸의 얼굴이 아른거렸다. 용서해다오, 딸아. 나의 아들들아, 용서해다오. 너무 많은 세상의 아비들이, 아무렇지 않은 듯 너희들을 난장각장으로, 국경으로 내몰고 있구나.

며칠 전이었다. 나는 가자 지구에서 이스라엘로 일자리를 찾아 국경을 넘으려던 세 명의 소년 중 한 소년이 이스라엘 군인의 총에 사살되었다는 소식을 접했다. 군 소식통은 셋 중 한 명이 "멈춰서!"라는 명령에도 불구하고 멈추지 않아 사살하였다고 했고, 다른 두 명의 소년은 체포되어 팔레스타인 쪽으로 회송되었다고 했다. 어른의 말이었는지, 아니면 열다섯 살 소년의 말이었는지는 확인할 수 없으나 소설가 아다니아 쉬블리의 글에는 이런 내용도 있었다.

"가자 지구 안에는 일자리 같은 건 없고, 날아다니는 총알뿐이에요."

설마? 아닐 거야. 소설의 한 구절이거나 장난감 총 놀이를 묘사한 동화일 거야. 어떻게 매일같이 총알이 날아다니는 나라가 있겠어. 온통 전쟁의 기억뿐인 20세기가 막을 내린 지 언제인데……. 그러나 어제 나는, 그 소년이 사살된 나라의 앰뷸런스는 죽음보다 늦게 도착한다는 한국 시*를 접하고 말았다. 상상이 아닌 현실의 시를. 더는 끔찍해서 읽을 수 없는 시를!

* 박후기의 「소녀들」

나의 젖형제 고양이
모든 반전행동은 성전聖戰입니다

나의 젖형제 고양이

사람도 가고 고양이도 간다

키파 판니(시인)

어머니는 말씀하신다. 내 어릴 적에 어머니가 내게 젖 물리기를 그만두자 내가 마당에서 암고양이의 젖을 빨고 있더라고. 아직까지도 나는 그 아련한 기억의 자취를 느낀다. 아마도 내가 고양이들과 형제애를 나누게 된 것은 이 일이 발단이었을 게다. 아랍 표현으로는 '젖형제'다. 언제나 고양이 종족이 나를 따라다닌다. 내가 머무는 곳이 어디든 거기에는 고양이가 있다. 고양이 뺨에 난 두 줄의 수염은 밀림 속 부족의 장식처럼 보인다. 그래서 나는 고양이들을 '뺨을 장식한 부족'이라고 부른다. 내가 한 군데 오래 머무른다면 내가 만난 고양이는 점점 능력이 세져서 어느 날 족장이 될 수도 있지 않을까.

그러나 불행히도 나는 그런 결과를 볼 만큼, 또는 그것이 내 망상이라는 걸 확인할 만큼 오래 머문 적이 없다. 모든 만남은 내 친구 고양이가 최고로 등극하기 직전에 내가 떠나는 비극적인 헤어짐으로 끝났다. 요르단에서 나는 자살 시도 끝에 팔레스타인으로 돌아가기로 결심했고, 아부 이싸*를 거기 남겨두고 떠났다. 그 밝은 갈색의 페르시안 고양이보다 아름다운 고양이를 나는 지금껏 보지 못했다. 내가 떠난 뒤 어머니가 그를 길렀는데, 아부 이싸는 수컷이지만 어미처럼 어린 고양이들을 돌보았다고 한다. 한번은 어린 고양이 한 마리가 벽장 뒤에 갇혔단다. 아부 이싸가 벽장 뒤로 들어가 마침내 어머니가 벽장을 움직여 꺼내줄 때까지 겁에 질린 어린 것과 함께 있어 주었다는 것이다.

1998년에 나는 팔레스타인 문제에 관한 초청 강사로 덴마크로 가게 되어, 검은 고양이 아이룰과 헤어졌다. 아이룰은 아랍어로 '9월'이며, 내가 '검은 9월'을 따서 지어준 이름이다. 그는 자신이 고양이라고 생각하지 않았고, 나와 내 손이 동일한 존재라는 것도 결코 믿지 않았다. 길 잃은 암컷 강아지를 내가 집에 데리고 오자, 그는 그 암컷 강아지를 지키기 위해 큰 개들을 공격하곤 했다. 그리고 그는 내 손을 때로는 사냥감으로서 변형된 나귀로, 때로는 친구이자 놀이 상대로 취급했다. 그의 사냥 기술을 관찰하면서 나는 언어가 가장 정교한 판단 방식이라는 인간의 생각이 터무니없다는 통찰을 얻었다. 이 깨달음으로 나는 언어학과 졸업 논문을 쓰기까지 했다. 사냥감인 나귀에게 접근하는 고양이는 공격할 만큼 가까운 거리가 될 때까지 나귀가 움직여야만 움직이고, 나귀가 동작을 멈추기 직전에 또는 동시에 멈춘다. 내 손이 가만히 있으

* 이싸의 아버지.

면 고양이의 몸은 영원히 굳어버린 것 같다가, 내 손이 움직이자다자 미세하게 자세가 바뀐다. 내가 덴마크로 떠나자 그도 떠났다. 그리고 나는 한 달 뒤에 돌아왔지만 그는 돌아오지 않았다. 언젠가 그는 내 꿈에 나와 정통 아랍어로 말했다. 자기는 더 이상 그림자를 가진 존재들을 먹이로 삼지 않겠다고.

광주의 고양이 '재즈'와 키파 판니 시인.

집안에서 자유를 쟁취하기 위해 어머니와 논쟁하다가 집에서 뛰쳐나옴으로써, 나는 가장 사랑했던 고양이와 헤어지게 되었다. 그의 이름은 태양이라는 뜻의 샴스인데, 잡종 페르시안 고양이지만 털이 황금색이고 빛나서 정말 태양처럼 보였다. 그는 내 머리의 수호자였다. 그는 내 머리 근처에서만 자고 다른 누구의 접근도 허락하지 않았다. 어머니의 집에서 함께 살던 내 여자 친구는 잘 때 내 옆에서 자려고 그 고양이한테 온갖 아부를 했지만 소용이 없었다. 여자 친구는 말하기를 자기가 밤늦게 집에 돌아와서 나와 내 고양이가 같이 자고 있는 꼴을 보면, 마치 둘이 하나의 유기체처럼 보인다고 했다. 나와 고양이가 연인이고 자기가 우리의 고양이 같다고 말하기도 했다. 내가 집에서 뛰쳐나오자 그도 뛰쳐나갔다. 그리고 나는 1주일 후에 집으로 돌아갔지만 그는 아직도 어딘가로 가고 있다.

2006년 봄에 광주의 '아시아 작가 레지던스 프로그램'에 참가하러 오면서, 나는 점쟁이 고양이 샴세흐*와 헤어졌다. 내가 스승 후세인 알바르구티의 병실에서 밤을 새고 집에 돌아온 아침, 그녀는 내 침대 위에서 막 태어난 참이었다. 그녀는 아마 내 스승이 오랜 암 투병 끝에 마지막 숨결을 내뱉은 그 순간 태어났지 않았을까. 고양이는 내 스승을 닮지도 않은데다가, 다만 내가 스승의 영혼이 일부라도 빨리 돌아오기를 바라서 그렇게 생각하고 싶었는지도 모른다. 하여튼 내게는 그 시간적 일치가 의미심장한 사건으로 여겨졌다. 그녀는 스스로 제 어미를 버

* '그의 고양이'라는 뜻.

리고 나를 가족으로 선택한 첫 번째 고양이였다. 내 가족으로서 그녀는 내 주변 인물들에 대한 선호를 분명히 했다. 내가 집에 데려온 인간에게 그녀가 야옹거리면 그 사람은 맘에 든다는 뜻이었다. 그녀가 야옹거리지 않으면 나는 난관에 봉착했다. 그녀는 당시의 내 여자 친구와 나 사이에 자면서 여자 친구를 밀어내곤 했다. 하루는 고양이가 내 여자 친구의 팔찌에 유난히 매달리더니, 대단한 집요함으로 끝내 그것을 여자 친구의 팔에서 벗겨냈다. 그래서 나는 여자 친구에게 팔찌에 대해 물었으며, 그것이 시리아의 알레포에 사는 다른 사나이로부터 받은 선물임을 알게 되었다. 내가 한국으로 오기 전날 밤 고양이는 내 가방 위에서 잤으며, 내 동생이 일러준 바에 따르면 내가 떠나자 그녀도 떠났다.

광주에서 팔레스타인으로 돌아오면서 나는 사랑스러운 '재즈'와 헤어졌다. 재즈를 생각하면 지금도 가슴이 아린다. 그리고 내가 여기 라말라에 돌아오자 힐레웨*가 나를 기다리고 있었다.

ⓒ 키파 판니 라말라의 고양이 힐레웨.

* 예쁜이

모든 반전행동은 성전聖戰입니다

류외향(시인)

당신의 고양이 샴세흐 이야기를 들으며 나는 나의 개 '나라'를 떠올립니다. 온몸이 흰 털로 덮여 있던 나라는 누군가 버리려는 것을 데려다 키웠고, 1년쯤 뒤에 나의 첫 시집이 나오던 날 교통사고로 세상을 떠났습니다. 그리고 5개월 뒤, 태어난 지 5개월 된 강아지가 우연히 내게 왔습니다. 그 개월 수가 같다는 것을 뒤늦게 깨닫고 어쩌면 나라가 죽은 날과 그 강아지가 태어난 날이 같을지도 모른다는 생각이 들었으며, 그래서 '봄'이라고 이름 붙인 그 강아지와의 만남을 필연적인 것으로 받아들이기 시작했습니다. 당신이 당신의 샴세흐로부터 느낀 의미심장한 시간적 일치를 나 또한 느낀 것입니다.

햇수로 5년째, 봄이는 나라의 사진이 걸린 방에서 다른 개 두 마리와 함께 잘 지내고 있습니다. 분단국가 한국에선 몇 년에 한 번씩 전쟁 발발에 대한 소문들이 떠돕니다. 대개 보수정당들의 선거용이었던 터라 이젠 양치기 소년의 고함쯤으로 들리기도 하는데, 드물게 그 소문의 신빙성이 높은 경우에 어떻게 피난을 가야 할까 심각하게 고민해 본 적도 있습니다. 그럴 때마다 나의 가장 큰 걱정거리는 나의 개 세 마리를 어떻게 데리고 무사히 이동할까 하는 것입니다. 그 난리통에 애완동물이란 천덕꾸러기 신세를 면하기 어려울 것이고, 결국 개들은 버려질 것입니다.

나는 이웃마을에서 이미 그러한 개들을 많이 보았습니다. 전쟁은 아니지만, 전쟁을 위해 들어설 미군기지 터를 닦는다고 250여 가구가 살던 한 마을을 통째로 내쫓았기 때문입니다. 당신이 행여나 외신을 통해 들어본 적이 있는지 모르겠으나, 그 시골 마을의 이름은 대추리입니다. 300만 평이 넘는 갯벌을 가래와 수레로 피땀 흘려 옥토로 만들어 가을이면 크게 수확을 한다고 하여 붙은 이름입니다.

지금 그곳에는 이주를 앞둔 45여 가구만이 남아 있고, 적막한 골목길에는 버려진 개들만이 돌아다닙니다. 4년에 걸친 힘겨운 싸움 동안 원통함과 절망과 슬픔을 안고 하나 둘씩 떠나간 집들이 떼놓고 간 개들입니다. 시골 사람들의 정서로는 마당에서 키우던 개를 아파트와 같은 실내에서 키운다는 것이 이해하기 어렵기 때문입니다. 아직은 남은 가구에서 음식이라도 챙겨주지만, 약 보름 뒤 대추리가 완전히 사라질 때 그 개들의 운명은 죽음과 아주 가까워질 것입니다.

나는 당신이 작년 가을, 여러 한국 작가들과 만난 날을 기억합니다. 나 역시 그 자리에 함께하고 싶었지만, 대추리에 숨어 들어가 사흘째 날밤을 새우고 있었습니다. 봄에는 10여 대의 미군 헬기와 2만 명이 넘는 한국 군인과 전투경찰들이 그 넓디넓은 논에 철조망을 치고 마을 주민들이 손수 지은 학교를 부수었습니다. 수많은 사람들이 다치고 연행되고 통곡했습니다. 그리고 여러 가구가 또 마을을 떠났습니다. 그렇게 군데군데 생긴 빈집들을 철거하겠다고 전투경찰과 철거 전문 용역들이

들어온다고 했습니다.

그 철거를 막겠다고 첩보영화에서처럼 야밤을 틈타 논두렁을 기어서 들어온 사람들도 있었고, 유골함을 들고 장례차로 위장하거나 주민의 승용차 트렁크에 숨어 들어온 사람들도 있었습니다. 그렇게 사흘을 기다리다 당신이 문인단체 사무실을 찾은 그날 드디어 빈집 철거가 강행되었던 것입니다. 인권운동가들이 쇠사슬을 몸에 두르고 지붕 위로 올라가 10여 채의 집을 겨우 지켰고, 많은 사람들이 굴삭기 앞에서 용역들과 몸싸움을 벌였습니다. 우리의 무기는 늘 맨몸이었고, 싸움은 늘 처절했습니다.

대추리의 고통과 슬픔은 팔레스타인의 고통과 슬픔과 크게 다르지 않습니다. 전쟁광 미국의 야욕으로 피투성이가 되었다는 점에서 그 원인은 같습니다. 그러나 한국 내에서도 팔레스타인 이야기보다 대추리 이야기를 더 모르는 사람들이 많습니다. 적어도 신문의 국제면을 읽는 사람이라면 팔레스타인이나 이라크나 레바논 사정은 알 것입니다. 한국의 언론은 자국 내의 전쟁 관련 사건조차 다루지 않습니다.

친미정권을 둔 덕분입니다. 사실 나는 이 글을 쓰면서도 도대체 어디서부터 어디까지 얼마만큼 이야기를 해야 될까 난감합니다. 이 글이 당신에게 전해질 날조차 기약이 없다는 것을 알기 때문이기도 합니다. 팔레스타인을 비롯한 외국 작가들이 한국에 머무는 동안 대추리를 한번이라도 방문하기를 소망했으나, 단 한 명 베트남의 시인 '찜짱'만이 다녀간 것이 지금도 안타까움으로 남습니다.

당신과 당신의 동료들이 팔레스타인인들이 아직 존재하고 있다는 것을 알리기 위해 글을 쓰듯이 우리는 대추리에도 사람이 살고 있으며 한국 내의 미군기지가 이곳으로 집결하는 것은 한반도의 평화를 넘어 세계 평화에도 직접 영향을 미친다는 진실을 알리기 위해 글을 썼습니다. 화가들은 그림을 그렸고, 가수들은 노래를 불렀습니다. 한 달 동안 서울시 한복판에서 수백 명의 문화예술인들이 돌아가며 하루도 거르지 않고 공연을 하기도 했습니다. 하지만 우리는 천문학적인 자금과 막강한 물리력으로 무장한 미국과 한국 정부의 힘을 당해낼 수 없었습니다. 곧 사라지게 될 그 마을에는 우리의 시와 그림과 노래가 쓸쓸하게 자리하고 있습니다.

그나마 다행스러운 것은 남은 45여 가구가 인근 마을로 함께 이주하게 된 것입니다. 50여 년 동안 한 마음으로 살아 온 주민들은 생명과 평화의 공동체를 지키기 위해 성스럽고 처절하게 싸웠고, 마을도 사람도 갈가리 찢기고 만신창이가 되었지만 간신히 원래의 5분의 1만이 다른 터에서 공동체를 이루게 되었습니다.

지금 우리 예술인들은 대추리에 있는 작품들을 새로 조성될 마을에 옮겨가기 위해, 그 눈물겨운 예술 투쟁의 과정을 역사에 남기기 위해 애를 쓰고 있습니다. 지도상에는 이제 원 대추리가 아닌 새 대추리가 새겨질 것이고, 새 대추리는 한반도의 전쟁과 평화와 인권을 증언할 역사관이 될 것이며, 아직 끝나지 않은 싸움인 전쟁 반대를 위한 우리의 새로운 전초기지가 될 것입니다.

2년 전, 나는 한국에서 자카리아 무함마드와 마흐무드 아부 하쉬하쉬를 만난 적이 있습니다. 팔레스타인의 사정을 모르는 바는 아니었으나, 그때만 해도 당신들의 고통과 슬픔에 대해 절감하지 못했고 전쟁 또한 나에겐 피상적인 것이었습니다. 그리고 얼마 뒤, 본격화된 대추리의 투쟁에 동참하면서 나는 전쟁이 우리 모두의 문제라는 것을 비로소 깨달았습니다. 그리고 특히 내 또래인 마흐무드에게 많이 미안했습니다. 부디 전쟁이 일어나지 않기를 바라지만, 전 세계가 탐욕과 광기에 휩싸인 미국식 자본주의 체제 아래에 있는 한, 우리는 평화로울 수 없으며 우리의 안녕을 기대할 수 없습니다. 우리는 늘 서로를 걱정하며 살아야 합니다. 당신과 당신의 고양이가 헤어지지 않기 위해, 내가 나의 개와 헤어지지 않기 위해.

끝으로 마흐무드를 만나고 대추리를 만나면서 겪은 당시의 심정을 옮긴 시 한 편을 소개하면서 이 글을 마치려 합니다. 언제가 되더라도 그가 이 시를 볼 수 있기를 바라는 마음으로 말입니다.

머지않은 훗날, 그때에는

팔레스타인에서 온 젊은 시인은
먹지 못하는 횟상 앞에서
구부리지 못하는 다리 횟상 밑으로 길게 뻗은 시인은
소주병에 숟가락 꽂아 팔레스타인 노래 들려주고
돌아가거든 안부 전하리라 포옹하며 헤어졌는데

포탄 소리와 화약 냄새가 죽음보다 질기게

꿈속까지 따라다니는 팔레스타인에서
먹다 남은 사과 한 알에 묻은 생의 흔적을
애인보다 깊게 바라보고 있을 젊은 시인은
머나먼 한반도 땅에서 소주병에 숟가락 꽂아
노래하던 일을 잊지는 않겠지만

머지않은 훗날,
자욱한 살육의 냄새가 코끝에서 맴돌고
굶주림이 전염병처럼 거리를 배회할 때
겁에 질린 수많은 눈동자와 마주친 나는
까맣게 잊고 있던 횟집과 소주병을 불현듯 떠올릴지 몰라

수천 리 먼 팔레스타인의 밤하늘
오랜 병중에 있는 당신의 별에게
나는 아직 살아 있는데 당신은 어떠냐고
당신이 먼저 산 내 훗날에 대해
무심해서 미안했다고 말이나 건넬 수 있을까

내 꿈속에서 죽음보다 싱싱하게 뒹굴고 있는
먹다 남은 사과 한 알
오래고 깊게 들여다보는 시인이여
내가 지금 기대고 있는 불안한 초록이여

머지않은 훗날, 그때에는

가장 안전한 폐허에 들어

노트 아래에서 부서지는 모래알 소리가

기적을 부르는 소리가 되게 해 달라고

당신의 신에게 밤새 빌지도 몰라

악몽을 꾸기
서정시 쓰기 어려운 시대

악몽을 꾸기

자카리아 무함마드(시인)

"나쁜 꿈을 꾸지 않으려면 묘지의 무덤들 사이로 걷지 마라."
팔레스타인인들이 누군가가 곤란한 일에 봉착할 것 같을 때 충고하는 말이다. 그러나 내 친구 하나는 이런 충고를 듣지 않는다. 실은 정반대로 한다. 지난 4년 동안 그는 수백 군데의 묘지를 찾아 전 세계를 헤매 다녔고, 무덤들 사이로 걸었다. 팔레스타인인들의 무덤에 관한 영화를 만들기 위해서다. 그러다보니 그는 많은 나라를 들렀다. 레바논, 시리아, 요르단, 튀니지, 알제리, 이집트, 예멘, 사우디아라비아, 영국, 쿠바, 브라질, 베트남 등. 팔레스타인인들의 무덤은 전 세계 어디에나 있다. 이스라엘의 건국으로 팔레스타인 인구의 절반이 고향에서 쫓겨났으며, 쫓겨난 이들은 머무를 곳을 찾고 일용할 양식을 구하기 위해 전 세계를 유랑할 수밖에 없었다. 유랑지에서 죽어가면서 팔레스타인인들은 임종의 자리에 있던 아무나에게 유언을 남기곤 했다.

"내 친지들에게 내 뼈를 팔레스타인의 고향에 묻으라고 전해주오."

망자들의 유언대로 그들의 뼈를 조국 팔레스타인에 가져올 방도가 내 친구에게는 없다. 그러나 그는 그들의 이야기를 할 수가 있다. 그러기 위해 내 친구는 전 세계의 묘지들을 헤매 다니는 것이다.

베이루트에서 그는 이스라엘이 차에 숨겨둔 폭탄이 터져 죽은 위대한 팔레스타인 문인 가싼 카나파니의 비석을 쓰다듬었다. 같은 사건으로 죽은 작가의 열여섯 살짜리 질녀가 그 옆에 묻혀 있었다. 또한 내 친구는 런던에서 시사만화가 나지 알 알리*의 무덤 옆에 앉았다. 나지 알 알리는 이스라엘 정보부의 공작으로 추측되는 괴이쩍은 사건으로 죽었다. 브라질에서 내 친구는 장에 내다 팔 옷가지를 어깨에 지고 가다 뱀에 물려죽은 팔레스타인 농부의 무덤을 보았다. 사우디아라비아 남부에서 내 친구는 산골짜기 외딴 마을에 있는 집으로 돌아가다 하이에나한테 잡아먹힌 팔레스타인 교사의 무덤을 참배했다.

이스라엘에서 내 친구는 '숫자 묘지'에 가 보았다. 이스라엘 군인들한테 살해당한 수백 명의 팔레스타인인들이 묻힌 그 묘지에는 무덤에 망자의 이름이 없다. 오직 숫자만 있다. 이스라엘은 아직까지도 희생자들의 신원을 밝히려 하지 않는다.

"4년 동안이나 무덤들 사이로 걸어 다닌 너는 요즘 무슨 꿈을 꾸지?"

* 날카로운 정치적 비판으로 유명한 시사만화가. 4만 점이 넘는 만화를 그렸으며, 그의 비판의 화살은 이스라엘 점령자들뿐 아니라 팔레스타인인과 아랍 지도자들에게도 향했다. 그가 창조한 맨 발의 소년 '한달라'는 팔레스타인 저항의 상징이 되었다. 1987년에 암살당했다. _옮긴이 주

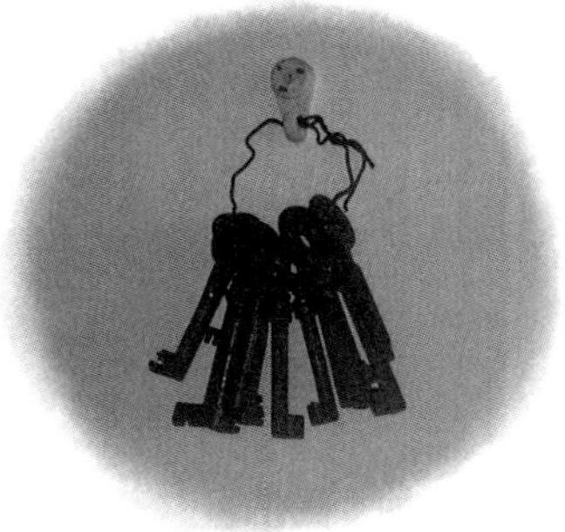

자카리아 무함마드 시인의 집에도 벽에 열쇠 뭉치가 걸려 있다.
이 열쇠뭉치는 시인의 부인이 할아버지로부터 물려받은 것이다.
할아버지는 자파(현재 이스라엘의 해안 도시)의 의사였는데
1948년에 이스라엘 건립으로 쫓겨나면서
몇 주일이나 몇 달 뒤면 돌아올 수 있을 줄 알고 열쇠를 갖고 떠났다.
그러나 그는 죽을 때까지 돌아가지 못했다.
그가 평생을 간직했던 열쇠는 대를 이어 손녀에게 전해졌으나,
이제 손녀는 그 열쇠가 할아버지의 집 열쇠인지 병원 열쇠인지 잘 모른다.
이런 식으로 팔레스타인인들의 기억은 잊혀지고 지워졌다.

나는 친구에게 물었다.

"이제 나는 꿈과 현실을 구분할 수가 없어. 때로는 내가 아주 긴 악몽을 꾸고 있는 것 같아. 그래서 자신에게 중얼거리지. 이 악몽에서 깨야 한다고. 4년이나 악몽을 꾸었으면 충분하다고. 악몽이 계속되면 내게 팔레스타인 전체가 거대한 묘지로 보일 거라고. 나는 그렇게 되고 싶지는 않다고." 이렇게 답하고 내 친구는 제 커다란 가방을 열었다. 가방 안에는 열쇠가 가득 들어 있었으며, 대개 굵고 큰 열쇠들이었다.

"이것들은 유랑지에서 죽은 팔레스타인인들의 고향집 열쇠들이야. 그들은 세계 어디를 가나 이 열쇠를 가슴에 품고 다녔어. 언젠가는 고향집으로 돌아갈 수 있으리라는 희망을 버리지 않고 말이야. 하지만 그들은 고향에 돌아오지 못했지. 외국에 있는 팔레스타인인들의 묘지를 찾아다니는 내게 무덤의 주인을 기억하고 있는 인근 주민들이 이 열쇠들을 맡겼어. 그들은 내가 팔레스타인에 돌아와서 망자의 친지들을 찾아 그 열쇠를 전해주기를 바랐지만, 이미 40년이나 50년 전에 죽은 사람의 친지를 내가 어떻게 찾아낸단 말인가. 나는 이 열쇠들을 어찌해야 좋을지 모르겠어. 세상에, 이 수두룩한 열쇠들과 팔레스타인에 뼈를 묻어달라는 그 많은 유언들! 나는 감당할 수가 없어."

친구는 말했다.

16년 전에 요르단에 살던 한 팔레스타인 난민이 이스라엘로부터 서안 지구를 방문해도 된다는 허가를 얻었다. 그는 나이 많은 노인이었으며, 서안 지구를 방문하던 중에 죽었다. 그 노인을 만났던 이들이 그를 여기 팔레스타인 땅에 묻어 주려고 했다. 이스라엘은 거부했다. 노인은 서안 지구 주민이 아니므로 시신을 요르단으로 돌려보내야 한다는 것이었다. 그런데 아무리 뒤져봐도 그 노인의 요르단 시민증을 찾을 수가 없었다. 아마도 노인은 자기가 죽었을 때 요르단으로 돌려보내지지 않으려고 그것을 찢어버렸을 것이다. 필시 그는 팔레스타인에서 죽으려고 여기 왔다. 노인은 자기 뼈가 고향땅에 묻혀 편히 쉬기를 바랐다. 그러나 그의 소원은 이루어지지 않았다. 그의 시신은 시체안치소에 몇 달씩이나 있다가 결국 요르단으로 돌려보내졌다.

이렇다! 우리는 나지 알 알리나 가싼 카나파니의 뼈를 여기 라말라에 묻을 수가 없다. 이스라엘은 그들의 뼈가 조국에 돌아와 편히 쉬기를 바라지 않는다. 그들의 뼈를 여기 묻을 수 있는 날이 올 때까지, 우리는 전 세계의 묘지를 헤매 다녀야 할 것이다. 악몽을 꿀 줄 알면서도 무덤 사이를 걸으며 비석을 쓰다듬고 거기 적힌 유언을 읽어야 할 것이다.

"내 뼈를 팔레스타인에 묻어 주오."

ⓒ 자카리아 무함마드

라말라에 뜬 무지개.
전 세계를 유랑하다가 죽는 팔레스타인인들은
뼈만이라도 조국에 데려다 달라는 유언을 남긴다.

서정시 쓰기 어려운 시대

현기영(소설가)

무함마드 씨, 귀국 후 그간 안녕하셨는지요? 폭력과 억압, 불안이 일상화되어 있는 그곳이라 이렇게 안부를 묻는 것이 여기서처럼 단순한 인사치레가 아님을 실감합니다.

당신의 글이 그냥 입 다물고 있기에는 너무 감동적이어서 이렇게 몇 자 답글을 써 봅니다.

무함마드 씨, 2년 전 우리 두 사람은 잠깐일망정 한 번 만난 적이 있습니다. 제주에서 열린 4.3항쟁-혹은 4.3사태- 기념 문학 강연회에 강연자로서 함께 참여했을 때였지요. 전국에서 꽤 많은 문인들이 모여들어 성황을 이루었는데, 강연이 끝난 뒤에는 그들을 따라 4.3 수난의 상징처럼 되어 있는 북촌 마을을 찾아가 평화와 상생을 기원하면서 동백나무 한 그루를 심기도 했습니다. 날씨는 심술궂어 심은 나무가 제대로 살지 걱정스러울 정도로 바람이 여간 거세지 않았습니다. 제주 특유의 맵찬 강풍에 육지에서 온 문인들은 사뭇 놀라 몸을 옴추렸는데, 눈부시게 흰 거품을 말갈기처럼 날리면서 잇따라 달려오는 파도들, 그리고 파도의 그 지독하게 시퍼렇던 색깔이 생각납니다. 단 이틀 동안에 무자비한 학살로 5백여 명이 사라져 무남촌[無男村]으로 변해 버렸던 북촌의 원한과 분노가 그 독한 푸른빛을 뿜으며 하얗게 들끓는 듯했습니다. 그 바닷가로 가면서 나는 팔레스타인의 슬픔과 분노가 북촌의 그것과 같은 것이어서 당신의 은빛 머리칼이 짙푸른 파도의 머리에서 들끓는 눈부시게 흰 포말의 색과 잘 어울린다고 생각했습니다.

무함마드 씨, 한국 현대사의 최대 참사인 제주 4.3사태가 발생했던 1948년은 당신네도 역시 대참사를 겪은 해였습니다. 그날 당신의 강연에서 나는 나크바–Nakba, 대참사–란 단어를 처음 들었죠. 저항하는 수천 명의 민중이 희생된 채 팔레스타인 땅이 신생국 이스라엘의 식민지로 전락한 1948년의 나크바 이래, 당신네는 지금까지 60년 가까운 세월을 비참한 연옥의 생활을 해 오고 있습니다.

그날 강연에서 당신과 나는 마치 사전에 교감이 있었던 것처럼 똑같이 문학과 '기억'의 문제에 대해 언급했습니다. 당신은 "시는 시드는 것, 사라지는 것, 죽어가는 것들을 기억하는 것이다"라고, 즉 당신의 문학은 '기억의 문학'이라고 말했습니다. 물론 '시드는 것, 사라지는 것, 죽어가는 것들'의 중심에는 팔레스타인 민중이 놓여 있겠죠.

당신의 '기억의 문학'은 나의 식대로 말한다면 '기억 투쟁의 문학'입니다. 나는 내 몫의 강연에서 '기억 투쟁'에 대해서 말했습니다. 1948년의 제주 참사는 역대 독재 정권에 의해 철저히 금기의 영역으로 묶인 채 반세기 넘도록 망각을 강요당해 왔습니다. 생존자들의 뇌리에 남아 있는 그 참사에 대한 기억을 강제로 지우려는 권력의 만행을 나는 '기억의 타살 행위'라고 부르고, 그 공포정치 속에서 참사에 대한 기억을 지니고 산다는 게 너무 두려워 스스로 그 기억을 지워버리려는 자포자기를 나는 '기억의 자살 행위'라고 부릅니다. 그래서 문학은 기억의 타살, 자살을 거부하고, 참사의 진실·진상을 망각에서 구해내는 '기억 투쟁의 문학'이어야 했습니다.

무함마드 씨, 당신이 한때 문학의 사회적 의무에 대해 회의했듯이 나 역시 그러했습니다. 그러나 공동체 붕괴의 대참사를 겪은 공동체의 한 구성원으로서 작가가 아무 일도 일어나지 않은 것처럼 서정만을 노래할 수는 없다는 것을 우리는 곧 깨닫게 되었죠. 아도르노가 "아우슈비츠 이후 시를 쓴다는 것은 야만적이다"라고 했을 때, 그 시는 서정시를 뜻합니다. 브레히트의 시 「서정시 쓰기 힘든 시대」에서 시인의 펜대를 움직이게 한 것은 사과꽃의 아름다움 같은 서정이 아니라 화가-히틀러-의 언행과 같은 정치적인 것입니다.

무함마드 씨, 자기 땅에서 추방되어 해외에 떠도는 이산 동포들의 고향땅에 대한 절절한 그리움이 감동적으로 묘사된 당신의 글을 읽으면서 나는 '디아스포라'diaspora라는 단어를 떠올려 보았습니다. 원래 이산 유대인을 뜻했던 이 단어가 지금은 종족에 관계없이 일반적인 이산 난민을 지칭하는 말이 되어 있지만, 팔레스타인에서는 유대 민족의 수난과 관계있는 이 단어를 사용하기 꺼려하는지도 모르겠습니다. 왜냐하면 과거에 수난과 이산을 경험했던 유대 민족이 오늘날에는 도리어 점령자·압제자로 군림하면서, 팔레스타인 땅에 수많은 죽음과 난민·이산민을 발생시켰기 때문입니다.

그리고 나는 당신의 글에서 반가운 이름을 발견했는데, 그는 가싼 카나파니입니다. 민주화투쟁으로 들끓던 1980년대에 한국의 저항적 작가들이라면 대개 읽어 보았을 그의 소설 「불볕 속의 사람들」이 생각납니다. 그 소설도 자기 땅에서 강제로 뿌리 뽑혀 추방당한 사람들에 대한 이야기였던 듯한데, 그 작가 역시 죽어서도 고향에 못 돌아가고 객지에 묻혀 있으니 팔레스타인이 처한 가혹한 운명이 아프게 내 가슴을 칩니다.

좋은 글을 읽게 해 준 데 감사를 드리며, 여전한 건필을 기원합니다.

나날이 줄어드는 팔레스타인

- 1949년 그린라인(이스라엘과 아랍 연합군이 싸운 1948년 전쟁의 휴전선)으로 정해진 팔레스타인 서안 지구
- 1967년 이래로 국제법과 UN안보리 결의안을 어기면서 형성된 이스라엘 정착촌과 정착 구역들.
- 이스라엘의 장벽이 들어섰거나 들어설 예정인 구역들. 이스라엘은 이 분리장벽을 반드시 '보안 울타리(security fence)'라고 부른다.
- 분리장벽이 건설 중인 구역들.
- 분리장벽과 그 밖의 차단물들로 완전히 고립된 팔레스타인 지역들.
- 분리장벽과 그린라인 사이에 낀 팔레스타인 지역들.
- 이스라엘이 만든 팔레스타인 '고립지역들(고립된 팔레스타인 거주지역들)'의 경계. 이 고립지역들 사이의 이동은 이스라엘 군대가 통제한다.
- 이스라엘이 나눈 3등분 분할선. 이 구역들 사이를 지나가려면 허가증이 필요하다.
- 현재 실질적으로 팔레스타인인들은 들어갈 수 없게끔 되어있는 요르단 계곡.

출처_http://www.vtjp.org

이삭줍기
시차란 우리가 죽을 때까지 건너가야 할 삶이다

이삭줍기

예술과 팔레스타인 예술

아다니아 쉬블리 (소설가)

스페인 카스티예 라만차에 있는 작은 도시 쿠엔카는 2006년 말, '팔레스타인: 땅, 추방 그리고 창조성'이라는 이름으로 문화 행사를 열었다. 행사에서는 문학 낭독회, 음악회, 영화 상영, 전시회 등 광범위하고 다양한 활동이 벌어졌다.

개회식에서, 지역 정치인들을 필두로 주최 측의 연설이 이어진 후, 팔레스타인 예술가 타이시르 밧지니*가 「불가능한 여행」이라는 행위예술을 실연했다. 한 무더기의 모래를 작가가 삽으로 떠서 다른 지점으로 옮기는 것이다. 그 일이 끝나자마자 작가는 모래를 원래 있던 자리로 도로 옮기기 시작하고, 다시 반복한다. —결국 그의 일은 끝이 없는 시지프스의 과업이다.

* 이 책 148쪽 아다니아 쉬블리의 「시간을 넘어」라는 글에 타이시르 밧지니의 사진 작품이 실려 있다. _옮긴이 주

타이시르 밧지니의 「불가능한 여행」.
때로 예술은 수확 끝난 벌판이다.
누구나 스스로 찾아낸 것밖에 얻을 수가 없다.

하지만 밧지니를 쓰러뜨린 것은 바위가 아니라 모래였다. 이 행위를 통해 밧지니는 시지프스를 그리스 신화로부터 작가 자신의 현실로 끌어온다. —팔레스타인 가자 지구와 프랑스의 파리를 오가는 불가능하고 숨 돌릴 틈조차 없는 여행으로. 그리스 왕과 팔레스타인 예술가를 연결짓는 것은 똑같은 부조리이다. 그들이 애써 이루어낸 성과는 반드시 파괴되어 버리리라는 하나의 저주. 사실 파괴당하리라는 예언은 건설해 내려는 모든 시도들을 수반한다. 그 둘은 앞뒤로 나란히 있다.

모래 무더기가 이쪽에서 저쪽으로 또 저쪽에서 이쪽으로 옮겨지면서, 작업은 점차 시지프스의 비유로부터 모래시계로 변해간다. 두 지점을 왕복하는 모래더미가 이 '불가능한 여행'의 기간을 재는 것처럼 보

주마나 압부드의 「숨을 멈추고」.
정말로 그럴까?
팔레스타인에 사는 사람들은
모두 다 똑같고
한 사람이 다른 사람과 구분될 만한
독특함 따위는 없는 걸까?

인다. 그래서 부조리는 시간이라는 관념 자체에 얽혀들어, 시간을 곧게 뻗어가는 일직선이 아니라 무한히 반복하는 원으로 만들어 버린다.

인접한 공연장에서 두 번째 행위예술인 주마나 압부드의 「숨을 멈추고」가 동시에 벌어졌다. 이 공연에서 예술가는 얼굴을 철가면에 묻고, 더 이상 참을 수 없을 때까지 숨을 참는다. 질식하기 바로 직전에야 그는 얼굴을 들어 깊게 숨을 들이쉬고는 다시 얼굴을 철가면에 묻는다.

밧지니의 작업이 삶의 부조리한 순환을 그렸다면, 압부드의 작업은 이 순환을 죽음이라는 직선에 갖다댄다. 이 진솔한 두 작업은 삶의 순환성 대 죽음의 직선성이라는 모순적인 주제들을 다룬다. 이들은 '끝'이라는 개념을 넘어서 연속성을 회복시키고, 끝이 연속성을 얻기 위한 전제조건임을 보여준다는 점에서 매우 비슷하다. 왜냐하면 순환이 끝나는 순간이 바로 다시 시작하는 순간이기 때문이다. 죽음의 직선보다는 삶의 순환이 우위이다.

이제 문제는 팔레스타인 상황이 이 두 작품에 얼마나 그려졌는가이다. 또는 이 두 예술가의 '팔레스타인다움'이 작업에 어느 정도로 드러났는가? 이런 질문은 그냥 해보는 게 아니다. 예루살렘의 〈알 마말 현대예술 재단〉의 감독이자 쿠엔카에서 실연된 밧지니와 압부드의 작업의 큐레이터인 잭 퍼세키안이 쓴 논문 「팔레스타인 예술에 대한 재고」로 촉발되어, 행사에 참가했던 작가들 사이에 벌어졌던 긴 논쟁을 환기시키기 위한 것이다. 이 논문의 주요 주장 중 하나는, 팔레스타인 예술로부터 정치에 대한 직접적인 언급만이 아니라 국가주의와 국가적 이해를 잘라내고 팔레스타인 예술가들이 '팔레스타인 예술'이 아닌 '예술' 창작에 주력할 필요가 있다는 것이었다.

많은 쟁점이 도출된 이 논의에는 모리드 바르구티, 마흐무드 아부 하쉬하쉬, 롤라 할라와니, 라에나 타하, 칼리드 라바, 후아드 아스푸르, 다나 에라캇 그리고 나 자신도 참여했다. 퍼세키안의 주안점, 즉 예술은 모든 감각을 열어두어 무한한 방식들을 흡수할 수 있어야 한다는 견해에는 이들 대부분이 동의하면서도, 다음과 같은 주된 의문을 제기했다. 국가주의적이고 정치적인 주제들을 버리라는 이런 요구 또한 예술 창작 과정과는 별개일 수 있을까? 예술가들에게 다른 건 말고 어떤 일정한 주제들을 다루라고 강요해도 될까?

어떤 이들에게는 이런 요구가 팔레스타인 예술은 가능한 한 '팔레스타인적'이어야 한다는—팔레스타인 현실을 잘 모르는 사람들의 호기심에 답해야 한다든가 하는 실용적 이유로, 또는 책임감 같은 도덕적 근거로, 또는 팔레스타인에서 벌어지는 일들을 기록하여 외부 세계에 알려야 한다는 절실함 때문에— 이전의 요구를 뒤집어 놓은 것처럼 보였다. 이 두 요구는 하나는 팔레스타인적인 주제를 버리라고 하고 다른 하나는 그 주제에 천착하라고 하여 명백히 상반되었음에도 불구하고, 둘 다 원리는 같다. 외부로부터 예술가들의 선택과 창작 과정에 영향을 미치려고 한다.

어찌 보면 이 둘은, 물론 정도 차이는 있지만, 예컨대 상업적인 회사들이 예술가들에게 자기에게 이득을 가져올 만한 주제들을 다루라고 하는 것과 다르지 않다. 노동자 계급이 생산에 임할 에너지를 재충전하게끔 예술을 지속적인 오락으로 만들려는 자본주의의 노력과 비슷하기도 하다. 또는 간단한 예로 예술에 선전을 주입하려는 전체주의 정권들의 시도라든가. 이 모두가 완전히 자율적이고 자유로워야 할 창작 과정에 영향을 끼치려는 외부 압력의 다양한 위장 방식이다.

결국, 팔레스타인 예술가가 어느 날 카메라 앞에서 제 신발을 꿀꺽 삼키든지 또는 카메라로 라말라를 침공한 이스라엘 군대를 찍든지, 예술가 자신의 선택이어야 한다. 외부적인 요구에 뜯어 맞추어서는 안 된다. 주제가 뭐고 유파가 무엇인지를 떠나, 밧지니와 압부드의 두 작품에 대한 평가는 작가가 그 작품에서 보는 이가 자신만의 해석과 개인적이고 생생한 경험들을 집어넣을 공간을 창조했는가 아닌가, 이것으로만 이루어져야 한다.

그러나 예술 작품이 특정 컨텍스트—이 경우에는 팔레스타인—에 한정

되지 말아야 한다거나 될 수 없다는 증거로서, 퍼세키안은 에드워드 사이드의 비평에 대한 모나 하텀의 응답을 인용한다. 에드워드 사이드는 '작가–모나 하텀–가 팔레스타인 상황을 어느 누구보다 잘 표현했다'고 평했는데, 하텀은 팔레스타인인으로서 망명과 추방을 겪어야만 했던 사이드가 팔레스타인 이슈와 별로 관계없는 자기 작품에서 딱히 팔레스타인 이슈를 읽어냈다고 반박했다.

사이드가 하텀의 작품을 자신의 개인적 경험과 맥락 안에서 해석 또는 '읽어냈다'는 건 분명하다. 하텀이 사이드의 평가를 그 자신의 맥락으로 읽은 것처럼 말이다. 사이드는 언술이란 것이 맥락이나 역사성과 상관없이 이루어질 수 있다고 말한 적 없고, 인간이 어떤 맥락으로부터도 자유로운 절대적 진실을 진술할 수 있다고 주장하지도 않았다. 그렇지 않다는 것을 그의 책 『오리엔탈리즘』이 멋지게 규명해냈다. 하텀과 퍼세키안은 사이드의 말을 부정적으로만–하텀의 작품을 한정지으려는 시도로만– 받아들이지 않고, 팔레스타인 상황 자체의 의미는 다중적이기 때문에 형식도 내용도 단일화될 수 없다는 예시로서 긍정적으로 생각할 수도 있었다. 실은 '예술의 보편성'이라는 퍼세키안의 주장이야말로 칸트주의 인식론과 탐미주의, 또는 현대 글로벌리즘에서 연원한 서구 현대 예술 담론과 본질적으로 같다고 볼 수도 있다.

더구나 팔레스타인 예술을 재고하기 위한 그 논문은 말 그대로 국기에 휩싸였거나 또는 그 색깔로 범벅인 작품들을 주로 언급하고 있다. 내 생각으로는, 만약에 그런 작품들이 '문제적'이라고 여겨진다면 그 '팔레스타인다움' 때문만이 아니라 일반적인 의미에서 예술적으로도 성취한 바가 있기 때문일 것이다.

그럼에도 판도는 단순하지 않을 뿐더러 점점 더 복잡해진다. 쿠엔카의 행사에서 여러 팔레스타인 영화가 상영되는 동안, 팔레스타인 예술가들 사이의 논의는 더욱 다채로워졌다. 다큐멘터리나 다큐드라마인 그 영화들은 대개 2000년 두 번째 인티파다 이후, 특히 2002년 봄 이스라엘이 많은 팔레스타인 난민촌과 마을, 도시들을 재침공했던 기간 중에 제작되었다.

여기서 잠시 쿠엔카로 돌아가 보자. 두 거대한 산맥 사이에 조용하고 평온하게 펼쳐진 스페인의 중세적인 작은 도시. 우리가 호텔에서 영화 상영관으로 걸어갈 때면 친절한 주민들이, 몇몇과는 우리가 운 좋게 친해지기도 했는데, 반갑게 인사를 건네곤 했다.

상영관에는 빨간 좌석이 있고 어찌나 푹신한지 거기 앉으면 아주 파묻혀 버려, 멀리 있는 스크린 말고는 옆 사람도 쳐다볼 수가 없을 지경이었다. 그리고 돌연 스크린에 팔레스타인에서 온 영상들이 줄달음치기 시작하는 것이었다. 군인들, 총격, 폭발, 상처, 공포, 돌을 던지는 젊은이들, 장례식, 상점이 박살나고 건물은 무너진 거리, 어두운 골목…… 눈에 익은 장면들이 그 작은 도시 쿠엔카에서 갑자기 재연되었다.

순간 그 영상들은 그로부터 며칠 동안 도망쳐 나온 우리를 쫓아온 과거의 망령처럼 보였다. 고요하고 평화로운 쿠엔카의 마법에 홀려있던 우리는 과거로 도로 질질 끌려갔다.

아니다, 사실 그렇지는 않았다. 내게 그 영상들은 내가 살아왔던 과거의 이야기 같지가 않았다. 스크린 위에서 줄달음치는 그 영상들은 한

번도 접해본 적 없는 낯선 삶 같기만 했다. 마치 처음 보는 장면들 같았다. 스크린에 떠서 그 영상들이 자기들만의 현실을 만들어 내어, 실제의 현실에서 내가 느꼈던 것과는 다른 감정을 불러일으키는 듯했다. 그래서 나는 등장인물들이 매우 슬픈 일을 겪을 때마다 울었다. 실제로 내가 그 일들을 겪어왔고, 그러면서도 결코 울지 않았는데도 말이다.

도무지 스크린에서 눈을 뗄 수가 없었다. 나는 모든 영화를 보고 싶었으며 그 모두를 살고 싶었다. 한편으로는 내 마음의 뒷구멍으로 슬금슬금 예전의 소망이 기어들었다. 팔레스타인에서 내 삶을 방해했던 그 바람. ―이 모든 것을 버려두고 현실에서 도망치고 싶다!

한 단편 영화의 중간쯤에 나는 갈증을 더 이상 참을 수 없었다. 잠깐이라도 스크린을 떠나면 죽을 것 같은 기분이었지만, 더 버티다가는 내 영혼이 몸을 떠날 것 같았다. 나는 나가서 물을 마시고 돌아와서 영화를 계속 보았으며, 영화는 이어졌다. 단편 영화치고는 꽤 길었다. 나는 몸을 기울여 옆 사람에게 내가 나간 사이에 무슨 내용이 나왔느냐고 물었는데, 그 사이에 이전 영화가 끝나고 새 영화가 시작된 거라는 답변이 돌아왔다.

문득 나는 스크린이 내게 사기를 치고 있다는 사실을 깨달았다. 그 영화들은 마치 같은 등장인물들이 나오는 하나의 영화 같았다. ―같은 군인들, 같은 젊은이들, 같은 여자들과 아이들. 심지어 다 같은 제작팀이 만들고 찍고 편집한 영화 같기까지 했다. 누군가는 실제로 팔레스타인의 현실이 불행히도 수십 년 동안 똑같았다고 말할지도 모르겠다. 하지만 정말로 그럴까? 팔레스타인에 사는 사람들은 모두 다 똑같고 한 사람이 다른 사람과 구분될 만한 독특함 따위는 없는 것일까?

마침내 나는 상영관에서 나가 세 번째 영화가 끝난 후 진작 나가버린 다른 예술가들을 따르기로 했다. 그들을 상영관 밖으로 몰아낸 것은 지루함이나 치욕스러움이 아니었다. 그 영화들이 묘사하는 현실을 익히 알고 있기 때문에 그들이 나간 것도 아니었다. 그들은 내가 뒤늦게 깨달았던 스크린의 사기를 벌써 알아챈 것뿐이었다.

그들은 상영관 건물 입구에서 서성이고 있었다. 경쟁적인 뉴스 보도에 영화를 찍는 카메라의 미학과 선택까지 감염되었다며 다들 분개했다. '장면이 될 만한 것만 찍는다'는 이런 태도를 퍼세키안 역시 그의 논문에서 비판했다. 무엇보다도, 삶으로 향한 길을 찾아내는 능력은 근사한 장면으로 찍을 수가 없다. 그거야말로 가장 장면이 안 되고, 사진발도 안 받는다. 가난한 사람들이 수확 끝난 벌판을 훑어 남은 밀 이삭을 줍듯, 생명을 찾아 샅샅이 뒤지는 숨은 능력 말이다. 이것이 압부드가 정확한 순간에 얼굴을 들어 새 숨을 들이쉬는 능력이며, 밧지니가 모래더미를 옮기고 또 옮겨서 여행을 계속하는 능력이다. 때로 예술은 수확 끝난 벌판이다. 누구나 스스로 찾아낸 것밖에 얻을 수가 없다.

시차란 우리가 죽을 때까지 건너가야 할 삶이다

김경주(시인)

오늘 날씨는 비가 올 확률이 90퍼센트라고 합니다.
지금은 그 비가 조금씩 먼 구름 속에 떠서 이쪽으로 건너오고 있고 내 낡은 프린트기에선 당신의 글이 조금씩 인쇄되어 나오고 있습니다. 흘러나오는 종이를 바라보며 나는 그것들을 내가 한번도 만져본 적 없는 모래알들이 이쪽으로 밀려오는 것으로 바라봅니다. 프린트기는 트랙터처럼 덜덜거리며 내가 가본 적 없는 작은 지구地球들을 종이 위에 실어 이곳으로 보내고 있습니다. 나는 당신이 어린 시절을 보내곤 했을, 당신이 연인의 손을 잡고 휘파람을 불며 걸었을, 당신이 눈을 감고 지나가야 했던 그 골목들을 상상해봅니다. 그 보이지 않는 세목을 향해 당신의 언어는 내게 달려왔던 것입니다. 나는 바닥에 종이가 떨어지지 않게 조심히 손바닥으로 그것을 받아냅니다. 종이는 아직 따뜻하고 섬세하며 단아합니다. 새벽의 따뜻한 피가 묻은 달걀들처럼. 지금 나는 책상에 앉아 내 기후로 당신의 글을 읽어가고 있습니다.

나는 시차에 대해서 잠시 생각합니다. 당신의 글에선 마른 모래냄새가 서걱거리고 당신이 하얀 여백에 내려놓은 문장은 어딘가로 흘러가고 있는 것 같습니다. 우리의 문장은 어디로 흘러가는 것인가요? 당신은 글쓰기란 마치 단어와 단어 사이에 수많은 침묵이 놓일 수 있어야 한다는 듯이 글을 써내려갑니다. 나는 당신이 언어에 배치한 침묵의 오고감五苦感으로 인해 잠시 당황하고 아련했습니다. 어떤 새보다도 인간의 상상력은 높이 날 수 있다고 우리는 자주 말해왔습니다.

나는 지금 당신의 나라를 상상하는 것이 아니라 당신의 문장을 상상하고 있습니다. 그것은 당신과 나의 사이에 있는 거리이지만, 당신과 나 사이에 있는 여행입니다. 여행은 누구에게나 침묵의 연습이며 우리는 둘 다 말로 표현할 수 없는 거리에서 자주 서성거린 적이 있습니다.

나는 언젠가 이스라엘 작가 아모스 오즈의 소설들을 읽으며 그런 생각을 한 적이 있습니다. 그는 지상의 어디에도 머무르지 못한 채 헤매고 있는 언어들을 찾아야 한다는 듯이 자신의 나라에 새로운 언어들을 이주시키고 있었습니다. 그는 그 언어들을 자신의 소설 제목인 『블랙박스』로 불렀습니다. 추락을 겪어야만 알 수 있는 진실. 우리의 생에도 그런 것들이 너무나 많아서 눈물이 난다고 그는 써내려갔습니다. 우리의 생이 진실이라 겨우 부를 수 있었던 것들은 그런 시간의 여독을 견뎌야 하는 것인지 모릅니다. 그곳은 내겐 아직 너무나 아득하고 가장 아득한 곳까지 나는 멀리 있었습니다. 그것은 무엇인가요? 사람들이 말하는 희망인가요? 나는 우리가 이 생 위에 언어로 이름 붙이고 있는 것들은 시차들에 다름 아니라고 믿고 있습니다. 언어들은 우리의 몸에서 내려온 작은 시차들이고 언어는 그 시차들을 견디며 스스로의 주술에서 풀려나기 위해 몸부림치고 있는 것은 아닌가요? 우리가 언어로 희망할 수 있는 것들을 삶이라고 부르면 시시해집니다. 죄의 바깥에 삶이 있고 언어의 바깥에 우리가 도모할 수 없는 영혼이 있다고 부르고 싶습니다. 우리가 그렇게 부른다고 해도 우리는 어떤 경계에서도 처벌받지 않습니다. 당신이 말한 '불가능한 여행'은 그런 것이 아닌가요? 우리는 아직도 우리의 인식으로는 파악하지 못하는 공기의 실체에서 숨쉬고 있으며 그 공기를 견디고 있습니다. 세상의 어떤 벽도 공기가 드나들지 못하도록 할 수는 없습니다. 예술은 그것을 수렴하고 우리는 부를 수 없는 언어로 그 예술에 참여하고 있다고 믿고 싶습니다.

나는 당신의 글을 보고 나서 다시 한 편의 영화를 떠올립니다. 예전에 나는 친구와 함께 월세값을 털어 독립영화 한 편을 만든 적이 있었습니다. 물론 그 영화는 예산의 부족으로 결국 상영을 하지는 못했습니다. 그것은 「인형의 유령」이라는 제목이었습니다. 인형의 유령은 무엇인가요? 나는 인간은 모두 자신이 만든 하나의 시간에 다름 아니고, 그 시간의 유령들은 인간일 것이라고 생각한 적이 있습니다. 어쩌면 우리는 우리가 만들어낸 인형의 유령에 불과한 것인지 모르기 때문입니다. 그때 나에게 그것은 다른 곳을 건너가기 위해 반드시 견뎌야 하는 시차였습니다. 나는 이야기를 지금 당신도 자신이 견디고 있는 시차에 대해서 말하고 있는 것이라고 다시 시작하고 싶어집니다. 시차란 우리가 죽을 때까지 건너가야 할 삶이고 삶은 끊임없이 시차를 건너가는 여행일지 모릅니다. 나는 당신을 만난 적이 없습니다. 당신을 우연히 어딘가에서 만난다고 해도 기억해내지 못할지도 모릅니다. 다만 그때 우리가 머무르고 있는 시차에 대해서 조금만 애연해지기를. 오늘은 그래도 비가 올 확률이 아주 많다고 합니다. 그리운.

아버지 없는 시인들의 아버지
존재의 거울

아버지 없는 시인들의 아버지

나의 스승 후세인 바르구티

키파 판니(시인)

신은 신을 창조한다

후세인 바르구티. 그는 내게 시를 가르쳤고, 또 생존도 가르쳤다. 그를 만나기 오래 전부터 나는 그를 알고 있었다. 그의 글과 기지 넘치는 문장과 글 속의 일화들은 비르젯 대학 신입생들의 주된 토론거리였다. 1992년 마침내 그를 만났을 때, 나는 그 앞에서 한마디도 할 수 없었다. 그가 하는 모든 말이 내게는 완전히 새롭고 정신을 살찌우는 지식이었다. 몇 년 동안 나는 듣고 또 듣기만 했다. 나는 단언할 수 있다. 단지 그의 말을 경청한 덕분에 내가 공부로 보낼 세월을 20년 이상 절약했다고. 그 시절 나는 그와 나 사이에 어떤 유대가 있으리라고는 전혀 생각지 못했다. 나는 일개 문학청년이었으며 삶의 경험도 일천했다.

그러나 그는 나를 만나면 호의를 보였으며, 나를 존중하고 내가 학비

〈팔레스타인 젊은 예술가 포럼〉이 후세인 바르구티에게 헌정한 그의 초상화.

를 마련할 수 있을지 걱정해주었다. 나는 그가 원래 친절한 사람이라서 그런다고만 생각했다. 어느 날 밤 나는 술집에서 실연의 아픔을 술과 망각으로 달래고 있었다. 그가 술집에 들어와 내 테이블에 앉았다. 인사를 나눈 후 나는 말했다. 내가 당신에게 질문을 하나 하겠으니 모쪼록 솔직히 답해 달라고. 그는 고개를 끄덕였으며 나는 말을 이었다. 오늘 내가 내 인생에 대해 생각해보니, 흥미로운 점이—나 자신조차 흥미를 느낄 만한 점이— 하나도 없다. 당신은 왜 내게 그토록 관심을 기울이는가. 그는 미소 지으며 답했다. "신을 창조하는 건 신의 오랜 버릇이지."

인생은 그에게 무엇을 주었나

그 말이 내 정신의 형성에 막대한 영향을 끼쳤다. 우리는 친해졌으며 인생, 시, 정치, 문화에 대한 대화도 길고 깊어졌다. 서서히 나는 그가 그 말로 의미했던 바를 깨달아갔다. 또한 서서히 나는 암에 걸린 그가 떠난 후 느낄 비통함을 미리 겪었다. 4년 동안 그는 암과 싸웠고, 나는 그의 부재로 인한 고통을 견디도록 내 정신을 단련시켰다. 마지막 이태 동안에는 나와 이른바 '아버지 없는 시인들'—후세인 바르구티 자신이 이렇게 명명한—은 그가 가르침을 마무리하고 있음을 느꼈다. 그는 우리

세대 모든 시인과 작가들의 스승이었다.

아버지 없는 시인들의 아버지

전세대의 작가들은 대개 그 이전 문학적 선배들로부터 계승받은 저항의 문학을 했으나, 그는 달랐다. 그는 저항의 최전선에서 활동하면서도 문학의 미적 가치를 중시했다. 우리가 어떤 제재로 글을 쓰든 보편적인 인간들을 감동시키는 미를 추구해야 한다고 그는 가르쳤다. 비르젯 대학에서 그가 한 열 번의 강연으로부터 새로운 경향의 작가 세대가 솟아났다. 나를 포함한 그들을 비평가들은 그저 젊은 시인들이라고 불렀으나, 후세인 바르구티는 아버지 없는 시인들이라 했다.

임종의 침상에서 그는 내게 말했다. "나는 평범하게 죽을 줄 알고 있었다네. 왜냐하면 살면서는 평범해보지를 못했거든. 인생은 내게 공평했어." 나는 그 말의 뒷부분에 동의하지 않았으며 역설적으로 외쳤다. "어지간히 공평하군요." 팔레스타인 지성계를 뒤흔든 그 위대한 작가가 적절한 치료조차 받지 못하고 죽어가고 있던* 그때, 문화부 장관의 한 친척은 다리가 부러지자 프랑스 파리로 치료받으러 날아갔다. 그에게 내가 그런 내막을 알리지는 않았으나, 그가 나의 외침에 대해 "인생은 나로부터 가져간 것만큼 내게 주었다네"라고 답하자 더는 참지 못하고 물었다. 인생이 당신에게 도대체 무얼 주었느냐고. 그는 말했다. "너희들 모두." 이제 나는 그의 말뜻을 안다. 그 말은 그가 우리로부터 친구

* 팔레스타인 병원들은 암 같은 질병을 치료하기에는 역부족이다.

로서의 애정이나 제자가 스승에게 바치는 존경심을 얻었다는 뜻이 아니었다. '보다 높은 차원의 형성'* 이 이루어졌음, 즉 우리들로 인하여 자신의 미적 추구가 끊이지 않고 이어지리라는 뜻이었다. 그렇게 그는 필수불가결한 존재가 되었다. 그가 더 이상 우리와 함께 있지 않음에도 불구하고 그의 가르침은 미를 찾아 헤매는 우리에게 여전히 유용하며 가장 중요한 지침이다.

로제타스톤의 태양

'로제타스톤* 의 태양'은 그가 내게 준 이름이다. 그가 어떤 이에게 "키파는 몇 년 전에 로제타스톤에 몰입하더니 영 거기서 나오지를 않는다네"하고 걱정스럽게 말했더란다. 그리고 나중에는 내게 직접 충고하기도 했다. "그만 로제타스톤을 잊게. 한 책의 영향 아래 오래 머무르는 건 위험하다네. 세상에는 읽을 것도 많고 배울 것도 많네. 그 책을 찢어버리고 전진하게." 나는 대꾸했다. "걱정 마십시오. 제가 로제타스톤을 찢을 때는 더 이상 못 해낼 일이 없을 테니까요."

그는 예언자처럼 와서 그렇게 갔다. 다른 세상으로부터, 그리고 다른 꿈으로부터. 그는 초월적인 힘이 보내는 하나의 암호였으나 이를 자

* 후세인 바르구티의 시집 『변태變態』의 한 구절.

* 후세인 바르구티의 다른 시집 제목. 본래 로제타스톤은 이집트 알렉산드리아 북동쪽 로제타 마을 부근에서 발견된 비문으로, 프톨레마이오스 5세(BC 205–180)의 은혜를 칭송하는 내용이다. 같은 구절이 이집트어(상형문자와 민용문자-이집트 상형문자 필기체)와 그리스 알파벳의 3가지 필기방식으로 씌어져, 상형문자 해독의 계기가 되었다.

신조차 알지 못했다. …… 그는 지구의 거주자들에게 작별 인사를 고하러 온 듯했고, 떠날 때가 되었다고 느끼자 떠났다.*

어느 날 그는 병원 주변을 나와 함께 산책하다가 걸음을 멈추고 들꽃을 물끄러미 바라보며 말했다. "때로 나는 평생 동안 들꽃을 가슴에 품고 영원히 눈을 감기만을 바랐다는 생각이 든다네." 그는 그렇게 눈을 감았으며 자신의 마지막 작품 제목처럼, '아몬드 나무들 사이에' 누워 있다.

*『로제타스톤』 중에서

존재의 거울

나는 왜 저항의 문학을 하는가

이인휘(소설가)

20대에 숨어서 보던 책들이 있었다. 골방 속에 갇혀서, 혹은 아무도 없는 산 속에 홀로 들어가 시인의 노래를 부르며 눈시울을 붉히다가 가슴을 쥐어뜯기도 했었다. 술에 취하면 술병에 대고 민주주의를 부르짖었고, 독재정권을 향해 저주의 욕설을 퍼붓기도 했다. 그러다가 시인의 노랫말처럼 민주주의를 찾아 나서다 최루탄을 온몸에 뒤집어쓴 채 경찰서로 끌려가 갈비뼈에 금이 가도록 발길질을 당한 적도 있었다.

민주주의는 꽃이다. 그 꽃은 자유고 평화다. 독재정권은 그 꽃을 짓밟았다. 수많은 사람들이 고문을 받고 의문사로 사라졌다. 나는 피로 얼룩진 어둠 속에서 피어난 상상화 꽃 같은 시인의 노래를 세상에 퍼뜨리기 위해 글을 쓰기 시작했다. 분노와 상처로 일그러진 언어들. 그 언어들은 공권력을 향해 날리던 돌멩이처럼 투박했다. 민주주의가 아닌 모든 것들은 적이다! 1980년 광주항쟁으로 수많은 사람들이 죽어가는 모습을 본 나는 민중이라는 새로운 얼굴을 만났다.

민중의 얼굴들 중에서 가장 강렬하게 내 앞에 나타난 얼굴은 노동자들의 얼굴이었다. 국가로부터 버림받은 자들. 자본가들의 배를 불리기 위해 노예처럼 살아야 하는 자들. 그들은 하루에 14시간씩 일하면서 몸

하나 반듯하게 눕힐 방 한 칸조차 가질 수가 없었다. 그 삶이 억울해 조금이라도 나은 삶을 요구하면 가차 없이 일터에서 쫓겨났다.

민중들이여 혁명이다! 민중에게 권력을! 독재정권과 부패한 자본가들을 쓸어내고 새로운 민중에 의한 정부가 생겨날 거대한 파도가 몰아칠 꿈을 꾸었다. 민주주의를 노래했던 글과 말들이 민중의 힘을 상징하는 노래로 탈바꿈했다. 자유와 평화를 위해서 평등이라는 눈부신 햇살이 필요했다. 세상 곳곳을 밝혀줄 수 있는 그 찬란한 빛을 통해 민주주의의 꽃도 만발할 것이라고 믿었다.

평론가들은 민주주의를 노래했던 시기의 글들을 참여문학이라고 불렀고, 민중을 노동자를 부르짖는 문학을 민중문학, 노동문학이라고 불렀다.

문학이란 무엇인가. 참으로 얼마나 많은 작가와 평론가들이 문학에 대한 정의를 내리고 해석을 했었던가. 문학에 관한 완전한 정의와 해석이 어떻게 가능할 수 있단 말인가.

작가여, 당신은 왜 글을 쓰는가.

가슴에 담아두면 터질 것 같아. 쓰지 않고서는 견딜 수가 없어. 내 안에서 흘러나오는 이 이야기를 어찌할 것인가.

자본가가 이윤을 쫓는 것처럼 작가는 자신의 가슴에서 울려오는 소리를 듣는다. 듣고 싶지 않아도 들려오는 그 소리를 쫓아 문학을 한다. 어떤 작가는 인간 존재의 근원을 찾아, 어떤 이들은 인간의 의식 저편에 있는 초월적 세계를, 또 어떤 이들은 사랑을 찾아, 생명의 근원을 찾아 문학을 한다. 찾아가는 세계와 그 이야기를 담는 그릇은 다르지만,

그의 가슴에서 올려오는 세계를 쫓아가는 것은 다르지 않다.

나는 소설을 쓴다. 평론가 혹은 독자들이 내 글을 읽고 어떤 문학적 용어를 붙이든 간에 나는 소설을 쓴다. 내가 겪어온 삶의 편린들이 어느 날 내 안에서 요동을 치면 나는 글을 쓴다. 물론 나는 자유와 평등이라는 이루어지기 힘든 소망을 가슴에 품은 채 소설을 쓴다. 내 개인의 자유와 평등은 말할 것도 없고, 모든 사람들의 자유와 평등을 위해 소설을 쓴다. 한때 그 열망이 너무 커서 모든 사람과 사건과 사물들을 흑백논리에 가둔 채 바라보았다. 그래서 나는 내가 원하는 목소리만 키워 세상을 향해 내뱉었다. 왜 당신들은 민주주의를, 민중들을 사랑하지 않느냐고!

나는 지금도 여전히 수많은 상처를 통해서, 인간의 상상하기 어려운 내밀한 모습의 다양성을 통해서, 생의 놀랄 만한 풍부한 세계를 접하면서, 현실문제에 직접적인 발언을 하면서 이 세계를, 인간을 진지하고도 깊이 있게 보기 위해 애를 쓴다. 그게 내가 살아온 길이다. 나는 그 길 위에서 꿈을 꿨고, 그 길 위에서 이 세계를 인간을 보고 있다. 그것이 정녕 잘못 본 것이라고 할지라도 그건 내 몫이다. 그래서 나는 저항의 문학을 한다. 그 저항은 오랜 시간을 겪으면서 느꼈던 흑백논리의 저항이 아니라, 인간세계의 아름다움을 찾아나서는 저항이다. 인간과 인간 사이의 저항, 인간과 자연 사이의 저항, 자연과 자연 사이의 저항, 인간과 종교 사이의 저항, 자본과 노동 사이의 저항 그리고 수없이 계속되는 모순을 넘어서는 모든 저항의 아름다움을 찾아나서는 저항이다. 그 과정은 생명의 근원을 찾아나가는 길이고, 비틀어지고 왜곡된 생명을 치유하기 위한 길일지도 모른다.

당신은 무슨 노래를 부르고 싶은가. 어떤 꿈을 가슴에 품고 노래를 부르고 싶은가. 당신의 가슴에 귀 기울여 보라. 무슨 소리가 당신의 가슴 속에서 들려오는가. 그 소리는 당신이 살아온 삶의 거울이다. 문학은 바로 그 거울 속을 솔직하게 들여다보는 것으로부터 시작되는 것이 아니던가.

사랑의 힘과 힘에 대한 사랑

무엇이 잘못 돼서 오늘날 세계가 이 꼴이 됐는가?

모든 게 글쓰기가 우리에게 생각, 서술, 묘사 등을 응축하고 축적할 수 있는 능력을 주었기 때문이다. 무언가를 기억하는 것은 무언가를 망각하는 것이다. 일리아드와 오디세이는 트로이와 그 거주자들은 인간 종과 문명에 속하지 않는다고 선언했다. 또한 구약 성서는 인간을 신에게 선택받은 자들—유대인들—과 다른 이방인들로 나누었다. 히브리와 그리스 양대 문학은 자기들의 정체성만 기억하고 인류의 종種적 정체성은 잊어버리기 위해 역사, 문학, 절대적 진리의 권능을 조합했다.

두 실체가 서로에게 폭력을 행사한다면, 작용이 테러고 그에 대한 반작용은 저항이다. 그러나 오늘날 신의 차별에 영감 받고 고전적 식민주의로부터 배운 미국과 이스라엘은, 이걸 거꾸로 해석한다. 그들에 따르면 자기들의 영토로부터 수천 마일 떨어진 데서 저지른 어떤 폭력도 자기 방어이고, 자기들의 폭력의 대상이었던 자들의 대응은 다 테러다. 이런 식으로 미국은 이라크에서 조국을 방어하고 있고 이스라엘도 레바논과 팔레스타인에서 같은 짓을 하고 있다.

문학은 잊혀진 종적 정체성을 회복하기 위한 항구적인 시도이다. 중요한 것은 문제가 아니라, 그 문제에 대한 처방이다. 그 처방이 우리 안의 인간다움을 감동시키는가 아닌가이다. 이것이 사랑의 힘과 힘에 대한 사랑의 차이이며, 둘 사이의 거리이다.

—키파 판니가 2006년 10월 광주 제2회
아시아문학포럼에 참가하여 발표한 글
「테러 대 기억」에서

어떻게 해서든
우린 들어가고 말 거예요!
제닌의 소녀들을 위하여

어떻게 해서든 우린 들어가고 말 거예요!

아다니아 쉬블리(소설가)

행복이란 빛이며, 가슴을 누르는 압력을 가진 빛이라서 행복을 느끼는 동안에 신체의 다른 부분은 나른하게 무감각해진다고 나는 생각한다. 물론 나쁘지 않다. 행복은 원래 그렇고, 강하며 완고하다. 행복은 절대로 자신을 의심하지 않는다.

행복을 느끼기 위해 나는 제닌 난민촌에서 낭독을 하려 한다. 고통이 커져서 내 영혼을 독식하는 걸 막고, 고통을 끝장내려고. 제닌에는 내 어린시절의 추억이 어려 있건만, 나는 난민촌에는 2002년에* 처음이자 마지막으로 가 봤고 이제 다시 몇 년 만에 가 볼 것이다.

어렸을 때 나는 아버지를 따라 매주 금요일에 제닌에 가곤 했다. 줄

* 제닌은 이스라엘에 대한 저항의식이 높은 도시이다. 2002년에 이스라엘 군대가 제닌 난민촌에 난입하여 적어도 50명 이상(주민들 주장은 300명 이상)을 죽이고 난민촌을 초토화한 '제닌 학살 사건'이 벌어졌다. _옮긴이 주

지은 가게들마다 천장에서 색색의 물건들이 늘어져 있었다. 한 가게 주인이 고객과 이야기를 하면서 무언가를 끌어내리던 장면을 나는 뚜렷이 기억한다. 그는 마치 마술사가 마술 봉을 흔들 듯, 오른손으로 끝에 갈고리가 달린 막대기를 들어 공인지 돈 상자인지를 천장에서 끌어내렸다. 아주 작은 아이였던 나는 그 순간까지 천장을 올려다보면서, 제닌의 하늘에서 늘어진 저 색색의 물건들은 새들만이 건드릴 수 있을 줄만 알았는데.

내가 성장하면서 내가 사는 도시도 커져 갔다. 반면에 제닌은 작은 채로 남아 있었다. 나는 예루살렘이나 라말라에서 제닌에 가까운 고향 마을로 가면서 지나칠 때 말고는, 그 도시에 가지 않았다. 그나마 2000년 이후로는 봉쇄 장벽과 늘어나는 검문소 때문에 팔레스타인 차로 제닌에 들르기가 불가능해졌다. 이 봄, 나는 독일 외교관 차에 탄 승객으로서 그 길을 갈 것이다.

제닌으로 가는 길을 떠올려 보려고 하지만, 쉽지 않다. 최소한 나블루스와 제닌 사이 길만이라도 떠올려 보려 한다. 그 길은 오른쪽으로 돌아 내려가고, 아몬드 나무 몇 그루가 밀밭을 굽어보고 있었다. 갑자기 나는 지독한 두려움에 빠진다. ―그 나무들이 더 이상 그 자리에 없다면? 요 몇 년 동안 수천 명이 죽었으며 수천 채 가옥이 파괴당했고, 수천 에이커의 땅이 몰수되었다. 또한 나무 수천 그루가 뽑혔다. 고통이 슬며시 돌아와, 가슴 벅찬 행복을 밀어내고 대신 자리를 차지해간다. 그래서 나는 냉담함으로 고통의 느낌, 그리고 행복의 느낌도 마찬가지로 쓸어내 버린다. 냉담함에 의지해 나는 중얼거린다. 그 아몬드 서너 그루는 아직 거기 있든지, 아니면 없겠지 뭐.

그리고 뭘 입을까 하는 생각으로 돌아간다. 내가 아주 좋아하는, 오빠가 선물해 준 검은 셔츠를 입자. 얼마 전에 산 옅은 고동색 바지를 입고. 신발은? 나는 내가 디뎌야 할 땅바닥을 생각해 본다. 2002년 봄에 내가 제닌 난민촌을 방문했을 때는 길에 온통 부서진 건물의 파편이 널려 있었다. 당시에 나는 신고 있던 신발이 마음에 들지 않았으며, 방문을 끝내고 돌아오자마자 신발을 내던져 버렸다. 그것이 밟았던 모든 파괴의 기억과 함께. 나는 그 방문에 대해서 지금까지 어느 누구에게도 한마디 하지 않았다. 나는 할 수 없고, 하고 싶지 않으며, 내 자신이 그렇다는 사실에 개의치도 않는다. 말을 한다면, 또는 말을 할 수 없다고 쓰기만 해도, 나는 피곤해지고 상처받을 듯싶다.

간단히 말해, 고통. 그러나 나는 자신에게 한 번 더 상기시킨다. 이번에는 내가 난민촌에 특종에 혈안이 된 기자들과 가는 게 아니라, 초대작가로 간다고. 나는 우아한 검은 신발을 신기로 하는데, 즉각 새로운 공포에 사로잡힌다. 제닌으로 가는 길에 아직도 파괴가 널려 있다면? 나는 길을 막고 있는 검문소나 봉쇄 장벽을 피해 어쩔 수 없이 산을 타넘는 자신을 상상해 본다. 총알이 날아와 내 몸을 꿰뚫는 장면도. 나는 그 부위를 할당한다. 총알은 내 다리나 가슴에 맞을 것이다. 나는 다리 쪽이 낫다고 생각하지만, 감히 말하건대 가슴이라고 해도 상관은 없다. 오늘 이 더러운 세상에서 제닌 난민촌에 들어가는 것보다 중요한 일은 아무 것도 없다. 길에 버티고 있을 모든 위험과 난관을 그려 보면서,나는 가방에 구두솔과 검은 구두약을 집어넣는다. 나는 제닌 난민촌의 관객들

출처_자유극장

제닌 난민촌에 최근 〈자유극장〉이라는 문화공간이 생겼다.

앞에 깨끗하고 반짝이는 신발을 신고 서고 싶다. 비록 내 몸은 죽었을지라도.

난민촌에 도착해도 나는 거리나 골목을 알아보지 못한다. 5년 전 죽음으로 뒤덮였던 난민촌에 이 맥 빠진 오후에는 일상이 돌아와 있다. 두 남자가 닭 가게 앞에 앉아 있고, 어린애 하나가 분홍색 유모차를 길로 밀고 나온다. 우리가 타고 가는 차 바퀴가 아이를 치는 상상이 떠올라 나는 크게 비명을 지른다. 아직도 내 코에는 죽음의 냄새가 진동한다. 그 냄새는 이 지역을 영원히 떠나지 않을 것이다.

최근에 문을 연 〈자유극장〉에서 곧 낭독회가 시작될 것이다. 젊은이들이 극장 바깥마당을 채운다. 입구에서 나는 성난 눈으로 팔짱을 낀 한 떼의 소녀들과 부딪쳐 묻는다. "뭐가 잘못 됐지, 애들아?" 문을 지키는 남자가 자기들을 들여보내 주지 않는다고 소녀들은 답한다. 그들의 성난 눈동자에서 나는 제닌의 내 어린 시절을 본다. 나 자신을 포함한 어른들이 있는 곳으로 소녀들은 들어가고 싶어 하며, 나는 그들 속에 끼어있는 어린 소녀다. 나는 극장 감독에게 바깥에 있는 소녀들을 들여보내 달라고 애원하지만, 그는 완강하게 말한다. "안 됩니다. 이 행사는 그 연령 대에 맞지 않기 때문에 아이들은 소란만 일으킬 겁니다." 소녀들과 내가 지시를 잘 따르고 극장 뒤에 조용히 앉아 있겠다고 약속하건만, 그는 여전히 거절한다.

나는 소녀들에게 진심으로 약속한다. 단지 그들만을 위해서 반드시 제닌에 다시 오겠으며, 그때 우리는 어른들은 들여보내지 말자고. 하지만 그들은 인내도 믿음도 없는 눈으로 나를 쳐다보기만 한다. 왜냐하면 이제껏 그들과, 그들의 부모들과, 조부모들에게 수많은 약속이 퍼부어졌으나 지켜지지 않았으므로. 극장에 들어가면서 나는 소녀들이 멀리서 극장 문지기를 향해 외치는 소리를 듣는다. "우린 들어갈 거예요, 어떻게 해서든 들어가고 말 거예요!"

그들은 모른다. 자기들이 극장에는 못 들어왔을지라도 내 지친 영혼으로 들어와서, 새 생명을 불어넣었음을. 참 생명을.

제닌의 소녀들을 위하여

황인숙(시인)

가싼 카나파니를 몰랐을 때, 팔레스타인은 내게 어렴풋한 지리상의 기호였다. 티그리스나 메소포타미아처럼 좀은 실재감이 없는, 머나먼 옛날의 신화 속 지명 같기도 한. 내가 태어나 살아온 한국은 그곳에서 멀리 떨어진 데다, 문화적으로도 구미歐美의 벽에 겹겹 둘러싸였다. 그러니 앎에서 평균을 넘지 못하는 내 중동中東-이 말 자체가 또 얼마나 유럽 중심적인가!- 코드는 구미 유통망을 통과해 시정에 떠도는 아라비안나이트, 석유부국들, 이스라엘 정도에나 연결돼 있었다. 내가 워낙 탐구심이 없고 과문한 탓이 크지만, 한국이 오랜 세월 '제 코가 석자'여서 먼 나라의 불행에 눈 돌릴 여유가 없었던 탓도 있다. 아마도 1980년대 들어서나 소수의 지식인이 팔레스타인 문제를 거론하기 시작했을 것이다. 이제는 대다수 한국인들이 공중파 방송을 통해 속속 그곳 상황을 목격하고 있다.

이스라엘 군인들이 팔레스타인 자치구역 곳곳에 장벽을 치고 거기 검문소를 설치해 거주민들이 이웃동네도 마음대로 오가지 못하게 하는 다큐멘터리를 본 적 있다. 이성적으로 도저히 납득 못할 행태라는 걸 이스라엘 군인도 잘 아는지, 굳게 닫힌 얼굴로 경비견처럼 험악하고 냉담하게 임무를 수행했다. 직장에 시장에 병원에, 자기 집이나 부모님 집에 가려는 사람들이 길고 긴 시간 검문소 앞에서 기다리다 생트집을 잡히며 붙들려 있었다. 하루아침에 둘러 세워져 언제나 없어질지 모를, 부조리소설에나 등장할 법한 그 장벽 앞에서 평범한 일상을 살아가는 남녀노소 사람들이 쏟아지는 비와 모욕감과 불안과 공포와 분노로 막막히 젖고 있었다. 테러를 예방하기 위한 조처라지만, 게토에 대한 악몽을 갖고 있는 이스라엘 사람들이 어떻게 그런 짓을 하는 걸까? 그들의 지금 행태를 보면 인간 종에 대해 절망하게 된다. 이 사람들은 대체 무슨 생각으로 자기네가 당한 뼈저린 고통을 힘없고 죄 없는 이웃에게 겪게 하는 걸까? 참담한 경험 뒤에 내린 결론이 '힘! 힘! 힘센 놈이 제일!'이라면 그들이 겪은 고통은 비극이 아니고 그저 패배한 무용담일 뿐이다.

아다니아 쉬블리의 에세이 「어떻게 해서든 우린 들어가고 말 거예요!」를 뒤숭숭해 하며 읽었다. 제닌은 요르단 강 서안의 팔레스타인 자치구역 도시다. 1948년의 '아랍-이스라엘 전쟁' 난민을 수용하기 위해 1953년, 그곳에 캠프가 세워졌다 한다. 현재 제닌 인구는 3만 4천, 그 중 1만 3천 명—절반 가까이가 15세 이하 어린이—이 난민 후손으로 그 캠프에 살고 있다. 1967년 6일 전쟁 때 이스라엘이 점령, 1995년 팔레스타인 측에 양도했으나 2002년 재점령했다. 그 재점령 과정에 수많은 민간인이 학살됐다.

전쟁, 전쟁, 또 전쟁……. 한국이 50여 년 전에 겪은 전쟁의 상흔을 아직도 지우지 못하는 걸 생각하면, 그보다 긴 세월 학살과 파괴와 총성의 일상이라니 끔찍하다. 그것도 가해자나 압제자가 아니라 침탈당하는 자로서 자기 땅에서 몰리고 쫓기며. 그들은 얼마나 쉬고 싶을까! 하지만 평화, 사랑, 화해, 이런 말들을 그들 귀에 속닥거리는 것조차 모독이며 폭력이겠다.

이 봄, 작품 낭독을 하러 제닌 난민촌에 가게 되면서 아다니아 쉬블리는 고향 마을 가까이 있어 자주 나들이를 갔던 어린 시절의 제닌과 그 뒤 오랜만에 방문했던 2002년의 제닌을 떠올린다. "아직도 내 코에는 죽음의 냄새가 진동한다. 그 냄새는 이 지역을 영원히 떠나지 않을 것이다." 2002년의 제닌은 그녀 가슴에 눈을 질끈 감고 싶을 정도의 절망감을 남겨 놓았다. 근 5년 만에 그녀는 두려워하며 거리끼며 머뭇머뭇 제닌을 향해 간다. 그래서 '냉담함'으로 마음을 무장한다. 밀밭을 굽어보던 몇 그루 편도나무를 떠올리고 무사한지 걱정이 되자 "아직 거기 있든지, 아니면 없겠지 뭐"라고 중얼거린다.

"2000년 이후로는 봉쇄장벽과 늘어나는 검문소 때문에 팔레스타인 차로 제닌에 들르기가 불가능해졌다. 이 봄에는 독일 외교관 차에 타고 그 길을 갈 것이다." 이스라엘 군인들은 독일(!) 외교관 차라면 호락호락 통과시킬 것이다.

'행복은'으로 시작되는 이 짧은 에세이는 웃음기 한 점 없이 까칠하다. 아다니아 쉬블리. 가싼 카나파니 이후 처음으로 듣는 팔레스타인 작가 이름. 2004년에 두 번째 장편소설『우리는 모두 사랑에서 멀리 떨어져 있다』를 냈다고 한다. 가싼 카나파니의 소설들은 내 가슴을 갈기갈기 찢어 놓았었다. 하이파, 가자, 떠도는 사람들, 난민……. 팔레스타인에 사람이 살고 있다는 것을, 그들의 생생한 고통을 나는 그의 소설을 통해 처음으로 실감했다. 가싼 카나파니가 살아 있다면 아마도 아다니아 쉬블리의 딱 곱이 되는 나이일 것이다. 가싼 카나파니가 이스라엘 측 폭탄테러로 죽은 해쯤에 아다니아 쉬블리가 태어났다. 어쩐지 고통을 감추고 웃는 얼굴일 것 같은 카나파니. 종종 그를 둘러싸고 앉을 수 있었다면 젊은 팔레스타인 작가들은 아마도 더 강인하고 더 다감해졌을 것이다. 카나파니는 후배들에게 되찾아야 할 팔레스타인에 대해 샘물 같은 얘기를 들려줬을 것이다. 그들이 한 번도 살아보지 못한 자유 팔레스타인의 기억과 이상理想은, 참혹한 현실이 삶을 피폐하게 만들지 못하도록 지켜주었을 것이다. 달리 내가 알지 못할 뿐, 어쩌면 팔레스타인에는 카나파니 같은 작가가 여럿 있을 것이다. 문득 『우리는 모두 사랑에서 멀리 떨어져 있다』를 읽어보고 싶다.

아랍인 그들
너에 의해서만 내가 존재한다

아랍인 그들

이들 없는 아랍 현대문화는 상상도 할 수 없다

키파 판니(시인)

앞글에서 나는 시인이자 사상가인 후세인 바르구티에 대해 썼다. 팔레스타인 지성계를 뒤바꿔놓은 장본인. 그러나 그의 업적 뒤에는 많은 창조적인 인물들이 이루어놓은 배경이 있었다. 임종의 침상에서 그는 자기에 대한 다큐멘터리 「후세인 바르구티와 보낸 마지막 7분」을 찍고 있는 영화감독 수비 주바이디에게 말했다. "나는 내가 마흐무드 다르위쉬, 파이루즈, 지아드 라하바니, 셰이크 이맘 같은 사람들이 사는 땅에 태어나서 운이 좋았다고 생각해." 우리도 그처럼 운이 좋고, 그와 함께 한동안 지내기까지 했으나 그보다는 운이 좋다고 할 수 있다. 서구 식민화에 저항하여 자유와 존엄을 지키려 했다는 이유로 악마의 화신처럼 매도당한 사람들과 그 문화에 대해, 나는 여기 쓰고자 한다.

내가 이들을 '발군의 예술가들'이라고 표현한다 해서, 아랍 현대 예술계에 이들밖에 없었고 다른 예술가들은 한 일이 없었다는 뜻은 아니다. 이들이 완성되도록 도운 연대가 있었으며, 이들 또한 그 연대의 한 부분이었다. 그러나 이들은 각 시대 예술 현상의 봉우리와도 같았다. 왜냐하면 이들이 일반 대중을 감동시켰으며, 시대 예술 정신의 정수를 그들에게 전달했기 때문이다.

이맘 이사이

이맘 이사이

'셰이크* 이맘'으로 알려졌으며 1995년에 74세의 나이로 세상을 떴다. 이집트 맹인 가수이자 작곡가이며, 대중적이면서도 뛰어난 예술적 성취를 이루었다. 본인은 사회주의자이자 좌파였지만 '셰이크'라고 불렸는데, 그가 성직자가 되려고 '알 아자르' 성원에서 공부를 한 적도 있기 때문이다. 그는 제 목소리를 내지 못하는 약자들의 목소리가 되기 위해 자신의 예술과 인생을 바쳤다. 그의 예술은 그의 인생만큼이나 역동적이었다. 그가 성숙해 가면서 그의 예술도 성숙해갔고, 더욱 깊어졌으며 광대무변해졌다. 노래를 듣는 우리로서는 나중에야 깨닫게 되는 일이지만, 이집트 시인 아흐마드 푸아드 니짐이 그가 부른 노래의 가사 대부분을 써 주지 않았더라면 그는 자기가 이룬 것의 절반도 이루지 못했을 것이다. 그는 주로

* 이슬람 성직자 직함. '나이든 이' '현명한 이'라는 뜻. _옮긴이 주

팔레스타인 문제에 대해서 노래했으며, 식민주의 침략에 대한 투쟁의 인간적이고도 초국가적인 면모를 설파했다. "떨쳐버려라, 그리고 자유로워져라, 오 인간이여. 팔을 치켜들어라, 그리하여 모든 인간의 땅이 생명으로 풍요롭게 하여라."

파이루즈

파이루즈와 어린 지아드 라하파니

파이루즈 하다는 레바논 가수이지만, 어떤 이들은 국적과는 상관없이 그녀의 근본은 팔레스타인－그녀가 태어난 레바논 남부나 팔레스타인 북부나 실은 거의 같다－이라고 말한다. 이것만 보아도 운이 좋아서 그녀의 노래를 이해할 수 있는 －언어적으로 말이다－ 지역에 태어난 거의 모든 이들에게 그녀가 자존심의 원천임을 알 수 있다. 그녀는 홀로 서로 정반대인 4세대의 심금을 공히 울렸다. 패배자들, 혁명가들, 현실적 절충가들, 불신자들. 그녀 노래의 주제는 인간과 깊은 사랑, 정의와 단합이었다. 레바논인들, 팔레스타인인들, 메카의 사람들, 그리고 무슬림들과 기독교인들 모두 그녀의 노래에서 자기들의 고향을 느꼈다. "사람들이 기도하는 어디에서나 하늘은 자비로 흘러넘친다." "사랑은 네게 부딪쳐 네가 얼마나 부서지기 쉬운지 보여준다. 그리고 성스러운 불이 타오르는 자기 가슴에 너를 끌어안아 너를 눈처럼 정결케 한다."* 파이루즈는 또한 라하바니 집안—앗시 라하바니, 만수르 라하바니—이라는 떠들썩한 무리의 일원으로서, 앗시 라하바니와 사랑의 결실로 지아드 라하바니를 낳았다. 그녀는 40년 이상 아랍 노래의 우상이었다. 마흐무드 다르위쉬는 말하기를 "파이루즈의 목소리가 없는 아랍 문화는 상상할 수도 없다"고 했다.

마흐무드 다르위쉬

마흐무드 다르위쉬
시의 품위—대중성과 더불어—를 되찾는 데 지대하게 기여한 문호. 세계 현대 문학에서 가장 중요한 10명의 시인 중 하나이며 팔레스타인의 부활을 알리는 불사조. 자기 시를 혁명으로 뒤범벅하기를 바라지 않았던 혁명가. "피로 시를 쓰기 전에 잉크로 쓰는 것부터 배워라." 초기에 그의 시의 강조점과 독자에게 보내는 호소는 '우리 팔레스타인인들'을 다른 이들로부터 구별해냄으로써 팔레스타인 민족정신을 고무시키는 것이었다. 그러나 후기로 갈수록 그것은 '인류애'로 바뀌었다. "나는 적을 염려하는 마지막 시인이다."(「함락 아래서」) 그는 팔레스타인인들에게 상

* 칼릴 지브란의 『예언자』에서. 이 잠언집을 파이루즈가 노래로 불렀다. _옮긴이 주

황에 소모되지 말고 상황을 창조하자고 제의했다. 팔레스타인인들이 패배하고 쫓겨나던 시기에 그는 아무도 손대지 않은 바위에 현대 아랍 시어라는 굴을 뚫었다. 그럼으로써 그는 팔레스타인인들에게 다시 재생산하고 재생산되기 위한 새로움과 힘을 주려 했다. 그는 다음 세대에 시적 표현의 새 사전이라는 보물을 넘겨주었다.

지아드 라하파니

지하드 라하파니

지아드 라하파니는 못하는 게 없으면서도 다 창조적으로 하는 드문 예술가 중의 하나다. 그는 작곡하고 가사를 쓰고 스스로 연주했다. 희곡을 여러 편 써서 스스로 연출하고, 배우로 연기했다. 그는 예술과 정치 양쪽에 대한 기가 막히게 예리한 분석가이자 평론가였다. 그의 어떤 작업은 다른 것보다 좀더 훌륭했으나, 다른 어느 것도 범작은 아니었다. 그는 여전히 자신을 공산주의자라 이르고, 저항을 지지한다는 입장을 투명하게 밝힌다. 아들의 음악적 재능이 없었다면 파이루즈는 그 아버지와 그렇게 오래 지속하지 못했을지도 모른다. 그의 작품들은 아랍 세계 어디나 알려졌고 어디에서나 환영받았다. 그가 살고 작업하는 독특한 방식 때문에, 그리고 아랍 문화계에 몰고 온 신선한 충격 때문에, 그는 여러 세대에게 개성적인 예술가의 상징이다. "세상을 바꿀 수 있다고 생각할 정도로 미친 사람들만이 세상을 바꿀 수 있다."

활동 연대에 따라 써 보았으나, 이제 나는 고백해야 한다. 이들이 아랍 현대 문화에 끼친 영향을 제대로 다루려면 각자에 대해 책 한권씩 써도 충분치 않을 것이다.

너에 의해서만 내가 존재한다

박두규(시인)

형제여, 우선 그대에게 경의를 표합니다. 이는 당신을 잘 알아서가 아니라 당신이라는 존재를 내 존재와 동등한 무게로 받아들이고 싶고 또한 당신 현재의 삶 자체와 팔레스타인의 문제를 우리의 문제로 소중하게 받아들이기 위해서입니다. 아니 본질적으로는 내가 그대에 의해 존재하고 그대 또한 나에 의해 존재한다는 철학적 사유의 바탕에서 이야기를 하고 싶어서입니다.

21세기 지구촌은 소유와 힘의 논리, 경쟁과 지배의 논리로 가득 차있는 세상입니다. 이 논리는 우리의 자본주의적 삶의 구체적 일상에서 펼쳐지고 있는 현실 그 자체입니다. 이미 전지구적 자본주의의 큰 흐름 속에 휘둘린 우리의 삶은 총체적으로 '자본'으로부터 자유롭지 못한 처지가 되었습니다. 팔레스타인을 포함하여 세계의 크고 작은 분쟁들이나 내 주변의 크고 작은 일상의 문제들도 사실은 이런 소유와 힘의 논리, 경쟁과 지배의 논리에 의해 진행되는 것을 봅니다.

미국과 열강들, 그리고 다국적 기업들에 의해서 새롭게 구축되는 현재 세계의 질서 재편은 철저한 자본의 질서입니다. 그 자본의 가치는 사실 인류사 속에서 무수한 피를 흘리며 얻어낸 '평등'이라는 소중한 가치를 부정하는 것이지요. 현재 진행되고 있는 팔레스타인을 포함한 아랍민족의 미국에 대한 저항은 사실은 이런 평등의 가치를 사수하는데 복무하고 있는 것이기도 하며 이런 소유와 힘의 논리, 경쟁과 지배의 논리에 맞서고 있는 것이라고 생각합니다.

형제여, 이런 문제의식을 나의 구체적인 삶의 문제로 받아들이기 위해서는 먼저 우리의 인식을 바꿔야만 한다고 생각합니다. 브라질에 있는 나비의 날갯짓이 미국 텍사스에 토네이도를 발생시킬 수 있는 것처럼 나의 문제는 나만의 문제가 아니고 너의 문제는 너만의 문제가 아니라는 생각 말입니다. 다시 말해 그대와 그대의 조국과 민족이 처한 현실은 나의 당면한 삶의 현실이기도 하다는 생각을 해야 하고, 마찬가지로 나와 내 민족의 현실 또한 당신의 구체적 삶이라는 생각을 할 수 있어야 한다는 것이지요. 다르다면 다만 당신이 해야 할 일과 내가 해야 할 일이 다르다는 것뿐이지요. 나는 이런 인식의 전환이 필요하다는 생각을 합니다.

수만리 떨어진 중동에서 아프리카에서 또는 어딘가에서 집이 불타고 총에 맞고 굶주리고 병들어 있는 사람들의 죽음과 절망의 상황을 우리는 우리의 것으로, 또는 나의 문제로 받아들이지 못하고 살고 있습니다. 나는 이런 물리적, 심리적 거리감을 먼저 극복해야만 한다고 생각합니다. 팔레스타인에 내리는 비와 한국에 내리는 비는 서로 다를 바 없습니다. 그것이 어쩌면 우리 모두의 문제를 푸는 첫 열쇠이며 결국은 나의 삶의 본질적 문제를 푸는 길이기도 하다는 생각을 합니다. 내 존재의 본질적 문제와 세상의 문제가 결국은 하나의 같은 문제라는 생각

때문입니다.

형제여, 이는 진정한 내 안의 평화를 찾아가는 일이기도 합니다. 그것은 나를 잘 가꾸는 일이기도 하며 나의 껍질을 벗는 것이기도 하다는 생각을 합니다. 하지만 이는 결코 쉽지 않은 일이라는 것을 압니다. 하늘의 해와 숲과 나무가 그리고 들판의 강물이 없으면 우리는 존재할 수 없다는 사실이 우리의 구체적 현실임에도 불구하고, 구체적 생활세계를 정신없이 살아가는 우리에게 그것은 하나의 관념처럼 존재하고 있는 것과 같은 것이지요. 이 관념 아닌 관념을 깨는 것부터가 인식의 전환이요, 자본의 관성, '습'으로부터 벗어나는 것이라고 생각합니다.

에덴의 동쪽

늘 푸른 숲그늘의 나라,
촉촉한 물빛 맨몸으로 하루를 걸어
사과 하나를 베어 물던 태초의 나라에서도
사람들은 끝도 없는 꿈을 꾸었나보다.
꿈이 있는 곳에 살육도 있어
가인은 에덴의 동쪽으로 떠나고
아담의 부족들은 유프라테스를 따라 내려왔다.
생각해 보면 인간의 꿈은,
인간의 욕망은,
늘 사막을 향한 꿈이었다.

우리가 아메리카의 꿈을 키우는 동안
아메리카는 사막을 향한 꿈을 키우고 있었고
그 꿈들이 무르익어 떠나는 곳은 언제나
가인이 숙명처럼 밟아야 했던 에덴의 동쪽이었다.
아, 이제 이 사막의 끝에서 죽음의 모래바람을 벗어나려면
살육으로부터 자유로운 나라, 아메리카의 평화를
욕망으로부터 자유로운 나라, 아메리카의 자유를
그 모든 아메리카式 꿈을 우리의 머릿속에서 지워야 하리.
고사리 손이 꼭 쥐고 있는, 초롱초롱한 눈망울에 담겨진
요람 속 아가의 꿈마저도 지워야 하리.
그렇게 아무런, 아무런 꿈도 없는 사막의 적막 속에도
달이 뜨고, 별이 빛나는 것을
보아야 하리

팔레스타인과 아랍의 현실이, 그대들의 현실이 내 개인의 현실적 문제와 본질적으로 다를 바 없다는 이야기를 하고자 했습니다. 1년 가까이 글로써 주고받은 팔레스타인 작가들과 한국 작가들의 간절한 마음들도, 그러한 눈물겨운 소통도 사실은 이런 벽을 깨자는 것 아니었던가요? 릴레이의 종점에 이른 지금 우리가 원하는 것은, 그리고 이 지구에 존재하는 생명 모두가 가장 절실하게 바라는 것은 옛 성현들이 말하던 "너에 의해서만 내가 존재한다"는 말이라고 생각합니다.

어이, 친구들! 다음은 뭐죠?

어이, 친구들! 다음은 뭐죠?

'안녕'이라고 말하지 않겠다.

자카리아 무함마드(시인)

나는 끝이 싫다.

처음과 시작이 좋다. 그런데 이제 '대화'의 마지막 칼럼을 쓰라는 요청을 받았다.

나는 여러 지면에 칼럼을 죽 써 왔다. 12년 전 새로 창간되는 신문에 쓴 나의 첫 번째 칼럼 제목은 「칼럼니스트 시몬」이었다. 성 시몬* 은 신께 경배 드리는 새로운 방식을 창안했다. 그는 시리아의 알레포 근처 언덕에 있는 60피트* 높이의 칼럼column 원기둥의 꼭대기에서 40년 동안 살았다. 그가 자신의 몸에 스스로 상처를 내어 거기 벌레들을 길렀으며, 그

* AD 389 – 459

* 약 18미터 30센티미터

는 그 목적을 위해 계속 상처를 열어두었다고 전해진다. 그로 인해 그는 '성자'라고 불리게 되었고, 그의 경배 방식은 인근 지역에 널리 퍼졌다.

원기둥을 타 올라감으로써 칼럼니스트 시몬은 그의 신을 만족시키기를 바랐다. 신문이나 잡지에 글을 쓰는 칼럼니스트들이 만족시켜야 할 대상은 신이 아니라 독자들이다. 칼럼니스트들은 신 대신 독자들을 섬기는 사람들이다. 그러나 어느 칼럼니스트도 제 몸에 난 상처로 벌레들을 먹일 수는 없을 것이다. 작가들이 문학 작품을 쓰는 것도 자신의 몸에 상처를 내어 벌레들을 먹이는 행위에 비유할 수는 있겠지만, 저널리스트들은 아니다. 저널리스트들은 벌레들을 먹이긴 먹이되, 자기 상처가 아니라 남의 상처로 먹이는 것 같다.

어쨌든, 이 기획은 한국인들과 팔레스타인인들을 잇는 길을 넓히려는 또 하나의 노력이었다. 내가 알기로 적어도 1980년대부터는 한국과 팔레스타인 사이 길을 넓히려는 시도가 있었는데, 한국 쪽이 먼저였다. 당시에 가싼 카나파니의 소설과 마흐무드 다르위쉬의 시 몇 편이 한국어로 번역되었다. 한국인들은 민주주의를 위해, 팔레스타인인들은 독립을 위해 싸우고 있었으며 양쪽이 서로를 고무시켰다. 나는 텔레비전에서 본 장면, 한국의 학생들이 거리로 쏟아져 나와 주먹을 치켜들고 자유와 민주주의를 외치던 모습을 지금도 똑똑히 기억한다. "와, 굉장히 잘 짜여진 시위야!" 그때 우리 팔레스타인인들은 만나면 한반도의 젊은이들에 대해 이야기했으며 그들을 존경했다.

그 공감은 지속되었다. 양쪽 둘 다 도중에 그쳐서는 안 된다고 느꼈다. 우리는 2, 3년이면 먼지 아래 묻혀버릴 샛길이 아니라, 넓은 길을 닦아야 했다. 우리는 서로 간에 고속도로를 만들어야 했다. 이 연재는 그런 느낌과 의지의 결과물이었다. 연재가 끝난다고 해서 우리가 고속도로 닦기를 중단한다는 뜻이 아니다. 천만에, 우리는 앞길을 비추는 촛불을 켜 놓은 것이다.

길은 이미 닦여졌으며, 많은 이들이 길을 따라 전진하고 있다. 팔레스타인인으로서 나는 정말 기쁘다. 이 길을 닦기 위해 애쓴 한국 친구들에게 감사한다. 그들은 굳은 의지로 최선을 다했다. 그들은 인간이다. 나는 이렇게 말하고 싶다. 그들도 자기 살로 벌레를 기르는 종류의 사람들인데, 그 벌레들의 이름은 인간다움과 우정이라고. 그들의 결단과 지속적인 노력에 감사한다. 우리 팔레스타인인들도 한국과 팔레스타인 사이 길과 다리를 놓는 일을 계속하겠다고 약속한다.

이것은 마지막 칼럼이 아니다.

한국 친구들이 사명을 완벽하게 수행하였음을 알리기 위한 칼럼이다. 안녕, 이라고 말하지 않겠다. 이렇게 말하겠다. 어이, 친구들! 다음은 뭐죠?

ⓒ 오수연

팔레스타인 시인의 한국 방문기 •

자카리아 무함마드 시인은 2005년 4월에 민족문학작가회의가 서울, 제주, 광주 등지에서 개최한 '제11회 세계작가와의 대화'에 참가하고 팔레스타인에 돌아가 이 방문기를 썼다. 그 해에 이 글을 포함한 시인의 에세이집이 팔레스타인에서 출간되었는데, 책 제목이 '한국 스님'이다. 우리나라에서는 방문기의 일부가 2006년 계간 《아시아》 창간호에 '연꽃 먹는 사람들'이라는 제목으로 발표되었다. 최근 한 팔레스타인 작가가 우리나라 문예지에 보낸 글에서 "현대 한국에 대해 생각하면 내게 떠오르는 첫 책이 『한국 스님』이다"(실천문학 2007년 겨울호)라고 토로할 정도로, 자카리아 무함마드 시인과 그의 저작은 팔레스타인에 우리 문화를 알리는 데 큰 역할을 하고 있다. 여기 실린 글은 시인의 한국 방문기 전문이다.

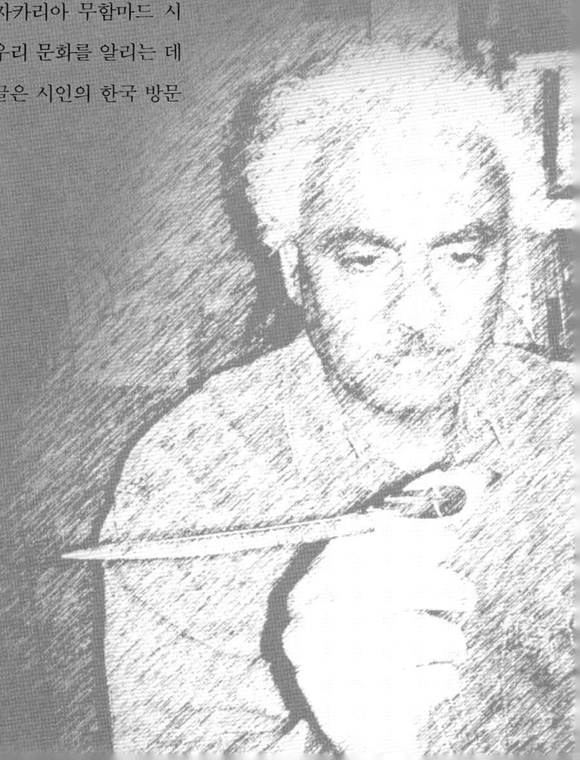

연꽃 먹는 사람들

예전에 나는 다른 종교들을 거부했지만

이제 모든 형태의 종교를 받아들일 수 있다

내 가슴은 가젤 영양이 머무는 목초지이며, 기독교 성직자들의 수도원이고

이교도의 신상이 서 있는 사원이기도 하며, 무슬림 순례자들의 카바*이기도 하다

토라* 서책이며 꾸란 경전이기도 하다

나는 사랑의 종교를 따른다

사랑의 대상[隊商]이 어떤 길을 갈지라도

그것이 나의 길이며 종교이다

-이븐 아라비*

구불구불한 강을 건너

저녁에 제주 4.3 항쟁 희생자들을 추모하는 공연을 보러 노천극장으로 갔다. 몹시 붐볐으므로 한국 친구들이 우리*가 공연을 잘 보지 못할까봐 앞으로 힘껏 떠밀었는데, 우리는 관중석 앞까지 밀려갔다. 우리는

* 이슬람 성지 메카에서도 가장 성스러운 장소. _옮긴이 주
* 유대교 경전. _옮긴이 주
* 13세기 아랍의 대표적 철학자이자 시인. 400권의 저서가 있다. _옮긴이 주
* 필자와 마흐무드 아부 하쉬하쉬 시인. _옮긴이 주

땅바닥에 다리를 끌어안고 앉았다. 무대 위에서는 북이 울렸으며 한 무리가 춤을 추었다. 가운데서 춤추는 이는 개막식에서 깊은 목소리로 창을 읊조렸던 무당이었다. 무용수들이 손에 든 대나무 가지에는 흰 천 조각이 달려, 깃발처럼 그들 머리 위로 나부꼈다. 무대 밑 땅바닥에 다른 무리가 누워 있었다. 나는 그들이 4.3항쟁의 희생자들을 상징한다고 생각했다.

얼마 후 매우 긴 흰 천이 무대 위로 펼쳐졌다. 천은 7−8미터는 될 것 같았다. 대나무 가지를 쥔 이들이 천의 양쪽 가장자리를 잡고 줄지어 섰다. 분홍빛 도는 오렌지색 의상에 검은 모자를 쓴 무당이 혼자 춤추다가 천의 끄트머리에 멈춰 서서 몸을 힘겹게 비벼댔고, 천은 가운데가 조금 찢어졌다. 무당은 그 찢어진 부분을 파고들어 앞으로 나가기 시작했다. 천은 그에게 길을 열어주어야 했다.

북이 울렸으며 북 장단에 맞추어 노래가 울려 퍼졌다. 무당은 천을 가르면서 우리 쪽으로, 관중석을 향해 오고 있었다. 나는 혼잣말을 했다. “그는 강을 건너고 있구나. 길고 흰 천은 구불구불한 강이며, 그는 건너편 둑에 닿으려고 힘써 나가고 있구나.” 무당은 자신의 빛나는 주황색 몸뚱이로 흰 물살을 가르고 있었다. 그는 건너편 둑에 닿아야만 했다.

추운 밤이었다. 낮에는 봄기운이 느껴지기도 했으나 밤에는 다시 겨울이었다. 한기 때문에 무당이 찬 물을 건너고 있다는 실감이 더욱 났다. 북이 울렸고 노랫소리가 뒤따랐다. 무대 밑 땅바닥에서 죽은 자들이 움직이기 시작했다. 처음에는 딱딱한 움직임이었다. 무당이 천을 가르고 나아갈수록 무대 위의 대나무 숲도 일렁였으며, 땅바닥의 사람들도 보다 자유롭게 움직였다. 드디어 그들은 일어서고 있었다. 깊은 잠을 이기고 깨어나고 있었다.

북장단은 말했다. 일어나소서, 사랑하는 사람들이여 일어나소서. 노랫소리는 외쳤다. 돌아오소서 당신이 떠난 집으로, 잘 있으란 말도 없이 당신이 떠난 집으로. 대나무 가지들이 밤바람에 건들거렸다.

무당은 천을 두 쪽으로 가르고 말았다. 그는 건너편 둑으로 건너갔다. 그는 지금 산 자들의 둑에 있으며, 죽은 자들은 깊은 잠에서 깨어났다. 그들은 다시 살아났다. 관중은 이 기적에 환호했고, 무대 밑의 죽은 자들은 다시 얻은 생명을 기뻐하며 춤을 추었다.

나는 한국의 의식과 고대 이집트 오시리안 의식이 비슷해서 놀랐다. 죽은 왕은—또는 죽은 자는 누구나— 하늘의 구불구불한 강, 즉 은하수를 건너야만 한다. 그럼으로써 죽음에서 떨쳐 일어나 영생에 도달하는 것이다.

> 오시리스여, 물길로 가라. 네 영혼이여 까마득한 상류로…… 별이 바다를 건너듯, 너는 북쪽 하늘의 구불대는 물길을 건넜다.

무당은 오렌지색에 휘감겨 바다를 건너는 별처럼 빛났다. 제주 항쟁 희생자들의 영혼을 대표하는 그는, 마침내 구불대는 강을 건너고야 말았다. 나는 깊은 인상을 받았다. 한국의 제주도가 오시리안 제례와 매우 비슷한 고대 종교 의식을 이제까지 간직하고 있다니! 무당은 죽음의 땅에서 제주 항쟁 희생자들의 넋을 불러일으켜, 구불구불한 강을 가로질러 영생의 땅으로 인도하였다.

뒤를 돌아보는 새

공연장에 도착했을 때 나는 팔레스타인인들을 대표해서 짤막한 추모사를 해달라는 부탁을 받았다. 나는 그런 일을 잘 못한다. 늘 뒷줄에서 잠자코 있는 편이다. 그러나 내게 추모사를 할 영광을 주려는 한국 친구들의 호의를 차마 거절할 수 없어서, 나는 높다란 무대 위로 올라가 마이크에 대고 이렇게 말했다

"제주도는 화산섬입니다. 마치 화산처럼 언제라도 분출할 준비가 돼 있는 한국의 정신을 제주도가 상징한다고, 나는 생각합니다. 상황이 미심쩍게 전개될 때, 한국의 정신은 깨어나서 경로를 올곧게 고치고야 맙니다. 제주도는 늘 한국의 의식을 간직하고 있습니다. 우리 팔레스타인인들은 제주도민과 48이라는 슬픈 숫자를 공유합니다. 1948년, 제주도에서 학살이 자행되었을 때 우리나라에서도 같은 일이 벌어졌습니다. 국민의 절반이 조국에서 쫓겨났습니다. 예루살렘에서부터 제주까지 닿는 긴 피의 끈이 한국과 팔레스타인을 잇습니다. 우리 팔레스타인에는 '필리스틴 새'라는 신화적인 새가 있습니다. 이 새는 앞으로 달리면서 머리를 뒤로 돌려 뒤를 바라봅니다. 제주도민과 팔레스타인인들은 이 새처럼 해야 하겠지요. 뒤를 바라보면서 앞으로 전진해야 할 것입니다. 망각은 금물이나 우리는 반드시 앞으로 나가야만 합니다. 우리는 비극적 과거를 잊어서는 안 되고, 미래 또한 잃어버려서는 안 됩니다."

연설이 끝난 뒤에도 무대 위에 남아 있어야 한다는 귀띔 또한 들었기 때문에, 나는 뒤로 물러서서 혼자 서 있었다. 밤공기는 더욱 차졌으나 내 옷은 두텁지 못했다. 나는 떨었다. 몸속에서 뼈가 달그락거리는 듯했다. 다른 사람이 나와서 연설을 했으며, 연설을 끝내고 뒤로 물러나 내 옆에 섰다. 그는 나처럼 떨지는 않았다. 나는 중얼거렸다. “내 청승맞은 꼴을 사람들이 알아채고야 말겠군.” 갑자기 주최 측은 계획을 바꿔 우리더러 무대에서 내려오라고 했다. 어쩌면 그들은 내가 떠는 걸 보고 가엾어서 그런 결정을 내렸는지도 몰랐다. 무대 아래도 추웠으나 바람이 내 가슴을 때리지는 않았다. 몇 차례 연설이 이어진 후에 우리는 촛불을 받았다. 이 촛불 때문에 우리더러 무대 위에 서 있으라고 했을 터였다. 촛불은 포도주잔 안에 들어 있는데, 잔 가장자리에 내게는 아네모네처럼 보이는 붉은 종이가 둘려 있었다. 우리는 희생자들의 영혼을 위해 붉은 촛불을 들어올렸다. 그들의 영혼은 촛불처럼, 아네모네처럼, 붉은 포도주처럼, 강을 건너는 별처럼 타올랐다. 나는 촛불을 제주의 희생자들, 그리고 그들과 짝을 이루는 팔레스타인의 희생자들을 위해 높이 들어올렸다.

공항 문 앞에서 부르는 노래

추모제가 끝난 뒤 나와 내 젊은 동료 마흐무드는 문인들 모임에 참석하게 되었다. 우리 식탁에 얼굴이 넓적한 젊은 남자가 우리와 마주앉아 있었다. 눈이 마주칠 때마다 그는 손님인 우리에게 아낌없는 미소를 보여 주었다. 마흐무드는 내 귀에 속삭였다. “나는 저 사람이 좋아요. 저

웃는 얼굴이." 나도 동의했으며, 가방에서 작은 도자 접시를 꺼내 그에게 주었다. "팔레스타인의 자그마한 기념품이에요." 크고 수줍은 미소가 그의 얼굴에 떠올랐다. "내게요?" "그럼요, 당신에게요." 수* 는 우리에게 그가 성악가라고 일러주었다. 그가 예전에 어느 도시의 시립 합창단에서 활동하기도 했다고. 나는 그에게 요청했다. "오늘 밤 당신의 목소리를 들을 수 있으면 좋겠군요." 그러나 모임은 전국 각지에서 모인 회원들을 소개하느라고 바빴고, 여흥을 즐길 시간도 없이 끝나고 말았다. 자리에서 일어나면서 보니 그 친구는 다리를 약간 절었다. 우리는 제주에서 하루 더 지냈는데 마주칠 때마다 그 친구는 우리에게 활짝 웃어주었다. 우리도 커다란 미소로 답했다.

서울에서 온 문인들이 먼저 돌아가야 했기 때문에 우리는 공항까지 그들을 환송하러 갔다. 버스에서 짐을 내리는 동안 사람들은 공항 입구에 서 있었다. 그 웃는 얼굴의 남자도 우리하고 가까운 데 있었다. 갑자기 그가 내게 말했다. "이 노래를 당신께 선사하겠어요." 설마 많은 행인이 오가는 공항 문 앞에서 노래를 부르겠다는 뜻이랴 싶어서, 나는 잘못 들은 줄 알았다. 그런데 그가 바로 노래를 부르기 시작했다. 깊은, 아주 깊은 목소리가 울려 나왔다. 강하고 따뜻하며 열정적인 목소리였다. 나는 그 목소리가 동굴, 깊고 깊은 동굴로부터 나온다고 느꼈다. 그것은 환대의 함성이었다.

"오, 세상에! 얼마나 아름답고 강한 목소리인가!" 나는 중얼거렸다.

* 동행했던 한국 친구들은 이 글에서 별명이나 성으로 나온다. 수도 그 중 한 명이다. _옮긴이 주

그는 해냈다. 우리에게 선물을 주었다. 조그만 도자 접시에 대한 보답으로 우리는 이 사나이 내면의 거대한 동굴에서 울려 나오는 환대의 파동에 휩싸였다. 나는 그의 볼에 입을 맞추었다. 그것 말고는 그에게 감사할 다른 방도가 없었다. 그 젊은 남자는 작별 인사로 손을 흔들었으며, 돌아서서 비행기를 타러 걸어갔다. 나는 약간 절룩이며 걸어가는 그를 바라보았다.

한동안 그 갑작스러운 노래와 젊은 남자를 잊고 있다가, 어느 날 내 마음 속에 절름발이 예언자 마니가 떠올랐다. 그 때 나는 중얼거렸다. "마니, 깊은 목소리의 예언자." 그 사나이는 우리의 선물에 감사하고 그의 목소리를 들려줄 기회를 기다리고 있었다. 그러나 그런 기회는 좀처럼 오지 않았으며 그는 자신이 우리에게 선물도 남기지 못한 채 먼저 떠나야 함을 깨달았다. 그는 그게 공평하지 않다고 생각했다. 뭔가 해야만 했던 것이다. 진실로 그는 뭔가를 해냈다. 공항 입구에서 우리에게 갑작스럽고도 아름다운 노래를 들려주었다. 그 수줍고 젊은 남자는 수줍음을 극복하고 공항 문 앞에서 우리에게 놀라운 노래를 들려주기로 결심했다. 그는 얼마나 용감했던가! 그의 노래는 어찌나 아름다웠던가!

큰곰자리

차는 우리를 희미하게 빛나는 연못 앞에 내려놓았다. 폭이 50미터쯤 되는 빛의 연못 주위로는 온통 암흑의 왕국이었다. 나는 사랑스러운 시냇물 소리를 들었다. 시냇물은 우리의 크고 흥분된 목소리를 넘어 자기가 거기 있음을 알리려고 애쓰는 중이었다. 나는 이해가 됐다. 달려가는 냇물의 목소리 쪽으로 몇 걸음 걸어갔다. 시내는 아주 가까웠다. 나는 시내 주위에 어떤 나무들이 있는지 알아내려고 냄새를 맡았다. 어둠 속에 유령처럼 보이는 윤곽은 무화과 나무 같았지만 냄새가 전혀 달랐다. "우리는 곧 갈 거야." 나는 시냇물과 나무들에게 말했다. 우리 집 작은 개 키위가 생각났다. 키위는 손님의 냄새를 맡아보기 전까지는 어떤 손님한테나 의심스럽게 짖어대곤 했다. 나의 키위처럼 시내는 내 신발을 킁킁거리고는 내 정체를 파악했다. 그리고 더 이상 우리의 소란스러움과 맞서 싸우지 않았다.

나는 친구들에게 돌아가 하늘을 바라보았다. 아, 큰곰자리가 바로 머리 위에 있었다. 일곱 개의 별들이 우리에게 닿을 듯했다. 나는 내가 북쪽이 아니라 남쪽을 향해 눈을 들었다고 생각했기 때문에 놀랐다. 작은 빛의 연못가에 있건만 내 방향 감각은 여전히 내가 사는 라말라 거리에 붙잡혀 있는 것이었다. 나는 캐노퍼스라는 별을 찾기 위해 반대 방향으로 돌아섰다. 거기까지 차를 타고 오는 동안 수에게 그 별에 대해 이야기했으나, 그녀는 그 별을 모르겠다고 했다. 내가 그녀에게 그 별을 알려주려고 손가락으로 밤하늘을 짚자, 그녀가 소리쳤다. "아, 저건 오리온 좌예요!" 그것은 큰곰자리처럼 빛나지 않았다. 오리온 좌 한가운데 세 개의 별이 희미하게 가물거렸다. 나는 셋 중 맨 왼쪽 별을 가리키며 말했다. "이게 캐노퍼스예요." 내가 알기로 그 별은 캐노퍼스여야 했지만, 썩 확신이 들지는 않았다. 왜냐하면 캐노퍼스는 그보다는 훨씬 밝아야 하기 때문이었다. 게다가 나는 시리우스 별을 찾을 수 없었다. 세 개의 별 밑에 흐릿한 별이 시리우스라고 짐작했으나 내가 틀렸을지도 몰랐다. 시리우스는 밤의 아들이다. 그것은 하얀 불길처럼 타올라야만 했다.

캐노퍼스는 고대 이집트의 신이자 왕인 오시리스의 별이다. 만약에 내가 캐노퍼스를 제대로 찾았다면, 그때 그 자리에서는 그다지 영광스러워 보이지 않았다. 그것은 가물거렸고 거의 꺼져가는 듯한 느낌마저 주었다. 일곱 개의 큼지막한 별이 반짝이는 큰곰자리가 더 보기 좋았다. 그들은 젊고 살아 있었다. 나도 내가 살아있다고 느꼈다. 만약에 내 영혼이 밤하늘로 여행을 갈 수 있다면, 그 순간 나는 영혼을 캐노퍼스가 아니라 큰곰자리로 보내고 싶었다.

내가 사는 팔레스타인의 방향 감각을 지우고 내가 서 있는 그 곳, 한국의 구례라는 장소에 적응하기는 쉽지 않았다. 고대 이집트인들은 시리아의 오란테스 강을 처음 보고 경이로워 했다. 그 강은 북쪽에서 남쪽으로 흐른다. 이집트인들로서는 그건 틀린 방향이었다. 모든 강은 또 다른 나일 강이었으므로, 나일 강처럼 남쪽에서 북쪽으로 흘러야만 했다. 그래서 그들은 오란테스 강을 '뒤집힌 강'이라고 불렀다. 아마도 이런 전통 때문인지 이 강은 아직도 아랍어로 '반항적인 강'이라고 불린다.

우리가 절을 방문하겠다고 해놓고는 한밤중이 되도록 늦어버려, 주지 스님이 애타게 기다리고 있다고 했다. 우리는 절을 향해 캄캄한 언덕길을 걸어 올라갔다. 발을 잘못 디디면 빛의 연못으로 굴러 떨어질 것만 같았다. 나는 앞서 걷는 수의 발자국을 조심스럽게 따라갔다.

진리의 거품

따뜻한 방에서 우리는 낮고 작은 탁자를 둘러싸고 앉았다. 주지 스님이 계속 녹차를 우려 우리에게 따라 주었다. 마흐무드는 한국식으로 방바닥에 다리를 접고 앉는 데 익숙하지 않아 애를 먹었다. 주지 스님은 그에게 연꽃 자세를 가르쳐 주려고, 몸소 다리를 연꽃의 꽃잎처럼 접는 시범을 보였다. 마흐무드는 따라 할 수 없었다. 오래전부터 불교 스님과 대화 해보기를 원했던 그는, 차라리 토론을 시작했다.

"승려로 23년 동안 수도하셨으니, 진리에 도달하셨습니까?"

스님은 몇 마디로 답했다.

"저는 아직 노력 중입니다. 당신은요?"

마흐무드는 자기가 젊은데도 스님과 대등한 경지에서 질문을 받았기 때문에 부끄러워했다.

"저도 노력 중이지요. 진리를 향해 가는 길은 오직 하나뿐이라고 생각하세요?"

"아니요, 그렇게 생각하지 않아요. 각 사람이 자기만의 길이 있지요."

"진리는 우리 안에 있습니까, 밖에 있습니까?"

스님은 잠깐 뜸을 들였다가 말했다.

"나는 진리가 안과 밖 사이에 있거나, 안과 밖 양쪽에 있다고 생각합니다."

"우리가 한 번 진리에 도달하면 영원히 그런 겁니까, 아니면 되풀이해서 그것을 잡아야만 합니까?"

"나는 우리가 진리를 계속해서 발견해야 한다고 생각합니다."

그 때 내가 끼어들어 위대한 페르시아 시인 알 아타르의 새들 이야기를 일행들에게 해주었다. 시인에 따르면 새들은 왕이 없어서 불행했다. 새들의 왕이란 진리의 상징이다. 새들은 멀고 먼 산으로 가서 왕을 찾기로 결심하고, 여행을 떠났다. 여행은 매우 고생스러웠다. 많은 새들이 추락했고, 또 많은 새들이 다쳤다. 마침내 그들은 먼 산에 다다랐으나 거기 왕은 없었다. 새들은 너무 슬펐다. 돌아오는 길에는 서른 마리의 새들밖에 남지 않았다. 그들은 모여서 거대한 새의 형상을 만들고, 마치 한 마리의 큰 새처럼 날았다. 그러자 그들은 깨달았다. 그들 모두가 함께 새들의 왕이라는 사실을. 진리란 단 한 번 발견하면 되는 게 아니라 거듭 추구해야 할 사명이다.

그 자리에 있던 학승 또한 토론에 참가했다. 내가 생각하는 전형적인 한국인의 외모와는 달리, 그는 키가 크고 눈이 움푹 들어갔다. 그리고 착하게만 보이면서도 쉴 새 없이 둥글리는 눈동자에는 호기심이 가득 차 있었다. 친절하고 우회적인 방식이지만, 그는 팔레스타인인들이 저항을 위해서라도 폭력을 쓰면 안 된다고 말하려고 했다. 그는 내게 물었다.

"왜 팔레스타인 사람들은 폭력을 쓰죠?"

나는 잘잘못을 가린다는 보다 일반적인 문제에 대해 그에게 반대로 질문함으로써, 대화의 순서를 바꾸기로 했다.

"무엇이 옳고 그른지 밝혀져야만 하는데, 그걸 누가 판단해야만 할까요?"

학승은 답했다.

"판사란 있을 수 없어요. 나는 모든 것이 하나라고 믿으며 다 받아들이지요."

통역을 통해 내가 이해한 바로는, 그가 빛과 어둠, 선과 악, 사자와 그의 불쌍한 먹이를 하나라고 여기는 듯했다. 나는 그 대답에 만족할 수 없었으며 다시 물었다.

"나와 샤론* 사이에 누가 있죠? 둘 중 하나는 나쁜 게 틀림없는데, 나는 둘 중에 누가 옳고 그른지 판단을 내려줄 사람이 필요해요. 만약에 내가 스스로 판단을 내릴 수밖에 없다면 선도 악도 없을 거예요. 나는 내가 옳다고 선언할 테지만 샤론도 똑같은 짓을 할 수 있으니까요."

학승은 자신의 견해에 집착했다.

"나는 판사가 아니에요. 빛과 어둠은 진리의 양면일 뿐이지요."

나는 필사적으로 캐물었다.

"이런 판결을 나는 받아들일 수 없어요. 당신도 알다시피 이것도 판결이에요. 소극적인 판결 역시 하나의 판결이지요. 내가 생각하기로는 그런 판결은 나쁜 쪽에 유리하게 작용해요. 나와 샤론 사이에서 적극적으로 판결을 내려줄 사람이 반드시 있어야만 해요. 나는 선과 악이 한 형제라는 사고방식을 견딜 수 없어요. 나로서는 살육자와 그 희생자에게 똑같은 미소를 보내주기가 힘들어요."

학승은 판결을 내릴 준비가 되어 있지 않았다. 아마도 그는 나의 죄업을 정화시키려는 의도가 있을 것이었다. 폭력과 복수로부터 나를 멀

* 아리엘 샤론. 2006년 4월까지 이스라엘 총리였다. 이스라엘 안에서도 극우이며, 1982년 레바논에서 벌어진 '사브라와 샤틸라 난민촌 학살 사건' 등과 연루된 전쟁 범죄자라는 혐의가 있다. _옮긴이주

리 떼어놓고, 이런 악들은 샤론에게 남겨두려고 노력했을 터였다. "악행은 샤론에게 맡겨두고 당신은 깨끗하게 사세요." 이것이 그가 말하고 싶은 바가 아니었을까. 내 짐작이 맞다면, 그는 매우 복잡한 방식으로 샤론에 반대하여 나를 옹호하고 있었던 것이다. 어쨌거나 나는 만족하지 않았으며, 그에게 애걸했다.

"나는 무엇이 옳고 그른지 판결이 필요해요. 아마도 이 판결이야말로 내 안의 희망을 유지하는 단 하나의 방법이에요. 희망이 없으면 폭력이 해결책으로, 어쩌면 유일한 해결책으로 부상할 겁니다. 희생자로부터 폭력이 나온다는 것은 그때까지 정당한 판결이 없었다는 뜻이지요. 나도 빛과 어둠이 항상 같이 다님을 압니다. 그러나 나는 예언자 마니의 방식이 정당하고 공평하다고 생각해요. 그는 빛과 어둠이 함께 있음을 알았으나, 자신의 사명이 최선을 다해 어둠에 맞서 빛을 돕는 것이라 했지요. 우리는 빛을 위해 싸워야만 하고 빛을 찬양해야만 한다고요."

학승은 빛과 어둠을 공히 인정해야만 한다고 고집했다. 그는 빛의 친구도 어둠의 적도 아니었다. 그러나 빛과 어둠은 선과 악의 비유다. 선과 악에 동일 부호를 붙여준다는 것이 나로서는 받아들이기가 너무 어려웠다. 주지 스님은 토론을 방해하지 않으려고 묵묵히 듣고만 있었다. 나는 학승에게 말했다.

"내게 최소한 이렇게라도 말해 줘요. 나는 죽어 연꽃으로 환생하고, 샤론은 전갈로 환생할 거라고. 이렇게만 말해준다면 나는 만족하겠어요. 이 지연된 판결, 이런 상징적인 판결이라도 받아들이겠어요."

갑자기 주지 스님이 입을 떼었고 그의 판결을 내렸다. 그는 학승에게 충분한 기회를 주었다. 그 또한 판사의 역할을 하기를 꺼려했다. 승려로서 그의 사명은 판결을 내리는 것이 아니라, 남의 말을 듣고 이해해 주고 사랑을 베푸는 것이므로. 그러나 그는 말할 때가 왔음을 느꼈으며, 간단히 말했다.

"악의 제국은 머지않아 무너질 겁니다. 그건 무너져야 합니다."

그가 말하는 악의 제국이 무슨 뜻인지 나로서는 명백했다. 이스라엘과 미국이 아니고 뭘까. 더 이상 명백할 수가 없었다.

축복 받은 승려는 살육자와 희생자 양쪽에 동시에 큰 미소를 보내줄 수가 없었다. 그는 격려의 미소를 샤론이 아니라 내게 보내주기를 원했다. 한 문장으로 그는 용케 사자를 잡았다. 실로 그는 내게 사자를 잡는 정교하고도 완벽한 방법을 가르쳐 주었다. 나는 위대한 수피즘 시인 할라지에 대해 역시 위대한 시인이자 수피인 루미가 한 말을 연상할 수밖에 없었다.

> 할라지로부터 나는 사자 잡는 법을 배웠다.
> 그러나 나는 사자보다 더 배 고픈 존재가 되었다.

나 또한 주지 스님의 입에서 나오는 진리를 얻으려고 사자보다 배가 고파졌다. 나는 그를 훑어보았다. 그는 안경을 쓰고 있어서 승려라기보다는 의학도 같은 인상을 풍겼다. 그는 연꽃처럼 앉아 있었다. 나는 그의 내면에 깊은 강이 흐르고 있다고 상상했다. 이 강으로부터 연꽃이 올라와 그의 얼굴에서 벌어졌다. 그의 얼굴은 활짝 핀 연꽃 같았다. 작은 미소 하나하나가 연꽃 송이였다. 진리란 축복 받은 사람들 얼굴 위에 피어나는 연꽃이다.

나는 그날 아침 내가 했던 강연을 되새겨보았다. 나는 대학생들에게 문학 강연을 하면서, 시인이 얼마나 자기감정을 조절해야 하는지 이렇게 설명했다.

"나는 내 시가 바다 속에서 폭발하기를 바랍니다. 아무도 폭발음을 듣지 말았으면 좋겠습니다. 나는 독자들이 단지 수면에 떠오르는 거품을 보기를 원합니다. 거품들을 보고 독자들은 심해에서 큰 폭발이 있었음을 알아챌 것입니다. 좋은 시는 오직 거품만을 보여주어야 합니다."

시인과 승려의 차이는 무엇인가? 둘 다 깊은 물에서 무언가를 가져온다. 시인은 폭발하는 시를 가져와야 하고, 승려는 그의 하얀 꽃을 가져오려고 한다. 그것은 아주 어여쁜 꽃이다. 그러나 나는 그것이 떠오를 때 수면에 이는 거품을 볼 수가 있다. 바다 속에서 빛과 어둠의 치열한 싸움이 있었다는 뜻이다.

세상을 토하기

주지 스님의 판결로 우리 모두 다소간 만족스러워졌다. 그는 다시 고요한 표정으로 우리의 대화에 귀를 기울였다. 천진한 얼굴의 젊은 학승은 대화를 즐겼다. 수도자로서 세상으로부터 고립된 그에게 외부, 더구나 먼 나라에서 온 사람들과 나누는 이야기들은 좋은 양식인 듯했다. 솔직히 말하자면 그 대화는 내게도 좋은 양식이었다. 그는 고립으로 인한 자신의 특별한 체험을 말해주었다.

"40일 동안 암자에서 혼자 수련하다가, 나는 절의 일상생활로 돌아왔습니다. 내 방으로 들어가 텔레비전을 켰지요. 화면 앞에 앉아 보기 시작했어요. 채널을 이리저리 돌리며 보고 또 봤어요. 모든 걸 보고 싶었어요. 화면을 도저히 끌 수가 없었어요. 1주일 동안 나는 자지도 않고 텔레비전만 봤지요. 그러고 나서, 토했어요."

오, 맙소사! 맙소사! 한숨도 안 자고 1주일 내내 텔레비전을 보다니! 몇 주 동안 고립된 후에 그는 틀림없이 세상에 대해 허기를 느꼈을 것이다. 나 역시 글을 쓰기 위해 나흘쯤 온전히 집에 틀어박히고 나면, 터질 듯한 감정에 사로잡힌다. 집에서 뛰쳐나와 아무나라도 말을 걸 사람을 찾는다. 거리에서 마주친 사람이 아무리 한심한 작자일지라도, 나는 말을 걸고야 만다. 세상으로부터 몇 주간 이탈하고 나서, 학승은 세상의 양식으로 위를 가득 채워야만 했다. 그는 세상을 삼키기를 갈망했으며 그에게 세상은 텔레비전 속에 있었다. 절에는 다른 세상이 없으므로. 그는 구역질이 날 때까지 텔레비전을 보고 또 보았다.

나는 그리스 작가 카잔차키스 글의 한 단락을 연상했다. 어렸을 때 그는 체리를 지나치게 좋아했다. 늘 체리가 먹고 싶어 다른 일을 못할 지경이었다. 그 열망을 단번에 또 완전히 제거하기 위해, 그는 한 바구니 가득 체리를 담아 아무도 없는 장소로 갔다. 거기 앉아서 그는 먹었다. 그는 구역질이 나서 토할 때까지 먹었다. 그 후로 그는 체리에 대한 열망에서 놓여났다. 그 학승은 그렇게 하려던 것이 아니었을까? 텔레비전으로 세상을 삼킴으로써, 세상에 대한 열망을 없애려던 것이 아니었을까?

젊은 학승은 진리를 찾고 있었다. 신이나 그의 내면에 있는 어떤 것. 수피 할라지는 말한 적이 있다. "나는 신이다." 이 선언 탓에 그는 십자가형을 당했다. 어떤 이들은 말한다. 그가 진정한 그리스도가 되기 위해 스스로 십자가형을 원했다고. 이슬람교에서는 그리스도가 십자가형을 당하지 않았다고 믿는데, 신이 자기 사람이 십자가형을 당하도록 놔둘 리가 없다고 생각하기 때문이다. 할라지는 완벽한 그리스도가 되고자 했으며, 그에게 완벽한 그리스도란 십자가형을 당한 이였다.

한국의 학승은 십자가형을 원하지 않았다. 그는 경험이 아니라 진리를 구했다. 그는 진리에 이르려는 자기 어머니의 방식에 만족하지 않았다. 그녀의 방식은 단순하고 직접적이었다. 예불과 공양. "다른 길이 있을 거야. 반드시 다른 길이." 그는 되뇌었다. 그는 차라리 제 머리를 벽에 부딪치고 싶었다. 진리에 도달하는 훨씬 납득할 만한 길이 틀림없이 있을 터였다.

그에게 득도란 일종의 적발 같은 것이다. 진리는 그의 안에서 춤추고 있으며, 그는 잘 응시하고 있다가 그것을 낚아챌 셈이다. 그러나 주지 스님의 진리는 그렇지 않다. 그것은 안과 밖에서 춤추고 있다. 그것의 한쪽 다리는 안에, 다른 쪽 다리는 바깥에 있다.

김이 겪은 세 가지 날씨

밤을 지새워 대화를 하면서, 나는 내 친구 '김'이 좌파이자 마르크시스트이며 또한 어떤 의미로는 불교도임을 알게 되었다. 그는 주지 스님을 스승이라고 불렀다. 그에게 마르크시즘과 불교는 대등한 가치가 있고, 둘 다 자유와 정의에 대한 추구였다. 그는 자신의 구도 여행담을 털어놓았다. 구도 여행이라고는 하지 않고 히말라야 산에 올랐다고만 말했는데, 나는 그의 이야기를 들으면서 그 또한 진리를 찾고 있었다고 생각했다.

"나는 산에 오르고 또 올라 꽃이 지천으로 핀 고지에 다다랐지요. 그곳은 황홀했고, 나는 아주 행복했어요. 좀더 오르자 꽃들이 사라지고 나는 눈으로 뒤덮인 곳에 도달했어요. 어딜 돌아보나 눈뿐이었죠. 나는 꽃에 둘러싸여 행복했듯이, 눈 속에서 행복했어요. 서양인들 몇이 나를 지나쳐갔는데, 그들은 히말라야의 봉우리들을 정복하러 가는 중이었지요. 나는 아무 것도 정복하고 싶지 않았어요. 내게는 자연과 싸우려는 마음이 없었어요. 그저 행복했어요."

그는 영어가 유창하지는 않았지만 목소리가 깊고도 설득력이 있었다. 나는 그가 언어의 장벽을 뛰어넘었다고 느꼈다. 그는 진리의 봉우리를 향해 올라갔는데, 가서 그것을 두 팔로 끌어안기 위해서였다. 나는 혼잣말을 했다. "이것이 아시아와 서구의 차이다." 서구는 늘 정복할 대상이 필요하다. 서구는 정복이라는 개념 없이는 살 수가 없다. 적이 없으면 서구는 격퇴하고 정복할 새로운 적을 만들어 내야 한다. 김은 아무 것도 정복하려 들지 않았다. 그도 주지 스님처럼 진리를 보려고 노력하고 있을 뿐, 더 이상 원하지 않았다. 뭔가가 내 주의를 끌어 잠시 딴 눈을 팔았다가 김에게 다시 귀를 기울였을 때, 그는 히말라야에서 하산하고 있었다.

"강한 햇볕이 내 머리를 때렸어요. 산소가 적은 바람은 내 가슴을 때렸어요. 그리고 눈 속에 묻힌 내 발은 꽁꽁 얼었지요. 나는 동시에 세 가지 날씨를 겪고 있었어요. 나는 해와 눈과 바람 속에 있었어요. 나는 기진맥진했으며 죽고 싶었어요. 오직 죽고만 싶었어요."

새벽 3시였다. 김이 4시까지 자기와 함께 버티다가 뒷산에 올라가 일출을 보자고 했다. 나는 너무나 피곤해서 그럴 수가 없었으므로 자리에 누웠다. 마흐무드와 몇 명이 김과 함께 산에 오르기로 결심하고, 담배를 피우러 밖으로 나갔다. 아침에 그들이 웃으며 말해주기를, 이후에 벌어진 일은 이렇다 했다.

몹시 추웠지만 그들은 잠이 들까봐 바깥에서 버텼다. 4시 10분 전에 김이 10분만 눈을 붙이다가 일어나서 산에 가자고 다시 제안했다. 다들 그 제안이 무척 합리적이라고 생각했다. 그들의 머리가 아니라 피곤한 몸이 그것이 합리적이라고 판단했다. 그 순간 육체가 주도하고 정신은 복종했다. 그들은 10분이 아니라 5시간 동안 잠이 들고 말았다.

숙소를 나서니 어젯밤 우리가 그 근방에서 차에서 내렸던 작은 빛의 연못이 보였다. 연못은 사방이 산으로 둘러싸여 있었다. 산 속의 샘에서 흘러내려온 작은 시냇물이 사랑스러운 목소리로 웅얼거렸다. 어젯밤 그 물이 내 발치에서 킁킁거렸듯이, 나는 그 물의 냄새를 맡았다. 시냇물과 나는 이제 서로를 알았다.

마흐무드와 나는 절로 올라가 천천히 둘러보았다. 우리는 금빛 부처를 보기 위해 대웅전으로 들어갔다. 우리는 한동안 거기 침묵 속에 앉아 있었다. 내가 본 바로 불교 사원과 다른 종교 사원들과 다른 점은 그 규모다. 불교 사원들은 풍경을 지배하지 않는다. 그들은 아무도 이기려고 하지 않는다. 불교 사원은 여러 작은 건물들의 조합이며, 모여서 하나의 사원을 이룸으로써 그 안의 인간들을 스르르 맥이 풀리게 한다. 더욱이 나무들에게 건물 위로 고개를 내밀고 내려다 볼 기회를 준다. 나무가 절보다 꼭 높아야 한다. 반짝이는 초록, 노랑, 빨강 색채는 마치 아이들이나 꿀벌들을 불러 모으려는 것 같다. 절은 우울하거나 엄하지 않다.

연꽃 먹는 사람들

10시에 주지 스님이 작고한 어느 할머니의 영혼을 위로하는 의례를 치렀다. 그의 목소리는 부드러우면서도 감동적이었다. 의례는 일종의 은은한 노래 부르기였다. 우리는 맞은 편 건물 툇마루에 앉아 조용히 의례가 끝날 때까지 지켜보았다. 그리고 우리는 주지 스님께 작별 인사를 했다. 공경의 뜻으로 두 손을 모으면서, 나는 호머의 오디세우스에 나오는 '연꽃 먹는 사람들' 같은 심정이 되었다. 그날 아침 다리를 접고 밥상 앞에 앉아 절의 공양주가 차려준 아침밥을 먹다가, 나는 반찬 중에 둥그렇고 단단한 조각을 포크로 들어올려 입에 넣었다. 그것은 달고 맛이 좋았다. 우리가 먹는 음식이 무엇인지 알려줄 준비가 항상 돼있는 수에게 나는 물었다.

"이건 뭐죠?"

"연근이에요."

그리하여 나는 뿌리로부터 꽃잎까지 연꽃과 함께 있었다. 오디세우스는 이렇게 말했다.

아흐레간의 혹독한 폭풍은 우리를 물고기가 우글거리는 바다로 정처 없이 몰고 갔다. 열 번째 날에 우리는 연꽃 먹는 사람들의 땅에 도착했다. 그곳 사람들은 연꽃의 과실을 먹고 살았다. 나는 부하 두 명을 달려 전령을 보냈다.

그들은 가서 연꽃 먹는 사람들을 만났다. 그 자들은 내 부하들을 해칠 생각은 전혀 없었으나, 그들에게 연꽃의 과실을 주었다. 꿀보다 단 그 과실을 맛본 내 부하들은 집에 돌아갈 의욕을 잃어버리고 말았다. 그들은 연꽃 먹는 자들 속에 남겠다고 우리에게 잠시 돌아와 알리는 것조차 잊었다. 집으로 돌아가는 여행을 기꺼이 잊고 연꽃의 과실을 실컷 먹으면서.

나는 내가 연꽃을 먹어 집으로 돌아가고 싶지 않게 된 그 선원들 중의 한 명이라고 느꼈다. 오디세우스는 연꽃을 먹은 부하들에게 다음과 같이 했다.

가기 싫어서 눈에 눈물이 가득한 그들을 나는 강제로 텅 빈 배에 태웠다. 그리고 노 젓는 의자 밑으로 질질 끌어다가 거기에 묶어 버렸다.

하지만 나는 자기 차에 우리를 태워줄 친구 '최'에게 말했다. "떠날 시간이군요." 당연히 그녀는 내 안에서 무슨 일이 벌어지고 있는지 눈치 채지 못했다. 나는 두려웠다. 거기 좀더 머무른다면, 마흐무드가 나를 아무리 질질 끌어도 집으로 데려갈 수 없을까봐. 일행은 출발했으며, 나는 뒤를 돌아보지 않았다.

다행히 떠나기 직전에 마흐무드는 절의 돌담에 뭔가를 남길 수 있었다. 그는 돌담에 새겼다. '팔레스타인, 자카리아, 마흐무드.' 그러면 우리는 떠나지 않은 것이다. 우리의 자취는 앞으로 몇 년은 거기 있을 것이다. 만약 우리 중 하나가 거기 다시 간다면, 그 자취를 따라가야 할 것이다. 돌담은 기억할 것이다. 시냇물은 기억할 것이다. 그리고 산들은 거기 남겨진 우리의 혼을 간직하고 있을 것이다.

잃어버린 사랑

우리는 한적한 시골에 있는 김의 집으로 향했다. 아스팔트 도로 옆으로 산기슭에 있는 작은 마을이었다. 마을? 아니다. 거기는 마을이 아니었다. 주민이 일곱 명밖에 안 됐으니까. 동네는 아름다웠으나, 김의 작은 집은 정말 처량했다. 아주 늙고 가난한 대장장이의 집처럼 보였다. 나는 김이 한겨울에 혼자 그 집에서 지냈다고 생각해 보았다. 오싹해졌다. 그는 반년간 그 집에서 살았다는데, 이런 말을 한 적이 있었다.

"어느 날 밤 너무 추워서 나는 잠을 깼어요. 부엌에 내려가서 불을 지피고, 아궁이 앞에 앉아 있었지요. 나는 혼자였고 외로웠어요. 아무도 없었고 누구의 목소리도 들리지 않았어요. 갑자기 나는 겁이 났어요. 끔찍하게 무서웠어요. 나는 아궁이 불 속에서 나오는 귀신들을 보고 만 거예요. 그것들이 나를 뒤덮고 어른거렸어요. 나는 더 이상 견딜 수 없어서 마당으로 뛰쳐나갔지요. 밖은 추웠어요. 나는 마당에 앉아 맥주를 마셨는데, 그래도 공포가 물러가지 않았어요. 덜덜 떨렸어요. 나는 집을 나가 길을 건너 섬진강으로 내려가서, 캄캄한 강가에 앉아 맥주를 또 마셨어요."

나는 수에게 조용히 물었다.

"왜? 왜 그는 스스로 이렇게 고독한 생활을 택했을까요?"

"사람이 고독을 택하게 만드는 게 뭐겠어요? 아마 사랑 때문이겠죠."

그녀는 말했다. 김의 사랑이 그를 떠났다.

오토바이 여행자

우리는 시인 '이'의 집을 향해, 그의 커다란 오토바이를 따라갔다. 내가 듣기로 우리는 그의 일곱 아이들을 만나러 가는 길이었다. 나는 속으로 아이들이 좀 많지 않나 생각했다. 그의 집은 마을보다 한참 높이, 산 중턱에 외따로 있었다. 집에 도착해서야 나는 그 말이 농담이었음을 깨달았다. 그 집의 예삐라는 개가 강아지 일곱 마리를 낳았다고 했다. 우리는 차에서 내리자마자 강아지들을 보러 갔다. 그러나 자그마한 엄마 개는 우리의 출현을 반기지 않았으며, 우리로부터 강아지들을 지키기 위해 개집으로 황급히 뛰어 들어갔다. 마치 심통 난 소녀 같았다. 엄마 개가 개집 문을 제 등으로 틀어막아, 우리는 강아지들을 구경할 수조차 없었다.

대신 나무라는 아빠 개가 우리 주변을 맴돌았는데, 세 다리로 걸었다. 뒷다리 하나가 아랫동네의 개들한테 물어뜯겨 말라붙었다고 했다. 나무도 우리의 정체를 알아내려고 했다. 나는 집 앞 계단에 앉았으며 햇살이 내려쬐었다. 나무가 나를 따라왔다. 나무는 나와 친해지고 싶은 듯하면서도, 경계심을 늦추지 않았다. 아마도 상처 입은 다리 탓인 듯했다. 나는 나의 개 키위를 다시 떠올렸다. 이스라엘 탱크가 우리 도시로 밀어닥쳤을 때, 키위는 태어난 지 겨우 3주일 된 강아지였다. 가엾은 키위는 탱크와 대포 소리에 놀라 침대 밑으로 기어들곤 했다. 나무는 조금씩 내게 가까이 왔다. 나는 부드럽게 그의 이름을 불렀다. "나무야, 이리 와. 겁먹지 마, 나도 라말라에 너 같은 아들이 있단다." 나무는 내게 왔고 나는 그의 흰 얼룩 섞인 고동색 털을 쓰다듬어 주었다. 햇살이 뜨거워졌다. 나무는 햇살을 피해 내 다리 밑 그늘에 앉았다. 나무는 내 친구가 되었다. 나무는 내가 우리 집 발코니에 앉아 있을 때 키위가 하는 짓하고 똑같은 짓을 했다. 나는 집에 전화 걸 때마다 내 아들 아흐메드에게 물었다. "네 동생을 데리고 산책을 나갔니?" 물론 내 아들은 내가 키위를 말하고 있음을 알았다. 키위는 내 셋째 자식이다.

우리는 마루에 둘러앉았다. 마루의 창문이 봄의 태양을 향해 활짝 열려 있었다. 그 집은 농가였으며 자연과 바로 교류를 했다. 태양은 그걸 잘 알아서 문이 열려있기만 하면 집안으로 들어왔다. 허락 따위는 구할 필요가 없었다. 우리는 점심이라기보다는 두 번째 아침을 들기 위해 둘러앉았다. 나와 마흐무드는 허겁지겁 신선한 토마토를 먹었다. 아메리카의 붉은 인디언들을 칭송할지어다, 그들이 토마토의 가치를 처음으로 알아본 장본인들이니. 나는 이 황금의 야채 혹은 과일이 없는 세상을 상상할 수가 없다.

미소가 입가에서 떠나지 않는 그 집 안주인도 일기 쓰기를 좋아한다니, 그녀 또한 작가다. 내가 남편의 시를 좋아하느냐고 묻자 그녀는 빛나는 얼굴로 고개를 끄덕였다. 그러나 남편이 오토바이를 몰고 너무 돌아다니는 건 좀 불만이라고 했다. 내가 그녀라면 더했을 것이다. 그 시인은 집보다 오토바이 위에서 머무르는 시간이 더 길 지경이라니 말이다. 남편이 오토바이를 타고 시와 절경을 찾아 떠도는 동안 집에서 기다려야하는 아내는, 아마 세상의 어떤 오토바이보다 잘 뛰지 못하는 나무를 더 사랑하리라.

경주의 석상

서울에서 한국 친구들이 환송연을 열어주었다. 그 자리에 있던 여의사가 놀랄 만한 말을 했다. 그녀는 내가 수와 닮았다고 했다. "어떻게 그럴 수가 있지?" 나는 자신에게 물었다. 수의 얼굴과 비교하기 위해 내 얼굴을 떠올려보려고 했으나, 그게 도무지 쉽지가 않다는 걸 깨달았다. 내 얼굴은 나로부터 달아나버렸다. 남의 얼굴은 다 기억나도 내 얼굴만은 아니었다. 녹음된 내 목소리를 처음 들었을 때, 나는 그 목소리를 혐오했다. "이건 내 목소리가 아니야. 추해!" 내 목소리가 내 자신에게 낯설었다. 이제 내 얼굴 또한 내게 낯설었다.

모호하게 생각나는 내 얼굴로부터 나는 그 여의사가 그렇게 판단할 만한 어떤 근거를 추측해보려고 애썼다. 나와 수는 얼굴이 길고 눈이 부리부리한 편이다. 나는 경주에서 보았던 한 석상을 기억해냈다. 그 앞에서 수가 발걸음을 멈추고 내게 물은 적이 있었다. 그 석상의 얼굴에서 특별한 점을 찾아낼 수 있겠느냐고. 나는 석상을 살펴보며 답을 알아내려

했으나 실패했다. 실은 그 석상의 얼굴과 수의 얼굴은 뭐라고 짚어 말할 수는 없어도, 희미하게 비슷한 면이 있었다. 그때 그녀는 그 석상이 아랍인이라는 주장이 있으며, 잘 보면 제주도의 석상들과는 아주 다르다고 말했다. 정말 그 석상은 제주도에서 보았던 것들과 달랐다. 앗시리아나 아람의 석상처럼 보였다. 아니, 그 이상으로 8세기 아랍 궁전의 조각상들과 정말 관계가 있는 듯했다. 나는 그 조각상이 여의사가 제기한 의문을 푸는 열쇠라고 생각했다. 만약에 수의 얼굴이 석상의 얼굴과 비슷한 점이 있고, 석상이 아랍인으로 추측될 만한 이유가 있다면, 논리적으로 나와 수도 어떤 이들의 눈에는 닮은 것처럼 보일 수가 있다!

우리는 2차를 가서 많이 마셨으며, 다양한 언어로 시를 읊었다. 얼근하게 취한 유쾌한 친구가 내 옆에 앉아 있었다. 그는 내게 뭔가 말하려고 애썼다. "자카리아 씨……." 내가 선수를 쳤다. "죄송합니다만, 저는 한국인 '김작(Kim Zak)'입니다. 제주도 출신이지요." 술 취한 사내는 매우 재미있어 했다. 밤새도록 그는 나를 김작이라고 불렀다.

수는 지쳐 떨어져서 우리에게 전화로 작별 인사를 했다. 그녀는 1주일 동안이나 우리와 동행하며 우리의 말을 한국 친구들에게 통역해주고, 또 친구들의 말을 우리에게 통역해주었다. 그녀는 자기 이야기는 거의 하지 않았다. 남들이 마음껏 자기 이야기를 하도록 놔두고 그녀는 친구들과 우리 사이를 잇는 다리 역할만 했다. 그녀는 진정 우정의 다리이다. 그녀는 내가 무대 중심증이라고 부르는 병증이 없다. 대부분의 문필가들이 이 병증으로 고생한다. 그들은 늘 무대에 올라 주인공이 되기를 원한다. 그렇지 못하면 화가 나고 비참해진다. 수는 다른 종류의 사람이다. 그녀는 다르다.

내가 전에 한국을 방문했을 때, 그녀와 함께 서울 시내에 있는 절에 간 적이 있었다. 그녀는 불상에 절하고 나는 조용히 앉아 있었다. 정성스럽게 절을 올리는 그녀를 보면서 나는 그녀가 경건한 불교도라고 생각했다. 내가 틀렸다. 그녀는 어느 종교의 신자도 아니었다. 일부 종교인들이 종교를 이용한다고 느꼈을 때, 그녀는 모든 종교를 떠났다. 자기 가족의 종교인 기독교 또한 떠났다. 그녀는 불교를 무척 존중하고 한국인의 심성에 가깝다고 생각하지만, 신자는 아니었다. 그녀의 소망은 종교와 사람들 사이의 다리가 되어 그들을 잇는 것이다. 그를 위해 그녀는 때로 자기 자신마저 잊는다.

한국의 아름다움

도하 공항은 중동과 다른 지역을 잇는 다리이다. 비행기를 갈아타기 위해 우리는 거기 7시간이나 머물러야 했다. 나는 의자에 앉아서 지나가는 사람들의 얼굴을 바라보았다. 막 한국에서 온 내게 유럽인들의 얼굴은 지루해 보였다. 아랍식 표현으로, 그들은 피가 무거워 보였다. 이 표현에 따르면 사람들은 피가 무겁고 가벼운 두 종류가 있다. 피가 가벼운 사람들은 그들의 머리 위로 산뜻한 기류가 흐른다. 이것은 내면의 힘의 문제이다. 아무리 아름답게 보이는 여인일지라도 피는 무거울 수가 있다. 그녀의 아름다움에 뭔가 결여되었다는 뜻이다. 도하 공항에서 나는 유럽인들의 얼굴이 피가 무거운 쪽이라는 걸 깨달았다. 한국을 두 번 방문한 후 내가 생각하는 미의 전형이 바뀌었다. 함께 지내보지 않으면 누구의 아름다움도 진실로 발견할 수가 없다. 어떤 이들의 아름다움을 알려면 그들과 한동안만이라도 같이 지내봐야만 한다. 아름다움이란 기억해낼 수 있는 모습들이다.

• 팔레스타인을 잇는 다리

한국과 팔레스타인의 예술가, 평화 운동가, 시민들이 서로 문화를 교류하려고 모인 모임입니다. 한국과 팔레스타인은 아시아 대륙 이 끝에서 저 끝으로 지리적으로는 멀지만, 실은 세계 어디보다 가깝습니다. 이제 지구상에 '장벽'이 남아있는 단 두 군데가 한반도와 팔레스타인입니다. 한반도에는 분단장벽이, 팔레스타인에는 분리장벽이 서 있습니다. 그리고 그 장벽을 없애기가 결코 쉽지 않다는 점도 같습니다. 한국인들과 팔레스타인인들은 자신들의 문제를 해결하기 위해 세계의 모든 문제와 대면해야 합니다. 우리는 서로 예술과 문화를 통해 연대하여 버티고, 또 이겨나가고자 합니다. 한국과 팔레스타인을 세계의 변방으로 밀어내 버리는 추악한 오리엔탈리즘을 벗어던져 버리고, 직접 만나 어느 한 군데도 일그러지지 않은 아름다운 세계상을 함께 그려나갈 것입니다. 양심과 문화의 힘으로 수많은 국경을 건너뛰고, 이상이 죽어버린 시대의 막막함 또한 용감히 뛰어넘겠습니다. 우리는 인류 역사상 최첨단 과학과 최고의 물질적 부가 주지 못한 희망을 지키고 싶습니다. 많은 분들의 관심과 참여를 기다립니다.

http://www.palbridge.org